하나님과 함께 걷는 감사의 삶

365일 감사기도문

하나님과 함께 걷는

감사의 삶

민상기 지음

365일
감사기도문

드림북

머리말

감사는 특별한 순간에만 필요한 언어가 아니다. 오히려 감사는 평범한 하루를 견디게 하는 가장 현실적인 신앙의 태도다. 이 책은 기쁠 때 드리는 고백보다, 무너지지 않기 위해 붙드는 감사의 언어에 더 가까이 서 있다. 하루가 무사히 지나간 것, 마음이 완전히 무너지지 않은 것, 관계가 끊어지지 않은 것, 다시 숨을 고를 수 있었던 순간들 속에서 우리는 이미 많은 은혜를 경험하고 있다.

이 기도문들은 코로나19 시절, 일상이 갑자기 멈춰 선 시간을 지나며 쓰이기 시작했다. 평소 당연하게 여겼던 하루의 질서가 무너졌던 그 시간 속에서, 아침에 눈을 뜨고 저녁에 하루를 마무리할 수 있다는 사실 자체가 감사의 이유가 되었다. 불안과 고립 속에서 이 기도들은 하루를 붙들기 위해 아침과 저녁에 드렸던 고백들이다.

감사기도는 거창한 고백을 요구하지 않는다. 대신 오늘이라는 하루를 정직하게 돌아보게 한다. 성취보다 태도를, 결과보다 방향을 살피게 하며, 신앙이 일상과 분리되지 않도록 기도의 언어를 삶의 자리로 내려놓는다. 이 기도문들은 특별한 사건보다 반복되는 하루의 리듬 속에서 길어 올린 고백들이다.

각 기도는 동일한 형식을 따르지 않는다. 하루의 상황과 마음의 결이 다르기 때문이다. 어떤 날은 조급함 앞에서 멈추는 기도가 필요했고, 어떤 날은 작은 회복을 놓치지 않기 위한 고백이 필요했다. 가족이 곁에 있다는 사실, 말없이 나를 지켜봐 주고 사랑해 준 사람들의 존재가 새삼 감사로 다가온 날들도 이 기도문들 속에 담겨 있다. 감사는 정답이 아니라, 그날의 삶에 대한 응답이기 때문이다.

이 책은 개인의 묵상을 위한 기도서이면서 동시에 공동체의 기도 언어를 회복하기 위한 시도이기도 하다. 가정과 일터, 교회와 사회의 자리에서 신앙이 분절되지 않고 이어지기를 바라는 마음이 이 기도문들에 담겨 있다. 하루를 시작하거나 마치며 이 책을 펼치는 이들이, 자신의 삶이 이미 은혜 위에 놓여 있음을 다시 발견하게 되기를 바란다.

감사는 삶을 미화하지 않는다. 대신 삶을 버틸 수 있게 한다. 이 책이 완벽한 하루를 약속하지는 못하지만, 흔들리는 하루를 다시 붙드는 기도의 언어가 되기를 바란다. 오늘도 주어진 하루 위에 감사로 응답할 수 있다면, 그 자체로 신앙은 이미 살아 움직이고 있다.

성탄절을 감사드리며

민 상 기

목차

1월

감사가
하루를 깨우는 시간

1월 1일

새해의 숨결 속에서 드리는 감사

시간을 새로 주시는 하나님,

오늘 이 하루가 단순히 달력이 바뀐 날이 아니라, 다시 맡겨진 시간의 시작임을 깨닫게 하시니 감사합니다. 어제와 크게 달라 보이지 않는 일상일지라도, 주님께서 오늘을 새롭게 건네주셨다는 사실만으로 이 하루의 무게가 달라집니다. 지나온 시간에 머물기보다, 지금 주어진 이 하루를 책임 있게 살아갈 기회를 주신 은혜에 감사드립니다.

삶을 맡기시는 하나님, 저는 새로운 시작 앞에서 기대와 함께 막연한 부담도 느끼곤 했습니다. 잘해야 한다는 마음이 앞서 조급해지거나, 실수하지 않으려다 한 걸음을 떼지 못했던 적도 있었습니다. 그러나 주님은 완벽한 계획보다 성실한 하루를 원하신다는 사실을 다시 깨닫게 하십니다. 오늘을 충실히 살아내는 것이 가장 정직한 시작임을 마음에 새깁니다.

걸음을 이끄시는 하나님, 오늘은 큰 다짐보다 분명한 태도로 하루를 시작하게 하옵소서. 주어진 자리에서 해야 할 몫을 성실히 감당하게 하시고, 이 하루가 앞으로 이어질 시간들의 기초가 되게 하옵소서. 예수님의 이름으로 기도드립니다. 아멘.

1월 2일
겨울 햇살의 따스함을 느끼게 하신 감사

따스함을 비추시는 하나님,

오늘 아침 창가에 머문 겨울 햇살이 제 마음을 부드럽게 감싸 주니 감사드립니다. 추운 계절임에도 불구하고 햇빛 한 줄기에서 느껴지는 은근한 온기가 마음을 녹여 주었고, 새로운 하루를 밝게 시작할 용기를 주었습니다. 변덕스러운 날씨 속에서도 따뜻함을 허락하시는 하나님의 세밀한 손길에 감사드립니다.

깨달음을 주시는 하나님, 햇살에 이끌려 잠시 창문을 열어두니 찬 공기와 따뜻한 빛이 부딪히면서 겨울 특유의 선명한 향기가 스며들었습니다. 그 순간에 마음이 환기되며 어제의 피로가 저절로 흩어지는 걸 느꼈고, 사소한 자연의 움직임도 하나님이 제게 주시는 위로임을 생각하게 되었습니다. 제 삶의 작은 공간에서도 은혜를 발견하게 하시니 감사드립니다.

평온함을 채우시는 하나님, 오늘 흘러간 시간 위에 남아 있는 이 따뜻한 기운이 내일의 발걸음도 흔들리지 않게 지켜줄 것 같습니다. 은근한 온기처럼 감사의 마음이 제 안에 머물게 하소서. 예수님의 이름으로 기도합니다. 아멘.

1월 3일
작은 불편을 통해 배우게 하신 감사

걸음을 조절하시는 하나님,

오늘 이 하루를 맞으며 제 삶의 속도를 다시 바라보게 하시니 감사합니다. 새로움에 마음이 앞서 달리려는 순간도 있었고, 아직 익숙하지 않은 흐름에 조급해진 마음도 있었습니다. 그럼에도 주님께서 하루의 분량을 이미 아시고 허락하셨음을 기억하며, 무리 없이 살아갈 수 있는 은혜를 주심에 감사드립니다.

질서를 가르치시는 하나님, 저는 시작의 열심만으로 하루를 밀어붙이다가 쉽게 지치곤 했습니다. 해야 할 일의 순서를 놓치고, 중요하지 않은 일에 에너지를 쏟았던 날들도 있었습니다. 그러나 주님은 하루에도 리듬이 필요하다고 가르치시며, 쉼과 수고가 어울릴 때 삶이 바르게 선다는 사실을 깨닫게 하십니다. 오늘은 제 마음이 그 질서를 배우는 자리로 나아가기를 원합니다.

균형을 허락하시는 하나님, 오늘은 서두르지 않게 하시고, 제게 맞는 걸음으로 하루를 걸어가게 하옵소서. 힘을 써야 할 때와 내려놓아야 할 때를 분별하게 하시며, 이 하루가 지나치게 소모되지 않고 의미 있게 남게 하옵소서. 예수님의 이름으로 기도드립니다. 아멘.

1월 4일

일상의 리듬을 회복하게 하신 감사

지켜보시는 하나님,

오늘 이 하루를 시작하며 제 마음이 어디까지 감당할 수 있는지 살피게 하시니 감사합니다. 모든 요구에 응답하려다 스스로를 소진시켰던 순간들과, 필요 이상의 책임을 끌어안고 버거워했던 날들을 떠올립니다. 제 분량을 알게 하시고, 지켜야 할 선을 인식하게 하시는 주님의 배려에 감사드립니다.

분별을 주시는 하나님, 저는 때로 거절하지 못해 마음이 흐트러졌고, 침묵해야 할 자리에서 설명을 늘어놓으며 스스로를 지치게 만들었습니다. 그러나 주님은 사랑과 책임에도 경계가 필요하다고 가르치시며, 경계를 세우는 일이 무관심이 아니라 성실함임을 깨닫게 하십니다. 마음을 보호할 때 관계도 오래 유지된다는 사실을 오늘 다시 배웁니다.

평형을 세워주시는 하나님, 오늘은 제 마음의 경계를 분명히 하게 하시고, 감당할 수 없는 짐은 내려놓게 하옵소서. 필요한 자리에는 성실히 서게 하시되, 지나친 부담에는 한 걸음 물러설 용기를 주옵소서. 이 하루가 소진이 아니라 균형으로 남게 하옵소서. 예수님의 이름으로 기도드립니다. 아멘.

새해의 방향을 다시 살피게 하신 감사

시간을 여시는 하나님,

새해가 시작된 지 며칠이 지나며 마음이 다시 현실로 돌아오는 것을 느낍니다. 새로움에 대한 기대와 함께 여전히 남아 있는 과제와 책임도 분명해졌습니다. 조급해지지 않고, 아직 정리되지 않은 계획 앞에서도 방향을 다시 살필 수 있게 하신 은혜를 감사드립니다. 시작이 완벽하지 않아도 다시 조율할 수 있는 시간이 주어졌음을 기억합니다.

이웃을 돌아보게 하시는 하나님, 연초의 분주함 속에서도 주변 사람들의 사정을 떠올리게 하시니 감사합니다. 새로운 출발을 앞두고 설렘과 불안을 함께 안고 있는 이들, 여전히 해결되지 않은 문제로 새해를 맞이한 이웃들의 이야기가 마음에 머뭅니다. 제 삶이 혼자만의 일정으로 채워지지 않게 하시고, 함께 살아가는 사회의 결을 잊지 않게 하신 배려를 감사합니다.

하나님, 새해에도 세계 곳곳에서는 갈등과 회복이 동시에 이어지고 있음을 기억합니다. 무관심으로 지나치지 않게 하시고 제 자리에서 책임 있는 선택을 하게 하소서. 이 한 해의 방향을 겸손히 주님께 맡기며, 예수님의 이름으로 기도드립니다. 아멘.

1월 6일

몸과 마음의 균형을 다시 세우게 하신 감사

은혜로 돌보시는 하나님,

오늘 하루 제 몸과 마음이 균형을 되찾는 경험을 하게 하시니 감사드립니다. 바쁜 일정 속에서 제 자신을 돌보는 일이 쉽지 않았지만 잠시 숨 고르는 시간을 허락하셔서 지친 마음을 회복할 수 있었습니다. 무리한 걸음에서 멈춰 서게 하시고 제 안의 긴장을 부드럽게 풀어 주신 은혜에 감사드립니다.

회복을 주시는 하나님, 가벼운 스트레칭과 짧은 산책 속에서 몸의 뻣뻣함이 풀리며 오랜만에 여유를 느꼈습니다. 그 짧은 시간이 메마른 마음에 적셔지는 은혜의 빛처럼 다가왔고, 다시 해야 할 일들을 바라보는 시선도 전보다 부드러워졌습니다. 작은 회복의 순간까지 챙기시는 하나님께 깊은 감사의 마음을 올려드립니다.

새 힘을 일으키시는 하나님, 몸이 조금씩 가벼워지자 마음의 흐름도 자연스럽게 밝아지고 내일의 시간도 기대하게 됩니다. 오늘 회복한 이 균형이 흔들리지 않도록 지켜주시고 감사의 걸음을 잃지 않게 하소서. 예수님의 이름으로 기도합니다. 아멘.

1월 7일

보이지 않는 섬김으로 공동체를 세워주신 감사

공동체를 세우시는 하나님,

새해의 일상이 본격적으로 움직이기 시작하며 교회와 공동체의 여러 자리들이 다시 돌아가고 있음을 봅니다. 눈에 띄지 않는 준비와 정리, 말없이 맡은 역할을 감당하는 손길들이 모여 예배와 모임이 이어지고 있음을 깨닫습니다. 한 사람의 열심이 아니라 많은 이의 꾸준함 위에 공동체가 서 있음을 알게 하시니 감사합니다.

섬김을 기억하시는 하나님, 교회 안에서 드러나지 않는 수고들이 얼마나 많은지 떠올립니다. 일찍 나와 문을 열고, 남아서 불을 끄며, 누군가의 필요를 먼저 살피는 마음들이 조용히 쌓여 왔습니다. 섬김을 당연하게 여기지 않게 하시고, 말없이 감당해 온 이들의 시간을 귀하게 보게 하셔서 감사합니다.

사명을 새기게 하시는 하나님, 오늘은 제가 맡은 자리 또한 가볍게 여기지 않게 하옵소서. 크고 작은 역할을 비교하지 않게 하시고, 공동체를 살리는 한 부분으로 성실히 서 있게 하옵소서. 이 교회와 공동체의 시간을 주님께 맡기며, 예수님의 이름으로 기도드립니다. 아멘.

1월 8일

하루의 리듬을 차분히 세우게 하신 감사

차분한 평화를 주시는 하나님,

오늘 분주한 마음을 가라앉히고 하루의 리듬을 천천히 세우게 하시니 감사드립니다. 급하게 움직이려던 마음을 멈추게 하시고, 앞서가던 생각들을 한 걸음 뒤에서 바라보게 하셔서 하루를 안정된 마음으로 맞이할 수 있었습니다. 제 걸음에 균형을 주시는 하나님의 부드러운 인도하심에 감사드립니다.

정돈을 돕는 하나님, 오늘 할 일을 목록으로 정리하며 무엇을 먼저 붙들어야 할지 명확해지는 순간을 경험했습니다. 계획을 세우는 그 과정에서 불필요한 걱정이 사라지고 마음이 한층 가벼워졌습니다. 작은 정리 하나가 하루 전체를 밝히는 은혜가 되게 하시니 감사드립니다.

평온을 이어가게 하시는 하나님, 잘 정돈된 마음이 제 시선을 오늘의 중요한 순간들에 머물게 하고, 감사의 이유들을 더 쉽게 발견하게 합니다. 이 차분한 리듬을 내일도 잃지 않도록 제 마음을 지켜주소서. 예수님의 이름으로 기도합니다. 아멘.

1월 9일
부모님에 대한 감사

삶의 뿌리를 세워 주신 하나님,

부모님의 하루를 살피시고 건강과 안전을 지켜 주셔서 감사합니다. 오랜 시간 반복된 수고와 선택이 오늘의 우리를 이루었음을 돌아보게 하시고, 말로 다 전하지 못한 마음까지 헤아려 주심에 감사드립니다. 평범해 보이는 일상 속에서도 부모님의 책임과 인내가 얼마나 깊었는지 깨닫게 하시고, 그 무게를 존중하는 마음을 갖게 하셔서 감사합니다.

마음을 돌아보게 하시는 하나님, 부모님을 당연하게 여기며 서운함과 기대를 앞세웠던 태도를 돌아봅니다. 바쁨을 이유로 연락을 미루고, 이해보다 판단을 먼저 했던 순간들이 떠오릅니다. 그럼에도 기다려 주고 품어 주었던 시간들이 관계를 지켜 왔음을 보며, 감사와 미안함을 함께 정직하게 마주하게 하소서.

관계를 새롭게 하시는 하나님, 앞으로는 말보다 행동으로 부모님을 공경하겠습니다. 안부를 자주 묻고 필요를 살피며, 작은 도움을 기꺼이 드리는 태도를 이어 가겠습니다. 남은 시간들을 존중과 배려로 채우게 하시기를 바라며 예수님의 이름으로 기도드립니다. 아멘.

1월 10일
오래 미루던 일을 마무리하게 하신 감사

인내를 주시는 하나님,

오늘 제가 오래 미루고만 있던 일을 마침내 손에 잡고 마무리할 수 있게 하시니 감사드립니다. 마음 한쪽에서 계속 걸리던 숙제를 끝내자 답답함이 시원하게 풀리며 묵은 짐 하나를 내려놓은 듯한 시원함이 찾아왔습니다. 제 안의 의지를 다시 일으켜 주신 하나님의 은혜에 깊이 감사드립니다.

용기를 북돋우시는 하나님, 일을 시작하려 할 때마다 이유 없이 밀려오던 망설임이 있었지만 작은 첫걸음을 내딛자 생각보다 수월하게 진행되는 것을 보았습니다. 그 과정에서 제게 필요한 지혜와 집중력을 더해 주셨고, 예상하지 못했던 해결의 실마리도 발견하게 하셨습니다. 마침내 끝까지 걸어갈 수 있도록 힘을 주신 하나님께 감사드립니다.

마무리를 아름답게 하시는 하나님, 오늘 완성한 이 작은 진전이 앞으로의 일정에도 긍정적인 흐름을 만들어 줄 것이라는 기대가 생깁니다. 남겨진 일들에도 감사의 태도로 임하게 하시고, 꾸준히 걸어갈 수 있는 담대함을 지켜주소서. 예수님의 이름으로 기도합니다. 아멘.

식탁에서 질서를 회복한 감사

일상의 공급을 책임지시는 하나님,

저녁 식탁에 놓인 따뜻한 한 끼를 통해 하루의 긴장이 풀리게 하셔서 감사합니다. 급하게 먹던 습관을 멈추고 속도를 늦추자 몸의 반응이 달라졌고, 씹는 리듬에 맞춰 생각도 차분해졌습니다. 재료와 손길을 떠올리며 감사의 방향이 넓어졌고, 규칙적인 식사가 하루의 균형을 지킨다는 사실을 경험하게 하셔서 감사합니다.

몸의 신호를 분별하게 하시는 하나님, 배고픔과 피로를 혼동하며 무리했던 태도를 돌아봅니다. 시간에 쫓겨 선택한 음식이 집중을 흐렸고, 제때의 식사가 판단을 안정시켰음을 보게 됩니다. 간단한 준비와 정해진 시간이 효율을 높인다는 오늘의 묵상을 마음에 새깁니다.

생활의 기준을 세워 주시는 하나님, 앞으로는 식사의 시간을 소홀히 하지 않겠습니다. 과도함을 줄이고 기본을 지키며, 함께하는 자리에서는 배려의 속도로 먹겠습니다. 식탁에서 배운 절제가 일과 관계에도 이어지게 하시기를 바라며 예수님의 이름으로 기도드립니다. 아멘.

1월 12일

오늘의 삶을 유지하게 하신 감사

생활의 토대를 지켜주신 하나님,

하루를 살아내며 돈과 시간, 선택과 책임이 얼마나 촘촘히 얽혀 있는지 다시 느끼게 됩니다. 수입과 지출을 계산하고, 무엇을 줄이고 무엇을 감당해야 할지 고민하는 일상이 반복되지만, 그 가운데서도 삶이 끊어지지 않고 이어지고 있음을 봅니다. 넉넉하지 않아도 오늘을 살아갈 수 있는 조건을 허락하신 은혜를 감사로 고백합니다.

현실을 감당하게 하시는 하나님, 일터와 시장, 계약과 약속 속에서 마음이 흔들릴 때도 있었습니다. 불안한 전망과 비교의 유혹이 오기도 했지만, 당장 필요한 선택 앞에서는 멈추지 않고 판단할 수 있었습니다. 모든 걱정이 사라지지는 않았지만, 무너지지 않고 하루를 건너오게 하신 손길이 있었음을 기억합니다.

앞날을 맡아주시는 하나님, 오늘의 계산이 두려움으로만 남지 않게 하옵소서. 생계를 위한 고민 속에서도 존엄을 잃지 않게 하시고, 돈이 삶의 주인이 되지 않도록 중심을 붙들어 주옵소서. 이 현실의 무게를 주님께 맡기며, 예수님의 이름으로 기도드립니다. 아멘.

1월 13일
작은 결정을 내리게 하신 감사

지혜를 더하시는 하나님,

오늘 마음속에 오래 머물던 고민을 향해 작은 결정을 내리게 하시니 감사드립니다. 결론을 망설이던 시간이 길었지만 하나님께서 제 생각을 정리하시고 한 걸음 앞으로 나아갈 용기를 주셔서 방향을 선택할 수 있었습니다. 이 조용한 결단의 순간을 허락하신 은혜에 감사드립니다.

길을 비추시는 하나님, 결정을 내리고 나니 마음의 짐이 조금씩 가벼워졌고 앞으로의 일정도 선명하게 보이기 시작했습니다. 고민이 정리되자 불필요한 생각이 사라지고 마음에 안정이 찾아오는 것을 느꼈습니다. 이렇게 한 걸음씩 제 안의 복잡함을 비워내게 하시고 잔잔한 평안을 주시는 하나님께 감사드립니다.

확신을 주시는 하나님, 오늘 내린 이 작은 결정이 내일의 걸음을 밝히는 힘이 되기를 원합니다. 두려움보다 감사가 앞서는 삶으로 이끌어 주시고, 선택한 길 위에서 하나님을 신뢰하게 하소서. 예수님의 이름으로 기도합니다. 아멘.

1월 14일

지친 마음을 스스로 다독이게 하신 감사

부드럽게 감싸주시는 하나님,

오늘 유난히 지쳤던 마음을 스스로 다독이며 하루를 살아가게 하시니 감사드립니다. 쉽게 누군가에게 기대고 싶던 순간에도 제 안에 남아 있는 힘을 일깨워 주셔서 주어진 일들을 감당할 수 있었습니다. 그런 작은 용기와 회복의 마음까지 채워주신 은혜에 감사드립니다.

위로를 일으키시는 하나님, 잠시 혼자 머물며 조용히 들려오는 배경 음악에 귀 기울이자 마음속 얽힌 감정이 풀어지는 것을 느꼈습니다. 짧은 음악 한 곡이지만 그 소리가 제 마음의 표면을 부드럽게 덮어 주어 긴장도 함께 사라졌습니다. 이렇게 평범한 순간에도 위로를 주시는 하나님의 섬세한 손길에 감사드립니다.

새 힘을 일으키시는 하나님, 잠시의 다독임이 오늘의 저를 다시 세워 주고 내일을 향해 걸을 여유를 주었습니다. 이 회복이 제 안에 남아 감사의 마음을 잃지 않게 하소서. 예수님의 이름으로 기도합니다. 아멘.

1월 15일

마음속 불안을 내려놓게 하신 감사

평안을 흘려보내시는 하나님,

오늘 제 마음에 조용히 스며들던 불안을 내려놓게 하시니 감사드립니다. 이유 없이 쌓여 가던 긴장과 걱정이 기도하는 순간 조금씩 풀리며, 하나님께 맡겨야 한다는 단순하지만 깊은 진리를 다시 깨달았습니다. 제 마음을 잠잠하게 하시는 하나님의 은혜에 감사드립니다.

시선을 바로 잡아주시는 하나님, 잠시 산책을 나가 나무 사이로 비치는 햇빛을 바라보니 복잡했던 생각이 한결 가벼워졌습니다. 바람에 흔들리는 잎사귀와 부드러운 햇살이 제 마음의 무게를 덜어 주어 잠시나마 불안을 잊을 수 있었습니다. 자연의 작은 움직임 속에서 마음을 다스리시는 하나님의 손길에 감사드립니다.

소망을 밝히시는 하나님, 마음이 가벼워지자 내일을 향한 기대가 다시 살아나며 감사의 시선이 회복되었습니다. 오늘 내려놓은 불안이 다시 제 마음을 지치게 하지 않도록 지켜주시고, 감사의 자리로 인도해 주소서. 예수님의 이름으로 기도합니다. 아멘.

1월 16일

작은 기쁨을 발견하게 하신 감사

기쁨을 일깨우시는 하나님,

오늘 제 마음 한구석을 환하게 비추는 작은 기쁨을 발견하게 하시니 감사드립니다. 바쁜 하루 속에서도 잠시 멈추어 주변을 살피는 순간, 예상하지 못했던 기쁨의 흔적이 제 마음을 가볍게 해주었습니다. 무심히 지나칠 수 있었던 순간을 선물처럼 열어 주신 은혜에 감사드립니다.

순간을 채우시는 하나님, 길을 걸으며 들려온 아이들의 웃음소리가 제 마음을 부드럽게 감싸 주었습니다. 그 맑은 소리가 제 안에 오래 잠들어 있던 따뜻함을 깨우고, 삶이 아직도 많은 기쁨을 품고 있다는 사실을 다시 떠올리게 했습니다. 일상의 소리에 담긴 위로를 느끼게 하시니 감사드립니다.

감사를 심어주시는 하나님, 마음에 스며든 작은 기쁨이 오늘의 피로를 잊게 하고 내일을 향한 발걸음도 가볍게 합니다. 이 조용한 기쁨이 제 안에서 오래 머물러 더 많은 감사로 이어지게 하소서. 예수님의 이름으로 기도합니다. 아멘.

1월 17일

신뢰를 천천히 쌓아가는 하루

관계를 맡기시는 하나님,

오늘 사람들과의 관계가 단숨에 완성되지 않는다는 사실을 다시 생각하게 하시니 감사합니다. 빨리 가까워지려다 마음을 앞세웠던 순간들, 이해받고 싶다는 마음이 먼저 나서 관계를 무겁게 만들었던 날들도 떠오릅니다. 시간을 두고 관계를 쌓아가게 하시는 주님의 방식이 있음을 깨닫게 하시니 감사드립니다.

기다림을 가르치시는 하나님, 저는 때로 신뢰가 쌓이기 전에 기대를 먼저 키웠고, 그 기대가 어긋날 때 실망으로 바뀌었던 경험도 있었습니다. 그러나 주님은 관계 역시 하루하루의 태도 속에서 자란다고 가르치시며, 말보다 일관된 행동이 신뢰를 만든다는 사실을 일깨워 주십니다. 오늘은 서두르지 않는 마음으로 사람을 대하는 법을 배우게 하십니다.

하나님, 오늘은 관계의 속도를 제 뜻대로 앞당기지 않게 하시고, 진실한 태도로 하루를 살아가게 하옵소서. 신뢰가 필요할 때는 시간을 허락하게 하시고, 제 말과 행동이 꾸준함으로 이어지게 하시며, 이 하루가 관계를 단단하게 만드는 밑거름이 되게 하옵소서. 예수님의 이름으로 기도드립니다. 아멘.

1월 18일

공동의 선택 앞에서 깨어 있게 하신 감사

시민의 자리를 보게 하신 하나님,

오늘을 살아가며 개인의 편의가 공공의 결과로 이어지는 순간들을 떠올립니다. 제 결정과 무관해 보였던 정책과 제도가 누군가의 일상에 실제로 영향을 미친다는 사실을 생각하게 됩니다. 무관심으로 지나치기보다, 함께 사는 사회의 한 구성원으로 서게 하신 이 인식의 자리를 감사로 고백합니다.

책임을 가르치시는 하나님, 말과 침묵의 무게를 헤아리게 하시고 사실을 확인하려는 태도를 잃지 않게 하옵소서. 분노와 냉소에 휩쓸리기보다 공정과 존엄을 기준으로 판단하게 하시며, 편 기르기보다 공공선을 먼저 떠올리게 하옵소서. 오늘의 선택이 누군가의 내일을 가볍게 하지 않도록 마음을 붙들어 주셔서 감사합니다.

연대를 부르시는 하나님, 제 자리에서 가능한 행동을 외면하지 않게 하옵소서. 작은 참여와 성실한 관심이 사회를 지탱한다는 사실을 기억하게 하시고, 불편한 진실 앞에서도 등을 돌리지 않는 용기를 주옵소서. 이 공동의 삶을 예수님의 이름으로 기도드립니다. 아멘.

1월 19일

일터의 관계를 지켜주신 감사

수고의 자리를 허락하신 하나님,

오늘 하루를 보내며 일터가 단순히 일을 처리하는 공간이 아니라 사람과 사람이 함께 버티는 자리임을 다시 느끼게 됩니다. 각자의 역할과 속도가 달라도 같은 목표를 향해 움직이며 하루를 채워갔습니다. 성과가 또렷하지 않은 날에도 자리를 지키며 책임을 이어갈 수 있었던 조건을 허락하신 은혜를 감사로 고백합니다.

하나님, 함께 일하는 사람들의 말과 표정 속에서 저마다의 사정과 부담을 보게 하셨습니다. 완벽하게 이해하지는 못해도, 서로를 함부로 대하지 않고 선을 지키려 애쓴 순간들이 있었습니다. 경쟁보다 협력이, 무관심보다 배려가 하루를 덜 거칠게 만들었음을 알게 하시고 그 관계를 지켜주셔서 감사합니다.

앞길을 이끄시는 하나님, 오늘의 수고가 단순한 반복으로만 남지 않게 하옵소서. 일의 결과뿐 아니라 함께 일하는 태도와 관계가 삶의 가치가 되게 하시고, 내일도 존엄을 잃지 않고 일할 수 있는 힘을 허락하옵소서. 이 일터의 시간을 주님께 맡기며, 예수님의 이름으로 기도드립니다. 아멘.

1월 20일

뜻밖의 배움을 얻은 하루에 대한 감사

지혜를 열어주시는 하나님,

오늘 예상치 못한 상황 속에서 새로운 배움을 얻게 하시니 감사드립니다. 마음속으로만 알고 있다고 생각했던 부분에서 제가 여전히 부족함이 있다는 것을 깨닫고, 그 순간을 통해 더 넓은 시야와 겸손한 마음을 배우게 되었습니다. 배움의 길에서 제 마음을 열어 주시는 은혜에 감사드립니다.

성장을 돕는 하나님, 일상적인 일을 처리하던 중 작은 실수가 있었지만 그 실수를 통해 더 좋은 방법을 찾을 수 있었습니다. 처음엔 당황스러웠지만 곧 그것이 새로운 길을 여는 기회가 되었고, 제 일의 방식도 한층 성숙해졌습니다. 부끄러운 순간마저 성장의 밑거름으로 사용하시는 하나님의 선한 역사에 감사드립니다.

변화를 일으키시는 하나님, 오늘 얻은 배움이 제 마음을 새롭게 하고 내일의 선택을 더 지혜롭게 이끌 것이라 믿습니다. 배움 앞에서 두려워하지 않게 하시고 감사의 마음으로 계속 성장하게 하소서. 예수님의 이름으로 기도합니다. 아멘.

1월 21일

산책 속에서 마음을 정돈하게 하신 감사

여유를 허락하시는 하나님,

오늘 잠시 나선 가벼운 산책 속에서 제 마음이 정돈되는 은혜를 누리게 하시니 감사드립니다. 걷는 동안 머릿속을 가득 채웠던 복잡한 생각들이 서서히 풀리고, 발걸음의 리듬에 따라 마음도 한층 가라앉는 것을 느꼈습니다. 바람 한 줄기에도 위로를 담아 주시는 하나님께 감사드립니다.

사소함 속에서 일하시는 하나님, 걷다 보니 길가에서 예상치 못한 풍경들이 눈에 들어왔고, 평소에는 보이지 않던 작은 것들이 마음을 환기시키는 선물이 되었습니다. 나뭇잎의 흔들림, 멀리서 들리는 사람들의 웃음소리, 지나가는 계절의 냄새까지 제 마음에 새 힘을 불어넣었습니다. 일상의 풍경을 통해 제 감정을 다듬어 주시는 하나님께 감사드립니다.

평온을 채워주시는 하나님, 짧은 산책이었지만 그 시간이 오늘 하루를 버티게 하는 힘이 되었습니다. 이렇게 소박한 순간에서부터 감사의 이유를 계속 발견하게 하시고 내일도 평온한 마음으로 걸어가게 하소서. 예수님의 이름으로 기도합니다. 아멘.

역사의 흐름 속에 오늘을 두게 하신 감사

시간을 관통하시는 하나님,

오늘을 살아가며 내가 서 있는 자리가 과거의 선택들과 수많은 사람의 삶 위에 놓여 있음을 생각하게 됩니다. 기록으로만 남은 역사와 지금의 현실이 분리되어 있지 않고, 어제의 결정이 오늘의 조건을 만들었다는 사실을 다시 바라봅니다. 내가 누리는 평범한 하루가 누군가의 긴 투쟁과 인내 위에 있음을 깨닫게 하시니 감사드립니다.

세계를 굽어보시는 하나님, 멀리서 들려오는 분쟁과 갈등의 소식이 남의 일이 아님을 알게 하옵소서. 국경과 언어가 달라도 고통의 무게는 같고, 평화를 잃은 일상은 쉽게 회복되지 않는다는 현실을 잊지 않게 하시며, 단순한 정보 소비로 끝내지 않도록 마음을 붙들어 주셔서 감사합니다.

하나님, 오늘의 선택과 태도가 다음 시대에 남길 흔적을 가볍게 여기지 않게 하옵소서. 역사를 비난의 대상으로만 소비하지 않게 하시고, 배움과 책임으로 이어가게 하시며, 내가 설 수 있는 자리에서 평화와 존엄을 지키는 쪽을 택하게 하옵소서. 예수님의 이름으로 기도드립니다. 아멘.

일상의 생계를 붙들어 주신 감사

먹고사는 자리를 허락하신 하나님,

오늘을 살아가며 수입과 지출, 계약과 일정, 월말을 향한 계산이 머릿속을 스쳤습니다. 넉넉하다고 말하기는 어렵지만, 당장 멈추지 않고 이어갈 수 있는 조건이 남아 있음을 봅니다. 출근할 곳, 맡은 일, 책임져야 할 몫이 있다는 사실이 부담이면서도 동시에 삶을 붙드는 끈임을 깨닫게 하시니 감사합니다.

현실을 감당하게 하시는 하나님, 하루 중 업무의 압박과 성과에 대한 걱정이 마음을 무겁게 했지만, 완전히 무력해지지는 않았습니다. 요구가 늘어나도 선을 넘지 않으려 애썼고, 비교에 휘말리기보다 제 속도를 지키려 했습니다. 불안정한 환경 속에서도 오늘 해야 할 일을 마주하게 하시고, 생계를 포기하지 않게 붙들어 주셔서 감사합니다.

앞날을 맡아주시는 하나님, 오늘의 수고가 당장 결과로 보이지 않아도 헛되지 않게 하옵소서. 불확실함 속에서도 존엄을 잃지 않게 하시고, 일의 가치가 사람의 가치를 삼키지 않도록 지켜주옵소서. 이 삶의 현실을 주님께 맡기며, 예수님의 이름으로 기도드립니다. 아멘.

1월 24일

곁에 있는 사람들로 하루를 지탱해 주신 감사

사람을 보내주시는 하나님,

오늘 하루를 지나며 가까이 있는 이들의 존재가 얼마나 큰 힘이 되는지 다시 느끼게 됩니다. 길지 않은 안부 인사와 짧은 대화, 별다른 결론 없는 이야기 속에서도 마음이 느슨해지고 숨이 트였습니다. 특별한 도움을 받지 않아도, 혼자가 아니라는 감각이 하루를 지탱해 주었음을 깨닫게 하시니 감사합니다.

관계를 이어주시는 하나님, 친구와 이웃의 말 속에서 각자의 사정과 리듬이 다름을 자연스럽게 받아들이게 하셨습니다. 이해하지 못하는 부분이 있어도 서둘러 판단하지 않고, 적당한 거리를 지키며 함께 웃을 수 있었습니다. 관계가 부담이 아니라 쉼이 되는 순간을 허락하시고, 사람 사이의 온기를 다시 느끼게 하셔서 감사합니다.

내일을 함께 열어가시는 하나님, 오늘의 이런 만남과 대화를 가볍게 흘려보내지 않게 하옵소서. 곁에 있는 사람들을 당연하게 여기지 않게 하시고, 제 말과 태도가 누군가의 하루를 조금은 덜 거칠게 만드는 도구가 되게 하옵소서. 이 관계의 시간을 주님께 맡기며, 예수님의 이름으로 기도드립니다. 아멘.

1월 25일

흩어지지 않고 마음을 모으는 하루

집중을 허락하시는 하나님,

오늘 이 하루를 시작하며 제 마음이 얼마나 쉽게 나뉘어 왔는지 돌아보게 하시니 감사합니다. 해야 할 일 앞에 앉아 있으면서도 생각은 다른 곳으로 흘러가고, 중요한 순간에 마음이 분산되어 힘만 소모했던 날들이 떠오릅니다. 지금 이 시간에 머물수 있도록 이끄시는 주님의 배려에 감사드립니다.

초점을 가르치시는 하나님, 저는 많은 일을 동시에 붙들려다 정작 중요한 한 가지를 놓친 적이 많았습니다. 급하지 않은 일에 반응하며 정작 해야 할 몫을 미루기도 했습니다. 그러나 주님은 모든 것을 다 하려는 마음보다, 지금 해야 할 일에 마음을 온전히 두는 태도가 삶을 단단하게 만든다고 가르쳐 주십니다. 한순간의 집중이 하루의 방향을 바꿀 수 있음을 다시 배웁니다.

지속을 도우시는 하나님, 오늘은 제 마음이 이 일에서 저 일로 흩어지지 않게 하시고, 맡겨진 한 가지에 성실히 머물게 하옵소서. 중간에 포기하지 않게 하시고, 집중의 시간이 헛되지 않도록 붙들어 주시며, 이 하루가 충실함으로 남게 하옵소서. 예수님의 이름으로 기도드립니다. 아멘.

1월 26일

불안했던 마음이 가라앉는 은혜에 대한 감사

평안을 내려주시는 하나님,

오늘 하루 동안 제 마음을 조용히 흔들던 불안이 서서히 가라앉게 하시니 감사드립니다. 이유 없이 무겁게만 느껴지던 감정이 기도 속에서 조금씩 풀어졌고, 마음의 결이 다시 부드러워지는 것을 느꼈습니다. 거친 파도 같던 제 마음을 잠잠케 하시는 하나님의 은혜에 감사드립니다.

안정을 주시는 하나님, 마음이 복잡해질 때 잠시 숨을 고르며 눈을 감으니 제 안에 흩어져 있던 생각들이 차츰 정리되기 시작했습니다. 그 순간, 앞뒤가 보이지 않던 문제들에도 길이 있다는 확신이 생겨 조급함이 잦아들었습니다. 이렇게 작은 순간에도 제 마음을 붙들어 주시는 하나님의 세밀한 손길에 감사드립니다.

소망을 회복시키시는 하나님, 가라앉은 마음 위에 다시 감사가 피어나고, 내일의 시간도 두려움 없이 걸어갈 힘이 생겼습니다. 언제나 제 마음을 지켜주시는 하나님의 인도하심을 기억하며 감사의 삶을 살아가게 하소서. 예수님의 이름으로 기도합니다. 아멘.

1월 27일
가족의 자리에서 서로를 지켜주신 감사

집을 삶의 중심으로 세워주신 하나님,

오늘 하루를 돌아보며 가족이라는 이름으로 이어진 자리의 무게를 생각합니다. 말이 오가지 않아도 서로의 일정과 피로를 짐작하며 하루를 넘겼고, 각자의 몫을 감당하느라 완벽하지는 않았지만 관계를 포기하지는 않았습니다. 큰 사건은 없어도 생활이 이어지고 있다는 사실 자체가 은혜임을 깨닫게 하시니 감사합니다.

돌봄을 가능하게 하시는 하나님, 집안의 작은 일들과 반복되는 책임 속에서 때로는 지치기도 했지만, 서로를 함부로 대하지 않으려는 선택을 하게 하셨습니다. 서툰 표현 속에서도 배려를 남기고, 감정이 앞설 때 한 번 더 멈출 수 있었던 여유가 있었습니다. 가족을 의무가 아니라 관계로 붙들게 하신 보호를 감사합니다.

하나님, 오늘의 분주함이 관계를 소모시키지 않게 하옵소서. 잘해내지 못한 순간보다 이어가려 했던 마음을 귀하게 여기게 하시고, 이 가정의 시간이 서로의 힘이 되게 하옵소서. 이 삶의 중심을 주님께 맡기며, 예수님의 이름으로 기도드립니다. 아멘.

1월 28일

마음 깊은 곳의 답답함을 털어내게 하신 감사

속을 밝히시는 하나님,

오늘 제 마음 깊은 곳에서 오래 머물던 답답함을 털어내게 하시니 감사드립니다. 무엇 때문인지 알기 어려웠던 무거운 감정이 기도 속에서 조금씩 풀리며 마음이 가벼워졌고, 다시 숨을 깊게 들이마실 수 있는 여유가 생겼습니다. 감추어진 마음의 짐까지 살피시는 하나님의 은혜에 감사드립니다.

감정을 정돈하게 하시는 하나님, 집안일을 하나씩 정리하며 움직이는 동안 마음도 함께 정리되는 것을 느꼈습니다. 쌓아두기만 하던 물건들을 제자리에 돌려놓자 머릿속도 차분해지고, 복잡했던 생각의 흐름이 안정되었습니다. 일상의 작은 정리를 통해 제 안을 새롭게 하시는 하나님께 감사드립니다.

더 밝은 마음으로 이끄시는 하나님, 무거움이 걷히자 마음에 감사가 다시 깃들고 내일을 바라보는 눈도 한층 부드러워졌습니다. 오늘 회복한 이 마음이 흔들리지 않도록 지켜주시고 감사의 걸음을 계속 이어가게 하소서. 예수님의 이름으로 기도합니다. 아멘.

행동으로 하루에 응답하는 시간

부르심을 주시는 하나님,

오늘 이 하루를 시작하며 해야 할 말보다 먼저 해야 할 행동이 무엇인지 생각하게 하시니 감사합니다. 설명으로 대신하려 했던 순간들, 좋은 뜻을 말로만 남겨 두었던 장면들이 떠오릅니다. 오늘은 미루지 않고 움직일 수 있도록 기회를 주신 은혜에 감사드립니다.

실천을 요구하시는 하나님, 저는 때로 옳다는 것을 알면서도 불편함을 피하려고 한 걸음을 떼지 않았음을 고백합니다. 말로는 동의하면서 행동으로는 머뭇거렸던 순간들도 있었습니다. 그러나 주님은 이해보다 순종을, 공감보다 실천을 통해 삶이 변화된다고 가르치십니다. 작은 행동 하나가 하루의 방향을 분명히 한다는 사실을 다시 배우게 하십니다.

용기를 더하시는 하나님, 오늘은 생각만으로 머물지 않게 하시고, 할 수 있는 행동을 바로 선택하게 하옵소서. 크지 않아도 분명한 한 걸음을 내딛게 하시며, 제 하루가 말이 아니라 행동으로 주님께 응답하는 시간이 되게 하옵소서. 예수님의 이름으로 기도드립니다. 아멘.

1월 30일

예상치 못한 위로를 마주하게 하신 감사

위로를 내려주시는 하나님,

오늘 마음이 무거운 순간에도 예상치 못한 위로를 마주하게 하시니 감사드립니다. 생각보다 일이 풀리지 않아 지친 마음이었지만, 제 주변에 머물던 작은 따뜻함이 눈에 들어오며 마음이 부드러워졌습니다. 위로를 필요로 하는 순간을 아시는 하나님의 은혜에 감사드립니다.

마음을 어루만지시는 하나님, 따뜻한 차 한 잔에서 올라오는 향기와 그 온기가 손끝을 감싸며 제 마음까지 편안하게 만들어 주었습니다. 잠시 머무는 동안 복잡했던 생각들이 정리되고, 힘들던 마음의 결이 조금씩 풀어졌습니다. 이렇게 단순한 순간을 통해서도 제 영혼을 쉬게 하시는 하나님께 감사드립니다.

새 힘을 채워주시는 하나님, 오늘 받은 이 위로가 내일을 향해 다시 걸을 용기로 이어지기를 원합니다. 작은 위로에도 감사할 줄 아는 마음을 지켜주시고, 흔들리는 순간에도 하나님을 신뢰하게 하소서. 예수님의 이름으로 기도합니다. 아멘.

한 달을 무사히 지나오게 하신 감사

지켜주시는 하나님,

오늘 한 달의 마지막 날을 맞아 제가 무사히 이 시간을 지나올 수 있도록 지키신 하나님께 감사드립니다. 예상치 못한 어려움도 있었고 마음이 흔들리던 순간도 있었지만, 그 모든 시간 속에서 하나님께서 조용히 제 걸음을 지켜 주셨음을 고백합니다. 한 달 동안의 보호와 동행에 깊은 감사를 드립니다.

돌보시는 하나님, 한 달을 돌아보며 마음속에 남은 작은 순간들을 떠올리니, 그 안에 하나님께서 채워 주신 은혜의 흔적들이 선명하게 보였습니다. 힘겨운 날은 견딜 힘을 주셨고, 기쁜 날은 감사의 이유를 더해 주셨으며, 평범한 날들도 의미 있게 채워 주셨습니다. 지나간 모든 날에 하나님의 온유하신 손길이 머물렀음을 고백합니다.

새 길을 열어주시는 하나님, 오늘의 감사가 내일로 이어져 더 단단한 마음으로 다음 달을 맞이하게 하소서. 지나온 날을 감사로 묶고 앞으로의 시간을 기대하며, 예수님의 이름으로 기도합니다. 아멘.

2월

감사가
마음을 깊게 하는 시간

2월 1일
새로운 달을 차분히 받아들이는 하루

새 달을 허락하시는 하나님,

이 하루가 또 하나의 달의 시작이라는 것을 의식하며 제 마음을 가다듬게 하시니 감사합니다. 지난달의 여운이 아직 남아 있고, 다 이루지 못한 일들도 떠오르지만, 다시 출발할 수 있도록 오늘을 열어주신 은혜를 감사히 받아들입니다. 새로움이 부담이 아니라 기회로 다가오게 하시니 감사드립니다.

삶의 흐름을 맡기시는 하나님, 저는 새로운 달을 맞을 때마다 잘해야 한다는 생각에 마음을 앞세우곤 했습니다. 계획이 분명하지 않으면 불안해했고, 결과를 먼저 그리느라 오늘을 소홀히 한 적도 있었습니다. 그러나 주님은 한 달을 한꺼번에 살아내라고 부르시지 않으시고, 오늘 하루에 충실하라고 말씀하심을 다시 깨닫습니다. 이 달 역시 하루하루의 태도로 채워지기를 원하시는 주님의 뜻을 마음에 새깁니다.

하나님, 오늘은 새로운 다짐보다 분명한 태도로 하루를 살아가게 하소서. 조급함 대신 성실함을 선택하게 하시고, 이 하루가 2월의 방향을 차분히 잡아주는 시작이 되게 하옵소서. 예수님의 이름으로 기도드립니다. 아멘.

2월 2일

몸과 마음의 여유를 회복하게 하신 감사

평안으로 감싸주시는 하나님,

오늘 분주한 일정 속에서도 몸과 마음의 여유를 회복할 시간을 주시니 감사드립니다. 아침부터 이어진 부담스러운 흐름이 있었지만, 어느 순간 마음이 부드럽게 풀리며 다시 호흡을 고르게 하는 은혜를 경험했습니다. 필요한 때에 쉼을 허락하시는 하나님의 자비에 감사드립니다.

회복을 돕는 하나님, 잠시 앉아 따뜻한 음료를 마시며 숨을 고르는 동안 머릿속의 복잡함이 정리되고 마음속 긴장도 조금씩 내려앉았습니다. 짧은 시간이었지만 그 순간이 오늘의 무게를 덜어 주었고, 다시 해야 할 일들을 차분하게 바라보는 힘이 되었습니다. 작은 쉼 속에서도 회복을 이루시는 하나님께 감사드립니다.

새 힘을 더하시는 하나님, 오늘 받아 누린 이 여유가 제 안에 다시 살아갈 용기를 채워 주며 내일을 향한 기대도 일으켜 줍니다. 감사의 마음으로 하루를 이어가게 하시고 평온을 잃지 않도록 지켜주소서. 예수님의 이름으로 기도합니다. 아멘.

2월 3일
눈 덮인 아침을 건너게 하신 감사

걸음을 안전으로 이끄시는 하나님,

밤새 쌓인 눈길을 살피며 미끄럼을 피할 수 있게 하셔서 감사합니다. 보폭을 줄이고 손잡이를 잡는 기본을 지키자 이동이 한결 안정되었고, 서두르지 않는 선택이 하루의 긴장을 낮추었습니다. 날씨에 맞춰 준비물을 챙기고 시간을 조정하는 세심함이 사고를 예방한다는 사실을 몸으로 알게 하셔서 감사합니다.

판단을 또렷하게 세우시는 하나님, 급함이 능률을 높인다고 믿었던 태도를 돌아봅니다. 조건을 무시했을 때 위험이 커졌고, 상황을 고려했을 때 일정과 마음이 함께 정돈되었음을 보게 됩니다. 환경을 읽고 속도를 조절하는 지혜가 책임이라는 오늘의 묵상을 마음에 새깁니다.

일상의 기준을 단단히 하시는 하나님, 앞으로의 이동과 일정에서 안전을 먼저 고려하겠습니다. 날씨와 몸의 상태를 확인하고 여유를 남기며, 주변의 흐름을 존중하겠습니다. 기본을 지키는 반복이 하루의 신뢰로 이어지게 하시기를 바라며 예수님의 이름으로 기도드립니다. 아멘.

2월 4일

배움의 길을 이어가게 하신 감사

배움의 문을 열어주신 하나님,

오늘 하루를 보내며 배우는 일이 시험이나 성과로만 환산되지 않는다는 사실을 다시 생각하게 됩니다. 이해가 더딘 순간도 있었고, 익숙하지 않은 내용을 앞에 두고 머뭇거린 때도 있었지만, 포기하지 않고 끝까지 살펴볼 수 있었습니다. 당장 성취가 보이지 않아도 배움의 과정을 허락하신 은혜를 감사드립니다.

가르침을 이어주시는 하나님, 학교와 현장, 책과 화면 너머에서 누군가의 수고로 지식이 전달되고 있음을 떠올립니다. 질문에 답해 준 사람들, 길을 정리해 준 교재와 기록들 덕분에 오늘의 이해가 가능했습니다. 배우는 자로서의 겸손과 가르치는 이의 책임이 함께 지켜지게 하시고, 지식이 권력이 아니라 나눔이 되게 하신 배려를 감사합니다.

미래를 준비하게 하시는 하나님, 오늘의 배움이 내일의 판단을 더 성숙하게 만들게 하옵소서. 아는 것을 과시하지 않게 하시고, 배운 만큼 책임을 지는 태도를 갖게 하시며, 세대와 분야를 잇는 다리가 되게 하옵소서. 이 배움의 시간을 주님께 맡기며, 예수님의 이름으로 기도드립니다. 아멘.

사람 사이의 온기를 누리게 하신 감사

웃음을 허락하신 하나님,

오늘 하루를 지나며 예상하지 못한 웃음이 제 마음을 풀어주었던 순간들이 있었습니다. 특별한 사건은 아니었지만, 가벼운 농담 하나와 자연스럽게 이어진 대화 속에서 긴장이 풀렸습니다. 마음을 단단히 붙들고 있지 않아도 괜찮다는 느낌이 들었고, 그 잠깐의 웃음이 하루의 결을 훨씬 부드럽게 만들어 주었습니다. 그런 시간을 허락하신 은혜를 감사드립니다.

하나님, 친구와 짧은 이야기 속에서 서로의 안부를 묻고, 별다른 결론 없이도 함께 웃을 수 있었습니다. 깊은 고민을 나누지 않고, 그냥 같은 시간을 보냈다는 사실만으로도 마음이 가벼워졌습니다. 관계가 부담이 아니라 기쁨이 되는 순간을 누리게 하시고, 사람 사이의 온기를 다시 느끼게 하신 배려를 감사합니다.

사랑의 하나님, 오늘의 이런 소소한 즐거움을 사소하게 흘려보내지 않게 하옵소서. 웃고 이야기했던 시간이 제 삶의 힘이 되었음을 기억하게 하시고, 앞으로의 날들 속에서도 이런 기쁨을 누릴 줄 아는 여유를 잃지 않게 하옵소서. 이 감사의 마음을 주님께 맡기며, 예수님의 이름으로 기도드립니다. 아멘.

2월 6일

미끄러운 길에서도 지켜 주신 감사

걸음을 살피시는 하나님,

아침의 차가운 공기와 미끄러운 길 위에서도 안전하게 이동하게 하셔서 감사합니다. 서두르지 않고 보폭을 줄이자 몸의 균형이 살아났고, 주변을 살피는 여유가 생겼습니다. 작은 주의가 하루의 사고를 막는다는 사실을 몸으로 알게 하시고, 질서와 규칙이 자유를 지킨다는 경험을 주셔서 감사합니다.

판단을 또렷하게 하시는 하나님, 급함이 안전을 대신할 수 없다는 교훈을 되새깁니다. 시간에 쫓길수록 위험을 과소평가했고, 한 번 더 확인했을 때 불안이 낮아졌음을 보게 됩니다. 계절의 조건을 고려하는 태도가 책임이라는 오늘의 묵상을 마음에 새깁니다.

일상의 기준을 세워 주시는 하나님, 앞으로의 이동과 일정에서 안전을 우선하겠습니다. 속도를 조절하고 보호 장비를 챙기며, 서로의 이동을 배려하겠습니다. 작은 주의의 반복이 하루를 지키는 습관이 되게 하시기를 바라며 예수님의 이름으로 기도드립니다. 아멘.

2월 7일
오늘도 무사히 오가게 하신 감사

길을 열어주시는 하나님,

오늘 하루를 보내며 수많은 사람이 각자의 목적지를 향해 이동하고 있음을 생각합니다. 출근길의 분주함, 약속을 향한 발걸음, 집으로 돌아오는 저녁의 풍경 속에서 사고 없이 하루를 건너올 수 있었습니다. 당연하게 여겼던 이동의 안전이 결코 당연하지 않음을 깨닫게 하시고, 오늘도 무사히 길을 오가게 하신 은혜를 감사드립니다.

하나님, 대중교통과 도로, 신호와 질서가 보이지 않게 맞물려 하루의 리듬을 만들고 있음을 봅니다. 누군가는 운전석에서, 누군가는 현장에서, 누군가는 관제와 관리의 자리에서 자신의 몫을 감당하고 있었습니다. 서로 알지 못해도 각자의 책임이 연결되어 오늘의 일상이 유지되었음을 기억하게 하셔서 감사합니다.

쉼으로 돌아오게 하시는 하나님, 하루의 이동이 단순한 소모로 끝나지 않게 하옵소서. 오가는 길 위에서 조급함보다 배려를 택하게 하시고, 집으로 돌아오는 시간이 다시 숨을 고르는 자리로 이어지게 하옵소서. 오늘의 안전과 질서를 주님께 맡기며, 예수님의 이름으로 기도드립니다. 아멘.

2월 8일

새로운 아이디어를 떠올리게 하신 감사

지혜를 열어주시는 하나님,

오늘 평소와 다르지 않은 하루 속에서도 새로운 아이디어를 떠올리게 하시니 감사드립니다. 생각지 못했던 관점이 마음에 떠오르며 멈춰 있던 일이 한 걸음 전진하는 기회를 얻게 되었습니다. 제 안의 창의성을 일깨워 주시는 하나님의 은혜에 감사드립니다.

생각을 확장하게 하시는 하나님, 조용히 걷는 동안 문득 스친 한 장면이 제 마음에 영감을 주었고, 그것이 새로운 방향으로 이어질 실마리가 되었습니다. 일상 속 사소한 순간도 의미 있는 통로가 될 수 있음을 다시 깨닫게 하시니 감사합니다. 하나님께서 제 시야를 넓혀 주시는 것을 느꼈습니다.

앞길을 밝히시는 하나님, 오늘 얻은 이 작은 아이디어가 앞으로의 걸음을 더 가볍고 창의적으로 이끌어 가길 원합니다. 주시는 영감 속에서 감사의 삶을 이어가게 하소서. 예수님의 이름으로 기도합니다. 아멘.

지켜진 환경 속에서 하루를 살게 하신 감사

삶의 조건을 마련해 주신 하나님,

오늘 하루를 보내며 맑지 않아도 숨 쉴 수 있는 공기, 끊기지 않고 흐르는 물, 밤이 되면 다시 어두워지는 하늘 같은 기본적인 조건들에 기대어 살고 있음을 떠올립니다. 평소에는 의식하지 않지만, 이 조건들이 흔들릴 때 일상이 얼마나 쉽게 무너지는지도 알고 있습니다. 오늘도 큰 사고 없이 이 환경 속에서 하루를 살게 하신 은혜를 감사로 고백합니다.

자연의 균형을 맡아주시는 하나님, 계절의 변화와 날씨의 흔들림 속에서 인간의 편의가 자연에 남긴 흔적도 함께 보게 됩니다. 개발과 소비의 결과가 누군가의 삶과 다음 세대에 부담으로 돌아오고 있음을 생각합니다. 무심함으로 지나치지 않게 하시고, 편리함 뒤에 숨은 책임을 인식하게 하셔서 감사합니다.

내일의 터전을 지켜주시는 하나님, 오늘의 선택이 환경을 더 소모하지 않게 하옵소서. 거창한 결심보다 일상의 태도를 바꾸는 용기를 주시고, 내가 누리는 만큼 돌려줄 줄 아는 삶으로 이끌어 주옵소서. 이 땅과 우리의 내일을 주님께 맡기며, 예수님의 이름으로 기도드립니다. 아멘.

2월 10일

주어진 하루를 온전히 마무리하게 하신 감사

하루를 붙들어주시는 하나님,

오늘도 하루의 마지막까지 제 걸음을 지켜주시니 감사드립니다. 중간중간 마음이 흔들리고 집중이 흐려지는 시간도 있었지만, 그럼에도 끝까지 맡은 일을 정리하며 하루를 온전히 마무리할 수 있게 하신 은혜를 기억합니다. 무탈하게 하루를 지나게 하신 하나님의 보호에 깊이 감사드립니다.

안정을 주시는 하나님, 오늘 저녁의 고요 속에서 마음 한켠에 남아 있던 긴장이 조금씩 풀어지고, 해야 할 일들을 내려놓을 용기가 생겼습니다. 바쁘게 움직이던 흐름에서 벗어나자 오히려 감사한 이유들이 선명하게 떠오르고, 하루의 무게도 가볍게 느껴졌습니다. 이렇게 마음에 숨을 돌릴 시간을 주시니 감사드립니다.

평온을 허락하시는 하나님, 오늘의 마무리가 고요와 감사로 채워지며 내일도 바른 걸음을 내딛을 힘을 얻습니다. 쉬는 시간에도 하나님을 기억하게 하시고, 감사의 마음으로 다음 날을 맞이하게 하소서. 예수님의 이름으로 기도합니다. 아멘.

2월 11일
변화의 시대를 건너게 하신 감사

시대를 읽게 하신 하나님,

하루를 살며 빠르게 바뀌는 세상의 속도를 실감했습니다. 기술은 앞서가고 소식은 쏟아지며, 어제의 기준이 오늘에는 흔들리는 장면을 마주합니다. 불안이 커질 수 있는 환경 속에서도 판단을 멈추지 않고 생각할 시간을 갖게 하시니 감사합니다. 변화 앞에서 도망치지 않고 질문을 품게 하신 은혜를 고백합니다.

세계를 품게 하시는 하나님, 분쟁과 재난, 경제의 요동과 회복의 신호가 동시에 전해지는 현실 속에서 어느 한쪽만 보지 않게 하옵소서. 즉각적인 분노나 단순한 낙관에 머물지 않게 하시고, 사실을 살피며 사람의 생명과 존엄을 먼저 떠올리게 하옵소서. 멀리서 들려오는 이야기에도 무감해지지 않도록 마음의 감각을 지켜주셔서 감사합니다.

미래를 맡아주시는 하나님, 불확실한 내일을 과도한 두려움으로 앞당기지 않게 하옵소서. 기술의 편의가 책임을 대신하지 않게 하시고, 속도가 인간성을 삼키지 않도록 분별을 허락해 주옵소서. 오늘의 선택이 내일의 안전과 신뢰로 이어지기를 바라며, 예수님의 이름으로 기도드립니다. 아멘.

2월 12일
몸과 삶을 돌보는 손길을 남겨주신 감사

회복의 길을 마련하신 하나님,

오늘 하루를 보내며 병원과 약국, 돌봄의 현장이 조용히 일상을 지탱하고 있음을 떠올립니다. 아프지 않아서가 아니라, 아플 때 기대어 설 수 있는 체계가 있어 오늘을 안심하고 살 수 있었습니다. 당장 제 몸에 큰 이상이 없다는 사실 역시 많은 이의 전문성과 헌신 위에 놓여 있음을 알게 하시니 감사드립니다.

생명을 살피시는 하나님, 진료실과 병상, 상담의 자리에서 누군가는 타인의 고통을 자기 일처럼 감당하고 있음을 생각합니다. 반복되는 업무와 감정의 소진 속에서도 기준을 지키며 사람을 대하는 태도가 이어지고 있었습니다. 그 성실함이 오늘의 안전과 신뢰로 이어졌음을 기억하게 하셔서 감사합니다.

일상을 지켜주시는 하나님, 건강을 당연하게 여기지 않게 하옵소서. 몸의 신호에 귀 기울이게 하시고, 돌봄을 필요로 하는 이들을 외면하지 않게 하시며, 나 역시 누군가를 돌보는 삶에 기꺼이 참여하게 하옵소서. 이 감사의 마음을 예수님의 이름으로 기도드립니다. 아멘.

2월 13일

잠시 스쳐 간 기쁨을 마음에 담게 하신 감사

기쁨을 일깨우시는 하나님,

오늘 일상 속에서 잠시 스쳐 지나간 작은 기쁨을 마음에 담게 하시니 감사드립니다. 긴 하루 중 짧은 순간이었지만, 그 기쁨이 마음을 환하게 밝혀 주며 남은 시간을 견디는 힘이 되었습니다. 사소한 순간에도 의미를 담아 주시는 하나님의 은혜에 감사드립니다.

마음을 부드럽게 하시는 하나님, 무심코 지나칠 법한 장면이었지만 그 속에서 따뜻함을 느끼고 잠시 웃음을 머금을 수 있었습니다. 작은 웃음이 마음의 긴장을 풀어 주고 생각의 흐름도 한결 부드러워지는 것을 경험했습니다. 이렇게 일상의 틈새에서도 위로를 주시니 감사드립니다.

평온을 채워주시는 하나님, 오늘 받은 기쁨이 마음에 잔잔히 남아 내일의 걸음을 밝히는 힘이 되기를 소망합니다. 감사하는 시선으로 하루를 돌아보게 하시고, 작은 순간에서도 은혜를 발견하게 하소서. 예수님의 이름으로 기도합니다. 아멘.

2월 14일

막연한 두려움에서 벗어나게 하신 감사

두려움을 가라앉히시는 하나님,

오늘 제 마음을 조용히 흔들던 막연한 두려움에서 벗어나게 하시니 감사드립니다. 이유를 알 수 없는 불안이 가끔씩 마음을 덮었지만 하나님께서 제 영혼에 고요함을 내려주시며 그 불안을 잠잠케 하셨습니다. 보이지 않는 두려움까지 다루시는 하나님의 은혜에 감사드립니다.

시선을 바로잡아주시는 하나님, 잠시 숨을 고르며 걷는 동안 마음속에 숨어 있던 두려움의 그림자가 천천히 옅어지고, 하나님께서 여전히 제 앞을 인도하고 계신다는 사실이 다시 떠올랐습니다. 두려움이 커 보일 뿐 그 너머에도 하나님께서 길을 열어 주신다는 진리를 다시 새기게 하시니 감사드립니다.

확신을 주시는 하나님, 두려움에서 벗어난 마음에 감사가 자리하며, 내일의 걸음을 더욱 담대하게 내딛을 힘이 생깁니다. 흔들렸던 마음이 하나님 안에서 바로 서게 하시고, 감사의 고백을 잃지 않도록 지켜주소서. 예수님의 이름으로 기도합니다. 아멘.

2월 15일

작은 배려 속에서 따뜻함을 느끼게 하신 감사

따뜻함을 건네주시는 하나님,

오늘 일상 속에서 마주한 작은 배려 하나가 제 마음을 환하게 밝혀 주시니 감사드립니다. 별것 아닌 듯 보이던 행동이었지만, 그 속에 담긴 선의가 제 마음을 부드럽게 만들며 하루의 무게를 덜어주었습니다. 사람을 통해 은혜를 전하시는 하나님의 세밀한 사랑에 감사드립니다.

마음을 감싸주시는 하나님, 배려를 받은 순간 제 안에 남아 있던 긴장이 풀리고, 다른 이들의 마음도 더욱 세심하게 바라보고 싶은 마음이 생겼습니다. 그 따뜻함이 오늘의 흐름을 바꾸고, 제 시선에도 온유함을 더해 주었습니다. 일상의 작은 행동 속에서 사랑을 가르치시는 하나님께 감사드립니다.

선함을 심어주시는 하나님, 오늘 경험한 배려의 온기가 내일의 제 행동에도 이어져 누군가에게 또 다른 따뜻함이 되기를 소망합니다. 감사의 마음을 잃지 않고 선함으로 살아가게 하소서. 예수님의 이름으로 기도합니다. 아멘.

2월 16일

회복의 시간을 제자리에 놓은 감사

몸의 균형을 돌보시는 하나님,

운동을 마친 뒤 스트레칭으로 근육의 긴장을 풀게 하셔서 감사합니다. 숨을 고르며 관절을 천천히 움직이자 통증의 신호가 줄어들었고, 무리하지 않는 마무리가 다음 날의 컨디션을 지킨다는 사실을 몸으로 알게 되었습니다. 기록을 확인하며 강도와 휴식의 비율을 조정하게 하시고, 회복이 성과의 일부임을 배우게 하셔서 감사합니다.

생각의 속도를 낮추시는 하나님, 끝까지 밀어붙여야 한다는 고집을 돌아봅니다. 성취를 앞세울수록 작은 경고를 무시했고, 마무리를 존중했을 때 집중과 기분이 안정되었음을 보게 됩니다. 늘림보다 풀어 줌이 지속을 만든다는 오늘의 묵상을 마음에 새깁니다.

일상의 습관을 단단히 세우시는 하나님, 앞으로는 준비와 회복을 함께 지키겠습니다. 강도는 계획대로 조절하고, 스트레칭과 휴식을 생략하지 않으며, 몸의 반응을 기준으로 다음 일정을 정하겠습니다. 균형 잡힌 관리가 생활 전반의 리듬을 살리게 하시기를 바라며 예수님의 이름으로 기도드립니다. 아멘.

몸의 컨디션이 회복되는 은혜를 주신 감사

회복을 허락하시는 하나님,

오늘 조금씩 나아지는 몸의 컨디션을 느끼게 하시니 감사드립니다. 며칠간 이어지던 피로와 무거움이 한결 가벼워지고, 움직임에도 힘이 생기며 다시 일상으로 돌아갈 의지가 살아났습니다. 제 몸을 세심하게 돌보시는 하나님의 자비에 깊이 감사드립니다.

힘을 더하시는 하나님, 따뜻한 햇빛 아래서 잠시 쉬어가는 동안 몸의 긴장이 풀리고 마음도 부드러워지는 경험을 했습니다. 부족했던 휴식이 채워지자 생각도 맑아지고, 해야 할 일들을 바라보는 시선에도 여유가 생겼습니다. 작은 쉼 속에서도 회복을 이루시는 하나님께 감사드립니다.

새 힘을 일으키시는 하나님, 회복되는 몸의 감각이 내일의 걸음을 더 가볍게 만들고 감사의 마음을 더욱 선명하게 합니다. 건강도 은혜로 여기며 하루를 살아가게 하소서. 예수님의 이름으로 기도합니다. 아멘.

평범한 일상에서 의미를 발견하게 하신 감사

뜻을 일깨우시는 하나님,

오늘 특별할 것 없는 평범한 하루였지만 그 속에서 여러 의미를 발견하게 하시니 감사드립니다. 단순하고 반복되는 일들 속에서도 하나님께서 여전히 제 삶을 인도하고 계시다는 사실을 깨닫게 하시며 마음에 잔잔한 감사가 흘렀습니다. 평범함 속에 숨겨진 은혜를 보게 하시니 감사드립니다.

마음을 넓혀주시는 하나님, 오늘 하루 동안 지나친 길과 익숙한 장소들 속에서도 새로운 시선이 열려, 그동안 당연하게 여기던 것들에 새 가치를 발견하는 경험을 했습니다. 익숙함을 소홀히 대하지 않고, 매일의 작은 순간들을 소중히 바라보게 하시는 하나님의 세심한 사랑에 감사드립니다.

일상의 깊이를 더하시는 하나님, 평범한 하루에 스며 있는 감사의 흔적들이 제 마음에 안정과 기쁨을 남깁니다. 단조로운 시간 속에서도 감사할 이유를 찾으며 살아가게 하소서. 예수님의 이름으로 기도합니다. 아멘.

2월 19일

마음을 움직이는 이야기를 만나게 하신 감사

감각을 깨워 주신 하나님,

오늘 하루를 지내며 노래 한 곡, 글 한 편, 화면 속 장면 하나가 마음의 결을 바꾸는 순간을 경험했습니다. 큰 사건이 아니어도 표현은 사람의 하루를 다르게 만들고, 생각의 방향을 조금 옮겨 놓습니다. 바쁜 일상 속에서도 잠시 멈춰 느끼고 생각할 여지를 남겨 주신 은혜를 감사드립니다.

표현을 통해 이어주시는 하나님, 영화와 책, 전시와 무대 뒤에는 수많은 창작자의 노동과 고민이 있음을 떠올립니다. 보이지 않는 준비와 반복이 쌓여 누군가의 마음에 닿는 장면이 만들어졌습니다. 즐김의 자리에서 소비로만 머물지 않게 하시고, 그 수고를 존중하는 시선을 갖게 하셔서 감사합니다.

일상에 깊이를 더하시는 하나님, 오늘 만난 이야기들이 흘려보내는 자극으로 끝나지 않게 하옵소서. 표현이 혐오를 키우지 않게 하시고, 상처를 다루는 언어가 사람을 살리는 쪽으로 쓰이게 하옵소서. 문화의 힘을 책임과 존엄으로 품게 하시기를 바라며, 예수님의 이름으로 기도드립니다. 아멘.

2월 20일

정리되지 않던 마음을 가볍게 하신 감사

마음을 정돈해주시는 하나님,

오늘 정리되지 않아 무겁게만 느껴지던 마음을 가볍게 하시니 감사드립니다. 많은 생각들이 뒤엉켜 무엇을 먼저 바라보아야 할지 알 수 없던 순간에도, 하나님께서 제 안의 흐름을 차분히 가라앉혀 주셔서 마음속 혼란이 서서히 풀렸습니다. 제 마음을 세심히 이끄시는 하나님의 은혜에 감사드립니다.

생각을 밝히시는 하나님, 조용히 손에 잡히는 일을 하나씩 해나가자 마음속 걱정도 함께 정리되는 것을 느꼈습니다. 책상 위의 작은 정돈이 제 마음의 정돈으로 이어지고, 생각의 흐름이 한결 가벼워졌습니다. 사소한 일상 속에서도 다시 균형을 잡게 하시는 하나님께 감사드립니다.

평안을 채워주시는 하나님, 마음이 가벼워지니 감사의 이유가 더 선명하게 보이고, 오늘의 시간이 이전보다 훨씬 밝아졌습니다. 내일도 흔들림 없는 마음으로 살아가게 하시고, 언제나 감사로 나아가게 하소서. 예수님의 이름으로 기도합니다. 아멘.

2월 21일
작은 기쁨을 놓치지 않는 하루

기쁨의 자리를 여시는 하나님,

오늘 이 하루를 시작하며 제 곁에 이미 놓여 있던 작은 기쁨들을 돌아보게 하시니 감사합니다. 대단하지 않아도 마음을 밝히는 순간들, 평범한 일상 속에서 잠시 숨을 고르게 하는 장면들이 있었음을 떠올립니다. 큰 변화만 기다리느라 이미 주어진 기쁨을 지나쳤던 제 시선을 다시 돌려 주시니 감사드립니다.

깨닫게 하시는 하나님, 저는 기쁨을 특별한 성취나 결과에서만 찾으려 했고, 그래서 만족하지 못한 채 하루를 보내온 날들도 많았습니다. 그러나 주님은 일상이 무너지지 않고 이어지는 것 자체가 은혜임을 가르쳐 주십니다. 소소한 웃음, 무사히 지나간 시간, 조용한 평안 속에 이미 기쁨의 흔적이 담겨 있음을 오늘 다시 배우게 하십니다.

감사를 키워주시는 하나님, 오늘은 작은 기쁨을 당연하게 넘기지 않게 하시고, 발견하는 대로 감사로 받아들이게 하옵소서. 제 하루가 부족함을 세는 시간이 아니라, 은혜를 헤아리는 시간으로 채워지게 하시며, 이 마음이 삶의 태도로 이어지게 하옵소서. 예수님의 이름으로 기도드립니다. 아멘.

2월 22일

말과 태도를 가다듬어 하루를 세우는 시간

입술과 마음을 살피시는 하나님,

오늘 이 하루를 시작하며 제가 어떤 말로 하루를 열고 어떤 태도로 사람을 대할지 돌아보게 하시니 감사합니다. 무심코 흘려보낸 말과 급하게 반응했던 태도가 하루의 분위기를 바꾸어 놓았던 순간들이 떠오릅니다. 오늘은 시작부터 조심스럽게 하루를 맡길 수 있도록 이끄시는 은혜에 감사드립니다.

가르치시는 하나님, 저는 바쁨을 이유로 말이 거칠어지고, 피곤함을 핑계로 태도가 무뎌졌던 날들이 있었음을 고백합니다. 그러나 주님은 말과 태도가 단순한 습관이 아니라 마음의 방향을 드러내는 창이라는 사실을 일깨워 주십니다. 부드러운 말 한마디와 신중한 반응 하나가 관계를 살리고 하루를 지킨다는 것을 오늘 다시 배우게 하십니다.

절제를 더하시는 하나님, 오늘은 제 말이 서두르지 않게 하시고, 제 태도가 상황에 끌려가지 않게 하옵소서. 말해야 할 때는 정직하게 말하게 하시고, 멈추어야 할 때는 침묵할 줄 알게 하시며, 이 하루가 차분함으로 마무리되게 하옵소서. 예수님의 이름으로 기도드립니다. 아멘.

2월 23일
마음속 염려를 내려놓을 용기를 주신 감사

용기를 더하시는 하나님,

오늘 제 마음속을 조용히 흔들어 오던 염려를 내려놓을 용기를 주시니 감사드립니다. 눈에 보이지 않는 부담이 하루 종일 마음을 짓누르고 있었지만, 하나님께서 제 안에 평온을 심어 주셔서 불안을 붙들지 않고 내려놓을 힘을 얻었습니다. 염려 속에서도 제 마음을 굳건히 붙들어 주시는 하나님의 은혜에 감사드립니다.

시선을 새롭게 하시는 하나님, 걱정으로 좁아진 생각에서 벗어나자 주변의 작은 장면들도 새롭게 보이기 시작했습니다. 따뜻한 햇빛, 스치는 바람, 잔잔한 소리들 속에서 하나님께서 여전히 제 삶을 지키고 계심을 느꼈습니다. 작은 현실 속에서도 하나님이 주시는 위로를 발견하게 하시니 감사드립니다.

평안을 채우시는 하나님, 염려를 내려놓은 마음에 감사가 다시 자라며 내일을 향한 담대함도 되살아납니다. 어떤 순간에도 하나님을 믿음으로 바라보게 하시고, 감사의 걸음을 잃지 않게 하소서. 예수님의 이름으로 기도합니다. 아멘.

2월 24일

작은 변화 속에서 희망을 발견하게 하신 감사

희망을 깨우시는 하나님,

오늘 일상 속에서 아주 작은 변화 하나를 통해 희망을 발견하게 하시니 감사드립니다. 늘 같아 보이던 흐름 속에서도 하나님께서 새로운 길을 열어 가고 계심을 느끼며 마음에 잔잔한 기대가 생겼습니다. 변화를 두려움이 아니라 은혜로 바라보게 하시니 감사드립니다.

마음을 일으키시는 하나님, 오늘 새롭게 정리한 공간이나 달라진 일정 속에서 제 마음이 한결 밝아지고 생각도 더 자유롭게 흘렀습니다. 작은 변화가 주는 새로움 속에서 하나님께서 제 삶을 다시 빚어 가신다는 느낌을 받았고, 그 안에서 위로와 힘을 얻었습니다. 변화의 과정에서도 은혜를 보게 하시니 감사드립니다.

내일을 준비하게 하시는 하나님, 오늘 발견한 작은 희망이 내일의 걸음을 더 가볍게 이끌고 감사의 고백을 풍성하게 하기를 원합니다. 변화의 순간마다 하나님을 신뢰하며 살아가게 하소서. 예수님의 이름으로 기도합니다. 아멘.

현실을 정직하게 받아들이는 하루

현실을 마주하게 하시는 하나님,

오늘 이 하루를 시작하며 제 마음속에 쌓아 두었던 기대들을 돌아보게 하시니 감사합니다. 상황보다 앞서간 기대가 스스로를 실망시키고, 아직 오지 않은 결과로 마음을 무겁게 했던 순간들이 떠오릅니다. 오늘은 있는 그대로의 하루를 받아들이며 출발할 수 있도록 이끄시는 은혜에 감사드립니다.

눈을 열어주시는 하나님, 저는 종종 현실보다 이상을 앞세우며 지금의 자리를 과소평가했던 적이 있었습니다. 기대에 미치지 못한 상황 앞에서 쉽게 낙심하고, 이미 주어진 것의 가치를 놓쳤던 날들도 있었습니다. 그러나 주님은 기대를 낮추는 것이 포기가 아니라, 현실을 바르게 살아내기 위한 정직함임을 가르쳐 주십니다. 지금 이 자리에서 배울 것과 감당할 몫이 있음을 오늘 다시 깨닫습니다.

하나님, 지나친 기대 대신 분명한 태도로 하루를 살아가게 하옵소서. 바뀌지 않는 것에 매달리지 않게 하시고, 지금 할 수 있는 일에 집중하게 하시며, 이 하루가 실망이 아니라 수용과 성실로 채워지게 하소서. 예수님의 이름으로 기도드립니다. 아멘.

2월 26일

생각보다 잘 흘러간 하루를 주신 감사

선하게 인도하시는 하나님,

오늘 예상보다 더 부드럽게 흘러간 하루를 허락하시니 감사드립니다. 마음속으로는 여러 상황을 걱정했지만, 실제로는 불필요한 염려였다 깨닫게 하시고 하루의 흐름을 평안하게 만들어 주셨습니다. 걱정보다 은혜가 더 크다는 사실을 다시 배우게 하시니 감사드립니다.

마음을 편안히 하시는 하나님, 작은 변수들이 있긴 했지만 그때마다 자연스럽게 길이 열리고 당황하지 않도록 제 마음을 붙들어 주셨습니다. 계획보다 더 평온하게 일이 진행되는 것을 보며, 제 삶의 순간순간을 하나님께서 흘러가게 하신다는 확신을 얻었습니다. 그 은혜를 느끼게 하시니 감사드립니다.

평온을 채우시는 하나님, 오늘의 편안한 흐름이 내일의 걸음에도 이어져 감사의 고백이 더욱 풍성해지기를 원합니다. 모든 시간 속에서 하나님을 신뢰하며 살아가게 하소서. 예수님의 이름으로 기도합니다. 아멘.

마음에 따뜻한 위로가 스며든 순간의 감사

위로를 내려주시는 하나님,

오늘 불현듯 마음에 스며든 따뜻한 위로를 느끼게 하시니 감사드립니다. 특별한 일이 있었던 것도 아닌데 문득 마음이 편안해지고 긴장이 풀리며 다시 힘을 낼 수 있는 여유가 찾아왔습니다. 설명하기 어려운 위로 속에서도 제 마음을 어루만지시는 하나님의 은혜에 감사드립니다.

고요를 채우시는 하나님, 잠시 창가에 걸터앉아 흐르는 바람을 느끼는 동안 마음속 깊은 곳의 무거움이 조금씩 가벼워지고 생각의 결도 부드러워졌습니다. 조용한 순간 속에서 들려오는 평온함이 제 영혼을 쉬게 하고, 어둡던 시선에도 빛을 비추어 주셨습니다. 이렇게 사소한 순간을 통해 위로를 채우시는 하나님께 감사드립니다.

새 힘을 부어주시는 하나님, 따뜻한 위로가 마음에 자리 잡으니 오늘의 시간이 한층 밝아지고 내일을 향한 기대도 다시 살아났습니다. 감사의 마음을 품고 평온한 걸음을 이어가게 하소서. 예수님의 이름으로 기도합니다. 아멘.

2월 28일

한 달 동안 지켜주신 은혜를 감사

지켜보시며 동행하신 하나님,

2월의 마지막 날에 서서 한 달의 시간을 돌아보게 하시니 감사합니다. 특별한 사건으로 기억되는 날보다, 아무 일 없이 지나간 날들이 더 많았지만 그 모든 날 위에 주님의 손길이 머물러 있었음을 고백합니다. 넘어질 듯한 순간에도 완전히 무너지지 않게 하셨고, 흔들리던 마음도 다시 일어설 수 있도록 붙들어 주셨습니다. 보이지 않았지만 함께하신 은혜를 감사드립니다.

삶을 이끄신 하나님, 이 한 달 동안 기쁨만 있었던 것은 아니었고, 계획대로 되지 않은 일들도 있었습니다. 이해되지 않는 흐름 앞에서 마음이 답답해지기도 했고, 스스로를 책망하며 하루를 보내던 날도 있었습니다. 그러나 시간이 지나 돌아보니 그 모든 과정 속에서 주님은 제 삶을 놓지 않으시고, 필요한 만큼만 감당하도록 조절하고 계셨음을 깨닫습니다. 부족함 속에서도 길을 잃지 않게 하신 주님의 인도하심을 깊이 묵상합니다.

하나님, 이제 2월을 보내며 지나온 시간은 감사로 내려놓고, 다가올 날들은 주님께 맡깁니다. 이 감사가 앞으로의 삶을 붙드는 힘이 되기를 바라며, 예수님의 이름으로 기도드립니다. 아멘.

네가 나를 부르면, 내가 너에게 응답하겠고

네가 모르는 크고 놀라운 비밀을 너에게 알려 주겠다

(새번역, 예레미야 33:3)

겨울의 끝자락에서
피어오르는
감사의 숨결

3월 1일

새 계절의 빛을 느끼게 하신 감사

새 계절을 여시는 하나님,

오늘 3월의 첫날을 맞아 공기 속에 스며든 새로움을 느끼게 하시니 감사드립니다. 차가운 바람 속에서도 어딘가 봄의 향기가 담겨 있어 마음이 부드러워지고, 새로운 계절의 시작이 제 안에도 작은 기대를 일으켰습니다. 계절의 변화를 통해 제 마음을 깨우시는 하나님의 은혜에 감사드립니다.

새숨을 불어넣으시는 하나님, 걷는 동안 햇빛이 한층 더 밝아진 것을 느끼며, 겨우내 어둡고 무겁던 마음의 결도 함께 풀려나가는 듯했습니다. 길가의 나뭇가지를 스치는 바람에서도 생명의 기운이 느껴져 마음이 한결 가벼워졌습니다. 자연을 통해 위로와 소망을 주시는 하나님의 손길에 감사드립니다.

새 날을 채우시는 하나님, 오늘 느낀 이 기운이 한 달의 시작을 밝히고, 앞으로 걸어갈 모든 날에 감사의 숨결을 더해 주기를 원합니다. 계절이 바뀌듯 제 마음도 새로워지게 하시고, 감사의 고백을 잃지 않게 하소서. 예수님의 이름으로 기도합니다. 아멘.

3월 2일

비 오는 오후에 속도를 낮춘 감사

걸음을 조절하게 하시는 하나님,

비가 내리는 오후에 우산을 펴고 천천히 이동하며 주변을 살피게 하셔서 감사합니다. 젖은 바닥과 흐릿한 시야가 속도를 낮추자 사고를 피하는 선택이 자연스러워졌고, 일정의 여유가 마음의 안전으로 이어졌습니다. 날씨의 변화를 무시하지 않고 준비를 갖추는 태도가 하루를 지킨다는 사실을 경험하게 하셔서 감사합니다.

생각을 차분히 정돈하시는 하나님, 계획이 어긋날 때 불편함부터 앞세우던 태도를 돌아봅니다. 비를 방해로만 보았을 때 짜증이 커졌고, 조건을 고려해 순서를 바꾸었을 때 일의 정확성이 높아졌음을 보게 됩니다. 환경을 읽고 판단을 조정하는 유연함이 책임이라는 오늘의 묵상을 마음에 새깁니다.

일상의 기준을 세워 주시는 하나님, 앞으로는 상황에 맞춰 속도와 방법을 조절하겠습니다. 날씨와 몸의 상태를 고려해 일정을 재배치하고, 안전과 배려를 우선하겠습니다. 조절의 습관이 일과 관계의 신뢰로 이어지게 하시기를 바라며 예수님의 이름으로 기도드립니다. 아멘.

3월 3일

오늘의 일상을 성실히 살아가게 하시는 은혜

하루를 맡기시는 하나님,

오늘 이 하루를 다시 제게 맡겨 주시니 감사합니다. 특별하지 않아 보이는 일상일지라도, 이 하루가 주님께서 허락하신 시간임을 기억하게 하시니 마음이 가라앉습니다. 어제의 여운과 내일의 염려 사이에서 흔들리기보다, 지금 주어진 이 하루를 살아갈 수 있도록 숨과 시간을 주신 은혜를 감사드립니다.

삶을 가르치시는 하나님, 저는 때로 의미 있는 날만 잘 살고 싶어 했고, 평범한 하루는 대충 지나쳐도 된다고 여겼던 적이 있었습니다. 그러나 주님은 일상의 성실함이 삶을 지탱하는 힘임을 깨닫게 하십니다. 반복되는 하루 속에서도 태도와 선택이 쌓여 삶의 방향을 만든다는 사실을 묵상하며, 오늘을 가볍게 넘기지 않게 하십니다.

걸음을 붙드시는 하나님, 오늘은 눈에 띄지 않는 자리에서도 성실함을 선택하게 하시고, 작은 책임을 소홀히 여기지 않게 하옵소서. 대단한 결과보다 바른 태도로 하루를 마무리하게 하시며, 이 하루가 주님 앞에서 정직하게 살아낸 시간으로 남게 하옵소서. 예수님의 이름으로 기도드립니다. 아멘..

3월 4일
오늘의 무게를 함께 지나가게 하시는 은혜

하루를 감당하게 하시는 하나님,

아침을 맞이하며 마음이 선뜻 따라주지 않는 날이 있음을 숨기지 않게 하시니 감사합니다. 해야 할 일은 분명한데 몸과 생각이 동시에 무거워 시작이 더딜 때도 있습니다. 그럼에도 오늘을 피하지 않고 다시 하루 앞에 서게 하신 은혜를 기억합니다. 이 하루가 쉬운 날은 아닐지라도, 포기하지 않게 하시는 손길이 있음을 믿으며 하루를 시작합니다.

하나님, 하루를 살다 보면 말 한마디에 마음이 흔들리고, 예상하지 못한 상황 앞에서 계획이 틀어질 때도 있습니다. 모든 것을 잘 해내지 못해도 오늘을 지나가고 있다는 사실만으로도 이미 버티고 있음을 알게 하시고, 무너지지 않도록 마음의 중심을 붙들어 주소서.

끝까지 지켜보시는 하나님, 오늘은 완성보다 지속을 선택하게 하시고, 잘함보다 포기하지 않음을 귀하게 여기게 하옵소서. 감당하기 어려운 마음은 주님께 내려놓고, 할 수 있는 만큼만 성실히 살게 하시며, 이 하루를 무사히 지나왔다는 사실로 감사할 수 있게 하옵소서. 예수님의 이름으로 기도드립니다. 아멘.

오늘의 식탁을 가능하게 한 손길에 대한 감사

먹을 것을 마련하시는 하나님,

오늘 하루를 살며 한 끼의 식사가 얼마나 많은 손을 거쳐 오는지 떠올리게 됩니다. 씨를 뿌리고 가꾸는 사람, 수확하고 옮기는 사람, 정리하고 진열하는 사람의 수고가 이어져 제 식탁에 닿았습니다. 익숙해져 잊고 지냈던 이 연쇄가 끊기지 않고 작동했기에 오늘을 무사히 보낼 수 있었음을 감사로 고백합니다.

노동을 연결하시는 하나님, 가격과 유통의 변동 속에서도 땀의 가치는 쉽게 드러나지 않음을 봅니다. 날씨와 시장, 정책의 변화가 농부와 노동자의 삶에 직접 닿는 현실을 생각합니다. 편리함 뒤에 숨은 불균형을 외면하지 않게 하시고, 소비의 선택이 누군가의 생계에 미치는 영향을 헤아리게 하셔서 감사합니다.

공정한 내일을 바라보시는 하나님, 오늘의 감사가 책임으로 이어지게 하옵소서. 낭비를 줄이고 존중을 선택하게 하시며, 식탁을 통해 서로의 삶을 지탱하는 공동체의 감각을 잃지 않게 하옵소서. 이 하루의 먹고사는 현실을 주님께 맡기며, 예수님의 이름으로 기도드립니다. 아멘.

3월 6일

조용한 순간 속에서 마음을 다잡게 하신 감사

고요함을 내려주시는 하나님,

오늘 분주한 흐름 속에서도 조용히 마음을 다잡을 수 있는 순간을 허락하시니 감사드립니다. 숨 고를 틈 없이 이어지던 일정 가운데서도 하나님께서 제 속도를 잠시 멈추게 하시며 마음의 중심을 다시 세우게 하셨습니다. 조용한 시간 속에서도 은혜를 주시는 하나님께 감사드립니다.

내면을 깨우시는 하나님, 잠시 눈을 감고 호흡을 가다듬는 동안 마음 한가운데 자리 잡고 있던 긴장이 천천히 풀리고, 복잡했던 생각의 결도 부드러워졌습니다. 짧은 고요 속에서 제 안의 흐름이 새로워지고 무엇이 중요한지 다시 바라보게 하시니 감사드립니다.

평안을 채우시는 하나님, 마음을 다잡은 이 순간이 오늘의 남은 시간에도 이어져 감사의 걸음을 붙들어 주기를 원합니다. 흔들리는 마음을 붙들어 주시고, 하나님 안에서 온전한 평안을 누리게 하소서. 예수님의 이름으로 기도합니다. 아멘.

3월 7일

오늘의 책임을 외면하지 않게 하시는 은혜

오늘을 맡기시는 하나님,

제게 주어진 책임들이 분명히 있음을 다시 보게 하시니 감사합니다. 하고 싶지 않은 일과 피하고 싶은 대화가 앞에 놓여 있을 때, 마음이 먼저 뒤로 물러섰던 순간들도 떠오릅니다. 그럼에도 오늘을 회피하지 않고 정면으로 마주할 수 있도록 시간을 주신 은혜로 살아가게 하심에 감사드립니다.

부담을 아시는 하나님, 하루를 살다 보면 책임의 무게가 마음을 눌러 숨이 막히듯 느껴질 때가 있습니다. 다 감당해야 할 것처럼 느껴져 스스로를 몰아붙이고, 도움을 요청하지 못한 채 혼자 견디려 했던 날들도 있었습니다. 그런 현실 속에서도 무너지지 않도록 마음의 균형을 붙들어 주시고, 오늘 하루만큼은 감당 가능한 분량으로 책임을 나누어 주옵소서.

하나님, 오늘은 도망치지 않고 해야 할 일을 마주하게 하시되, 스스로를 과하게 몰아세우지 않게 하옵소서. 책임을 감당하는 과정 속에서도 숨을 고를 수 있는 여유를 허락하시고, 이 하루를 끝까지 지나왔다는 사실로 감사하게 하옵소서. 모든 걸음을 맡기며, 예수님의 이름으로 기도드립니다. 아멘.

3월 8일

마음에 맑은 생각이 떠오르게 하신 감사

생각을 밝혀주시는 하나님,

오늘 흐릿하게만 느껴지던 제 마음속에 맑은 생각이 떠오르게 하시니 감사드립니다. 정신없이 흘러가던 시간 속에서도 하나님께서 제 마음을 조용히 정리해 주셔서, 복잡하던 시선이 한곳으로 모이고 마음이 차분하게 가라앉는 은혜를 경험했습니다. 제 안에 필요한 생각을 때에 맞게 일깨워 주시는 사랑에 감사드립니다.

지혜를 일러주시는 하나님, 일상을 지나며 스쳐 지나간 작은 장면 하나가 제 마음을 환하게 밝혔습니다. 문득 떠오른 생각이 답답함을 풀어주는 실마리가 되었고, 그 속에서 하나님께서 제게 지혜의 조각들을 모아주고 계심을 느꼈습니다. 혼란 속에서도 길을 찾게 하시는 하나님을 바라보며 제 마음이 한층 더 부드러워졌습니다.

평안을 채우시는 하나님, 오늘 얻은 이 맑은 생각이 내일을 향한 걸음을 가볍게 만들고 감사의 삶을 더욱 깊게 하기를 원합니다. 언제나 하나님 안에서 마음의 방향을 잃지 않게 하소서. 예수님의 이름으로 기도합니다. 아멘.

3월 9일
조용히 스며든 평온을 느끼게 하신 감사

평온을 내려주시는 하나님,

오늘 제 마음속에 조용히 스며드는 평온을 경험하게 하시니 감사드립니다. 분주한 흐름 속에서도 하나님께서 제 안에 고요함을 불어넣어 주셔서, 흔들리던 감정이 잦아들고 마음이 한결 안정되는 것을 느꼈습니다. 이유 없이 찾아온 이 평온이 하나님의 선물임을 깨닫습니다.

마음을 다독이시는 하나님, 잠시 멈춰 창밖을 바라본 순간, 하늘 사이로 은은하게 번지던 빛이 제 마음에도 잔잔한 위로로 내려앉았습니다. 바로 그 순간, 오늘 하루가 예상보다 훨씬 더 부드럽게 흐르고 있었음을 깨달았고, 과하게 긴장했던 제 마음이 자연스럽게 풀리기 시작했습니다. 이렇게 작은 장면들을 통해 큰 위로를 채워주시는 하나님께 깊이 감사드립니다.

새 힘을 더하시는 하나님, 오늘 제 마음에 내려주신 이 평온이 내일의 걸음에도 이어져 감사의 고백을 잃지 않게 하소서. 모든 순간 속에서 하나님의 은혜를 바라보며 살아가기를 원합니다. 예수님의 이름으로 기도합니다. 아멘.

3월 10일

한숨의 무게가 가벼워진 하루의 감사

무거움을 덜어주시는 하나님,

오늘 제 안에 깊이 자리한 한숨의 무게가 조금씩 가벼워지는 은혜를 경험하게 하시니 감사드립니다. 마음속 깊은 곳에 쌓여 있던 피로와 부담이 기도 속에서 서서히 풀려 나가면서, 다시 숨을 크게 들이쉴 수 있는 여유가 생겼습니다. 제 마음을 살피시는 하나님의 부드러운 손길에 감사드립니다.

위로를 채워주시는 하나님, 잠시 걸음을 멈추고 주변의 기척을 느끼는 동안, 불필요한 걱정들이 제 안에서 천천히 사라지는 것을 깨달았습니다. 길가의 나무들이 흔들리는 소리, 잔잔한 바람, 스치는 햇빛이 제 마음에 잔잔한 위로를 내려주며 오늘의 무게를 덜어 주었습니다. 그렇게 자연 속에서 하나님의 숨결을 느끼며 제 마음이 한층 더 단단해졌음을 고백합니다.

평안을 이루시는 하나님, 가벼워진 마음이 내일의 시간을 더 밝게 비추게 하시고, 늘 감사의 마음으로 하루를 살아가게 하소서. 모든 순간을 하나님께 맡기며 예수님의 이름으로 기도합니다. 아멘.

3월 11일

기억과 연대로 오늘을 살게 하신 감사

기억을 깨우시는 하나님,

오늘이라는 날짜가 단순한 하루가 아니라 많은 사람의 상처와 회복의 시간을 품고 있음을 떠올립니다. 재난의 순간에 무너진 삶과 그 이후를 견뎌 온 시간들이 아직도 현재형으로 이어지고 있음을 생각합니다. 잊지 않는다는 것이 고통을 되살리는 일이 아니라, 책임 있게 사는 일임을 알게 하시니 감사드립니다.

연대를 부르시는 하나님, 국경과 언어를 넘어 아픔에 응답하려 했던 손길들을 기억하게 하옵소서. 구조와 복구, 돌봄과 기록의 자리에서 묵묵히 감당한 사람들이 있었기에 절망이 전부가 되지 않았습니다. 멀리서 전해지는 비극을 구경거리로 소비하지 않게 하시고, 타인의 상실을 존중하는 태도를 잃지 않게 하셔서 감사합니다.

내일을 지키시는 하나님, 오늘의 기억이 더 안전한 사회를 만드는 선택으로 이어지게 하옵소서. 대비를 미루지 않게 하시고, 약한 고리를 먼저 보강하는 지혜를 주시며, 재난 앞에서 가장 취약한 이들이 보호받는 방향을 택하게 하옵소서. 이 기도를 예수님의 이름으로 기도드립니다. 아멘.

3월 12일

작은 성취가 마음을 밝히게 하신 감사

성취를 허락하시는 하나님,

오늘 제가 시도했던 일에서 작은 성취를 맛보게 하시니 감사드립니다. 비록 큰 성과는 아니었지만, 기대 이상의 결과가 제 마음을 환하게 하며 다시 앞으로 나아갈 용기를 주었습니다. 제 노력에 의미를 더해 주시는 하나님의 은혜에 감사드립니다.

길을 인도하시는 하나님, 잠시 멈추어 과정 전체를 되돌아보니, 뜻대로 되지 않았던 순간조차 배움의 시간이었음을 이제 깨닫게 되었습니다. 한 걸음을 내딛을 때마다 하나님께서 제 속도를 조절해 주셨고, 그 안에서 새로운 통찰이 떠올라 스스로도 놀랄 만큼 마음의 활기가 생겼습니다. 오늘의 작은 성취가 앞으로의 걸음을 밝히는 불빛이 되게 하시는 하나님께 깊이 감사드립니다.

기쁨을 채우시는 하나님, 오늘 경험한 이 성취가 제 안에 감사의 마음을 더욱 단단하게 세워 주고 내일의 길도 기대하게 합니다. 언제나 하나님을 신뢰하며 감사로 걸어가게 하소서. 예수님의 이름으로 기도합니다. 아멘.

3월 13일

말과 기술을 책임 있게 쓰게 하신 감사

소통의 길을 열어주신 하나님,

오늘 하루를 살며 메시지 하나, 댓글 한 줄, 화면 속 문장이 누군가의 마음에 실제로 닿는다는 사실을 다시 생각하게 됩니다. 빠른 전달이 가능해진 만큼 오해도 쉬워진 시대를 살고 있지만, 그 속에서도 조심스레 말의 무게를 재며 소통할 수 있었습니다. 즉각 반응하지 않고 한 번 더 생각할 여지를 남겨주신 은혜를 감사드립니다.

분별을 가르치시는 하나님, 넘쳐나는 정보와 자극 속에서 무엇을 믿고 어떻게 나눌지 선택해야 하는 순간들이 있었습니다. 확인되지 않은 말을 퍼뜨리지 않고, 분노를 키우는 표현을 멈추는 선택이 쉽지는 않았지만 가능했습니다. 기술이 편의를 주되 책임을 대신하지는 않는다는 기준을 마음에 새기게 하셔서 감사합니다.

하나님, 오늘의 말과 클릭이 상처가 아니라 신뢰를 남기게 하옵소서. 침묵해야 할 때와 말해야 할 때를 분별하게 하시고, 속도보다 진실을, 자극보다 존엄을 택하게 하옵소서. 이 소통의 삶을 주님께 맡기며, 예수님의 이름으로 기도드립니다. 아멘.

3월 14일

낯선 진료실에서 차분함을 지켜 주신 감사

상황을 침착하게 보게 하시는 하나님,

병원 진료실에서 설명을 차분히 들으며 필요한 정보를 정리하게 하셔서 감사합니다. 용어가 낯설어도 메모를 남기자 이해가 또렷해졌고, 질문을 준비해 묻는 과정에서 불안이 낮아졌습니다. 서두르지 않고 확인하는 태도가 판단의 정확성을 높인다는 사실을 경험하게 하셔서 감사합니다.

마음을 안정으로 이끄시는 하나님, 결과를 앞서 상상하며 스스로를 흔들었던 태도를 돌아봅니다. 추측이 커질수록 집중이 흐려졌고, 근거를 따라 설명을 들었을 때 마음이 가라앉았음을 보게 됩니다. 정확한 정보와 기록이 감정을 붙든다는 오늘의 묵상을 마음에 새깁니다.

생활의 기준을 세워 주시는 하나님, 앞으로는 건강과 관련된 결정에서 확인과 기록을 우선하겠습니다. 필요한 일정은 미루지 않고 관리 계획을 지키며, 몸의 신호에 즉시 응답하겠습니다. 차분한 선택이 일상의 안정으로 이어지게 하시기를 바라며 예수님의 이름으로 기도드립니다. 아멘.

3월 15일

속도를 조절할 여지를 남겨주신 감사

리듬을 가르치시는 하나님,

오늘 하루를 지나며 멈추지 않고 달려온 시간들 사이에 숨을
고를 틈이 필요했음을 깨닫습니다. 할 일은 여전히 남아 있었지
만, 모든 것을 오늘 다 끝내지 않아도 된다는 판단이 마음을 가
볍게 했습니다. 서두름이 미덕처럼 여겨지는 일상 속에서 속도
를 낮출 수 있는 선택을 허락하신 은혜를 감사드립니다.

쉼을 허락하시는 하나님, 짧은 휴식과 사소한 전환이 집중을
회복하게 했고, 마음의 날을 무디게 했습니다. 일을 멈춘 시간
이 낭비가 아니라 다음을 위한 준비가 될 수 있음을 경험했습니
다. 과로를 성실로 착각하지 않게 하시고, 몸과 마음의 신호를
존중하게 하셔서 감사합니다.

지속을 이끄시는 하나님, 오늘의 쉼이 내일의 책임을 회피하
는 이유가 되지 않게 하옵소서. 무리하지 않는 선택이 오래 가
는 힘으로 이어지게 하시고, 균형 잡힌 리듬 속에서 일과 삶을
함께 지켜가게 하옵소서. 이 하루의 리듬을 주님께 맡기며, 예
수님의 이름으로 기도드립니다. 아멘.

3월 16일

어느 순간 찾아온 마음의 따뜻함에 대한 감사

따뜻함을 내려주시는 하나님,

오늘 불현듯 마음속에 따스한 기운이 스며드는 순간을 경험하게 하시니 감사드립니다. 별다른 이유 없이 마음이 밝아지고, 어제의 무게도 자연스럽게 가벼워지며 하루가 부드럽게 열렸습니다. 한순간 찾아온 이 온기가 하나님께서 주신 위로임을 고백합니다.

마음을 어루만지시는 하나님, 창밖에서 스며들던 햇살에 잠시 걸음을 멈추었을 때, 그 따스함이 제 안의 굳어 있던 마음을 녹이고 새로운 활력을 불어넣는 것을 느꼈습니다. 햇빛의 온도처럼 은은하게 퍼지는 평안이 제 영혼 깊은 곳까지 스며들며, 감사의 마음이 자연스럽게 올라왔습니다. 사소해 보이는 순간 속에서도 큰 위로를 채우시는 하나님의 은혜에 깊이 감사드립니다.

평화를 채워주시는 하나님, 오늘 마음에 스며든 이 따뜻함이 내일의 걸음에도 이어져 감사의 고백을 잃지 않게 하소서. 언제나 하나님께서 제 마음을 지켜주심을 잊지 않으며 예수님의 이름으로 기도합니다. 아멘.

3월 17일
공정의 기준을 붙들어 주신 감사

정의를 기준으로 세우시는 하나님,

오늘 하루를 지나며 규칙과 절차가 있기에 사회가 무너지지 않고 버틴다는 사실을 다시 생각하게 됩니다. 분쟁을 조정하는 제도, 약속을 지키게 하는 기준, 권한을 제한하는 장치들이 당연해 보이지만 그 유지에는 많은 수고와 감시가 필요함을 알게 됩니다. 정의가 구호로만 남지 않고 일상에서 작동하도록 지켜주신 은혜를 감사드립니다.

판단을 바로잡으시는 하나님, 갈등의 현장에서 감정이 앞서기 쉬운 순간에도 사실과 증거를 먼저 살피려는 태도가 필요함을 배웁니다. 불리할 때도 규칙을 따르고, 유리할 때도 선을 넘지 않는 선택이 공동체를 지킨다는 사실을 새기게 하셔서 감사합니다. 정의가 힘 있는 자의 도구가 되지 않도록 붙들어 주소서.

약자를 보호하시는 하나님, 공정의 기준이 가장 취약한 이들에게 먼저 작동하게 하옵소서. 법이 두려움이 아니라 안전이 되게 하시고, 신뢰가 냉소로 바뀌지 않도록 우리 사회의 균형을 지켜주옵소서. 이 공동의 질서를 주님께 맡기며, 예수님의 이름으로 기도드립니다. 아멘.

3월 18일
오랜 생각의 매듭이 풀리게 하신 감사

매듭을 풀어주시는 하나님,

오늘 제 마음속 깊이 묶여 있던 오래된 생각의 매듭이 서서히 풀어지는 은혜를 경험하게 하시니 감사드립니다. 해결되지 않을 것 같아 오랫동안 붙잡고 있던 고민이었지만, 하나님께서 제 마음에 지혜를 주시며 조금씩 정리되게 하셨습니다. 마음의 짐을 덜어주시는 하나님의 인도하심에 감사드립니다.

길을 밝혀주시는 하나님, 조용히 앉아 지난 시간을 찬찬히 돌아보니 그동안 놓치고 있던 부분들이 보이기 시작했고, 그 안에서 하나님께서 제게 말씀하시는 방향이 은은하게 드러났습니다. 순간순간 이어졌던 작은 깨달음들이 결국 큰 매듭을 풀 수 있는 실마리가 되었음을 깨닫게 하시니 감사합니다. 마음속 깊은 곳에서부터 안도감이 올라오며 감사가 자연스럽게 채워졌습니다.

평안을 더하시는 하나님, 이제 가볍게 된 이 마음이 앞으로의 걸음을 새롭게 세우고 감사의 고백으로 이어지기를 원합니다. 모든 매듭을 하나님께 맡기며 예수님의 이름으로 기도합니다. 아멘.

메모를 정리하며 생각이 또렷해진 감사

생각의 흐름을 붙들어 주시는 하나님,

읽다 남긴 메모들을 정리하며 흩어졌던 생각이 하나의 줄기로 이어지게 하셔서 감사합니다. 표시해 둔 문장을 다시 읽자이해의 빈칸이 메워졌고, 지나치게 앞서가던 판단이 차분해졌습니다. 기록을 남기는 작은 습관이 기억을 보존하고 대화를 깊게 만든다는 사실을 경험하게 하셔서 감사합니다.

분별을 가르치시는 하나님, 메모를 남기지 않은 채 넘겨버리던 태도를 돌아봅니다. 인상만 남겼을 때는 오래 가지 않았고, 근거를 적어 두었을 때는 생각이 정리되었음을 보게 됩니다. 요약과 질문을 함께 남기는 과정이 성급함을 낮춘다는 오늘의 묵상을 마음에 새깁니다.

삶에 적용할 길을 여시는 하나님, 앞으로의 독서와 업무에서기록을 기본으로 삼겠습니다. 핵심과 근거를 분리해 정리하고, 판단 전에 질문을 남기며, 대화에서는 맥락을 존중하겠습니다. 메모에서 배운 태도가 말과 행동의 기준이 되게 하시기를 바라며 예수님의 이름으로 기도드립니다. 아멘.

3월 20일

기대하지 않았던 위로를 받게 하신 감사

위로를 내려주시는 하나님,

오늘 뜻하지 않게 제 마음을 따뜻하게 하는 위로를 받게 하시니 감사드립니다. 별말 아닌 한마디가 제 안의 무거움을 풀어주었고, 혼자라고 느끼던 마음에 잔잔한 빛이 켜졌습니다. 예상하지 못한 순간 속에서도 저를 잊지 않으시는 하나님께 깊이 감사드립니다.

길을 열어주시는 하나님, 오늘 들었던 그 한마디가 단순한 위로가 아니라 제 마음의 어두운 부분을 밝혀 주는 등불이 되었습니다. 마음속 깊이 눌려 있던 감정들이 조금씩 풀리며, 하나님께서 사람을 통해 주시는 따뜻함이 이렇게 큰 힘이 될 수 있다는 것을 다시 느꼈습니다. 고단했던 마음이 부드러워지고, 제 영혼 한가운데 새 힘이 솟아오르는 것을 경험하게 하시니 감사드립니다.

평온을 채우시는 하나님, 위로를 통해 제 마음에 새겨진 감사가 내일의 시간에도 이어지게 하소서. 모든 순간 속에서 하나님의 따뜻한 손길을 기억하며 예수님의 이름으로 기도합니다. 아멘.

보이지 않는 손길로 서로를 살게 하신 감사

돌봄의 마음을 일으키시는 하나님,

오늘 하루를 지나며 공식적인 역할이 아니어도 누군가의 삶을 지탱하는 손길들이 있다는 사실을 떠올립니다. 시간을 내어 도와주는 이들, 말없이 챙기는 이들, 작은 친절로 하루의 방향을 바꾸는 사람들이 있기에 공동체가 숨을 쉽니다. 이름이 남지 않아도 필요한 자리에 서는 그 선택들이 오늘을 가능하게 했음을 감사로 고백합니다.

연대를 가능하게 하시는 하나님, 지역의 봉사와 자발적인 참여가 위기의 틈을 메우는 장면들을 보게 됩니다. 제도와 시장이 닿지 못하는 곳에 사람의 마음이 먼저 가 닿았고, 그 마음이 실제 도움이 되었습니다. 도움을 주는 이와 받는 이가 분리되지 않고 서로의 존엄을 지키는 방식으로 이어지게 하셔서 감사합니다.

하나님, 오늘의 선의가 일회성으로 끝나지 않게 하옵소서. 거창한 헌신보다 가능한 만큼의 꾸준함을 택하게 하시고, 도움을 베푸는 자리에서도 배우는 마음을 잃지 않게 하소서. 이 돌봄의 흐름을 주님께 맡기며, 예수님의 이름으로 기도드립니다. 아멘.

3월 22일

사실을 분별할 눈을 지켜주신 감사

진실을 향해 마음을 열어주신 하나님,

오늘 하루를 살며 수많은 소식과 해석이 동시에 쏟아지는 현실을 마주했습니다. 제목과 이미지가 먼저 판단을 이끌 때도 있었지만, 멈춰 서서 맥락을 살피고 출처를 확인하려는 여지를 남길 수 있었습니다. 빠른 소비 대신 신중한 이해를 선택할 수 있게 하신 은혜를 감사드립니다.

말의 무게를 가르치시는 하나님, 보도와 발언 하나가 개인과 공동체에 실제 영향을 미친다는 사실을 다시 생각하게 하셨습니다. 클릭 수보다 책임을, 자극보다 정확을 택하려는 노력들이 사회의 신뢰를 지탱함을 보게 됩니다. 듣는 자로서도 가려 듣고 확인하는 태도를 지키게 하셔서 감사합니다.

공공의 신뢰를 돌보시는 하나님, 오늘의 분별이 냉소로 흐르지 않게 하옵소서. 사실을 존중하되 사람을 소모하지 않게 하시고, 비판이 파괴가 아니라 개선으로 이어지게 하옵소서. 진실을 향한 이 마음을 주님께 맡기며, 예수님의 이름으로 기도드립니다. 아멘.

3월 23일

예약을 확인하며 마음을 가볍게 한 감사

세부를 놓치지 않게 이끄시는 하나님,

여정의 예약 내역을 다시 확인하며 일정과 좌석, 시간의 조건을 차분히 점검하게 하셔서 감사합니다. 확인 메일과 약관을 읽자 불안이 가라앉았고, 필요한 준비가 분명해졌습니다. 서두르지 않고 한 번 더 확인하는 선택이 이동의 안정과 마음의 평정을 지킨다는 사실을 깨닫게 하셔서 감사합니다.

판단을 또렷하게 세우시는 하나님, 편리함을 이유로 확인을 건너뛰려 했던 태도를 돌아봅니다. 작은 조건을 놓쳤을 때 수정의 수고가 커졌고, 사전에 점검했을 때 여유가 생겼음을 보게 됩니다. 확인과 기록이 낭비가 아니라 책임이라는 오늘의 묵상을 마음에 새깁니다.

다음 걸음을 준비하게 하시는 하나님, 앞으로의 이동과 일정에서 확인을 기본으로 삼겠습니다. 시간과 규정을 존중하고 필요한 정보를 미리 공유하며, 동행의 편의를 먼저 살피겠습니다. 준비의 성실함이 여정 전반의 신뢰로 이어지게 하시기를 바라며 예수님의 이름으로 기도드립니다. 아멘.

예상보다 마음이 단단해진 하루의 감사

마음을 굳세게 하시는 하나님,

오늘 여러 상황 속에서도 제 마음이 흔들리지 않고 단단하게 유지되게 하시니 감사드립니다. 갑작스러운 일들이 있었음에도 당황하지 않고 차분함을 지킬 수 있었던 것이 하나님의 은혜임을 깊이 깨닫습니다. 제 안을 붙들어주시는 하나님의 손길에 감사드립니다.

지혜를 열어주시는 하나님, 순간적으로 판단해야 했던 일들 앞에서 마음이 무너지지 않도록 도우시고, 생각이 흔들리지 않도록 제 시선을 곧게 하셨습니다. 그러자 문제로만 보이던 상황 속에서도 새로운 해결의 실마리가 보이기 시작했고, 마음 한쪽에서 감사가 은근히 피어나 제 행동을 안정시키는 힘이 되었습니다. 이런 단단함을 제 안에 심어 주시는 하나님께 감사드립니다.

평안을 이루시는 하나님, 오늘 제 마음에 세워진 이 단단함이 내일의 걸음에도 이어져 감사와 믿음으로 삶을 살아가게 하소서. 모든 상황 속에서 하나님을 의지하며 예수님의 이름으로 기도합니다. 아멘.

작은 친절이 마음을 살리게 하신 감사

친절을 깨닫게 하시는 하나님,

오늘 예상치 못한 작은 친절을 통해 제 마음이 다시 힘을 얻게 하시니 감사드립니다. 큰 일도 아니었고 거창한 도움도 아니었지만, 그 한 번의 배려가 무겁던 제 마음을 가볍게 하고 하루를 다시 밝히는 힘이 되었습니다. 사람을 통해 제게 은혜를 흘려보내시는 하나님께 감사드립니다.

따뜻함을 심어주시는 하나님, 스쳐 지나갈 수도 있는 순간 속에서 상대의 진심이 느껴졌고, 그 따뜻함이 제 안의 굳어 있던 부분을 서서히 풀어 주었습니다. 짧은 대화 한 마디와 작은 행동 하나가 이렇게 큰 위로가 되리라고는 생각하지 못했지만, 그 순간 하나님께서 제게 미세한 빛을 보내고 계심을 마음 깊이 느꼈습니다. 그렇게 스며든 따뜻함이 제 마음의 무게를 덜어 주니 감사가 조용히 차올랐습니다.

평온을 부어주시는 하나님, 오늘 경험한 이 친절의 여운이 내일의 삶에도 은은하게 남아 제가 다른 이에게도 따뜻함을 건넬 수 있는 사람이 되게 하소서. 감사의 마음을 품고 예수님의 이름으로 기도합니다. 아멘.

잠시 지나온 길을 돌아보게 하신 감사

되돌아보게 하시는 하나님,

오늘 잠시 걸음을 멈추고 지나온 길을 돌아볼 수 있는 마음의 여유를 주시니 감사드립니다. 매일 앞만 바라보며 서두르기 바빴지만, 오늘은 잠시 숨을 고르며 지금까지의 걸음을 다시 생각해 보게 하셨습니다. 그 안에 스며 있던 하나님의 은혜를 새롭게 깨닫게 되어 감사드립니다.

기억을 일깨우시는 하나님, 조용한 순간 속에서 지난 시간의 장면들이 하나둘 떠오르며 하나님께서 지켜주신 일들이 다시 마음에 새겨졌습니다. 그때는 미처 알지 못했던 보호와 인도하심이 지금 돌이켜보니 분명한 흔적으로 보였고, 제 삶 곳곳에 새겨진 하나님의 손길이 깊은 위로와 감사로 다가왔습니다. 지나온 시간들마저 선하게 빚어 주신 하나님께 마음 깊이 감사드립니다.

평안을 주시는 하나님, 오늘 되돌아본 이 기억들이 내일의 걸음에 힘이 되게 하시고, 감사의 마음으로 하루하루를 살아가게 하소서. 모든 길에서 하나님을 신뢰하며 예수님의 이름으로 기도합니다. 아멘.

3월 27일

보이지 않는 기반으로 하루를 지탱해 주신 감사

기반을 세우시는 하나님,

오늘 하루를 살아내며 전기와 물, 통신과 난방 같은 기본 인프라가 멈추지 않고 작동했음을 떠올립니다. 스위치를 켜면 불이 켜지고, 수도를 틀면 물이 나오는 일상이 얼마나 많은 점검과 유지 위에 놓여 있는지 생각합니다. 당연하게 지나쳤던 이 안정이 수많은 사람의 책임과 기술로 이어지고 있음을 알게 하시니 감사합니다.

하나님, 설비를 점검하고 고장을 예방하며 밤낮없이 대응하는 이들의 노력이 오늘의 안전을 만들고 있음을 봅니다. 문제가 드러나기 전에 해결되는 수고는 쉽게 보이지 않지만, 그 침묵의 성실함 덕분에 일상이 흔들리지 않았습니다. 공공의 일을 맡은 이들의 노동을 가볍게 여기지 않게 하셔서 감사합니다.

내일을 준비하게 하시는 하나님, 오늘의 안정이 낭비로 이어지지 않게 하옵소서. 자원을 아끼는 선택과 책임 있는 사용이 다음 세대의 안전으로 이어지게 하시고, 기반을 지키는 일에 사회적 합의와 투자가 이어지게 하옵소서. 이 공동의 삶을 예수님의 이름으로 기도드립니다. 아멘.

마음의 기대가 다시 살아나게 하신 감사

기대를 일으켜주시는 하나님,

오늘 제 안에서 잦아들었던 기대가 다시 살아나는 은혜를 경험하게 하시니 감사드립니다. 최근 마음이 가라앉아 소망하기를 주저했지만, 하나님께서 새로운 생각과 용기를 부어 주시며 다시 앞을 바라보게 하셨습니다. 잊고 있던 마음의 빛을 되살려 주시는 하나님의 은혜에 감사드립니다.

소망을 일깨우시는 하나님, 조용히 앉아 생각을 정리하는 동안 마음 한쪽에서 작은 희망의 불씨가 다시 타오르는 것을 느꼈습니다. 그 불씨는 금세 따뜻함이 되어 제 안에 힘을 불어넣었고, 하나님께서 여전히 제 삶을 새롭게 이끌고 계심을 확신하게 했습니다. 멈춰 있던 마음이 다시 움직이기 시작하며 감사가 자연스럽게 피어올랐습니다.

평안을 더하시는 하나님, 오늘 다시 살아난 이 기대가 내일의 걸음을 밝히며 감사의 고백을 이어가게 하소서. 모든 순간 속에서 하나님을 의지하며 예수님의 이름으로 기도합니다. 아멘.

3월 29일
함께 쉬며 다시 살아갈 힘을 얻게 하신 감사

쉼의 자리를 마련하시는 하나님,

오늘 하루를 보내며 일에서 잠시 물러나 몸과 마음을 풀 수 있는 시간이 얼마나 소중한지 느끼게 됩니다. 바쁜 일정에서 벗어나 산책을 하거나, 운동을 하거나, 아무 목적 없이 시간을 보내며 숨을 고를 수 있었습니다. 성과를 내지 않아도 괜찮은 시간, 아무것도 증명하지 않아도 되는 순간을 허락하신 은혜를 감사드립니다.

일상을 즐기게 하시는 하나님, 가족이나 친구, 이웃과 함께한 소소한 여가 속에서 웃음과 대화가 자연스럽게 오갔습니다. 특별한 계획이 없어도 같은 공간에 머무는 것만으로 마음이 풀렸고, 서로의 긴장이 내려갔습니다. 쉬는 시간이 사치가 아니라 삶을 회복시키는 필수임을 몸으로 알게 하셔서 감사합니다.

내일을 다시 열어주시는 하나님, 오늘의 휴식이 무기력으로 흐르지 않게 하옵소서. 쉼으로 채워진 마음이 다시 책임과 일상으로 나아갈 힘이 되게 하시고, 함께 쉬는 문화가 공동체를 더 단단하게 만들게 하옵소서. 이 감사의 시간을 주님께 맡기며, 예수님의 이름으로 기도드립니다. 아멘.

걷는 동안 마음이 정리되게 하신 감사

걸음을 통해 위로하시는 하나님,

오늘 잠시 걸으며 마음속 복잡함이 정리되는 은혜를 경험하게 하시니 감사드립니다. 머릿속에서 계속 맴돌던 생각들이 걷는 리듬에 맞춰 차분히 정돈되며 마음이 한결 시원해졌습니다. 제 안의 흐름을 부드럽게 만져주시는 하나님의 은혜에 감사드립니다.

생각을 밝히시는 하나님, 발걸음을 옮기는 동안 스치는 바람과 주변의 고요한 풍경이 마음의 결을 곱게 다듬어 주었고, 그 안에서 새로운 시각이 자연스럽게 떠올랐습니다. 문제라고만 보이던 상황이 조금 더 넓게 보이기 시작했고, 하나님께서 이미 제 길을 열어 가고 계심을 조용히 느끼며 마음이 가벼워졌습니다. 이 단순한 걸음 속에서조차 감사의 이유를 찾게 하시니 깊이 감사드립니다.

평온을 지켜주시는 하나님, 오늘 걸음 속에서 경험한 이 고요한 정리가 내일에도 이어져 감사의 고백을 잃지 않게 하소서. 언제나 하나님을 의지하며 예수님의 이름으로 기도합니다. 아멘.

3월 31일
한 달을 지켜주신 은혜를 돌아보는 감사

한 달을 인도하신 하나님,

오늘 3월의 마지막 날을 맞으며 한 달 동안 저를 지켜주신 은혜를 떠올리게 하시니 감사드립니다. 크고 작은 일들 속에서 흔들릴 때마다 하나님께서 제 마음을 붙들어 주셨고, 기쁨과 어려움 모두를 지나오며 감사할 이유가 더욱 깊어졌습니다. 제 삶의 모든 순간을 인도하신 하나님께 진심으로 감사드립니다.

은혜를 일깨우시는 하나님, 조용히 지난 날들을 돌아보니 그 속에는 제가 미처 알아차리지 못했던 보호와 위로가 가득했습니다. 예상치 못한 도움을 받았던 날도 있었고, 혼자라고 느껴지던 순간에도 하나님께서 제 곁을 지키고 계셨음을 깨닫게 되었습니다. 그 기억 하나하나가 마음의 힘이 되어 감사의 고백으로 되살아났습니다. 한 달 내내 흘러온 하나님의 은혜를 다시 깊이 새기게 하시니 감사드립니다.

평안을 채우시는 하나님, 지나온 시간에 감사하며 다가오는 새 달도 하나님께 맡깁니다. 삶의 모든 순간에서 하나님을 기억하며 감사로 걸어가게 하소서. 예수님의 이름으로 기도합니다. 아멘.

새로 움트는 마음의 감사

4월 1일
따뜻한 바람이 마음을 깨우게 하신 감사

새로움을 불어넣으시는 하나님,

오늘 따뜻한 바람이 제 마음을 가볍게 스쳐 지나가며 새로운 계절의 기운을 느끼게 하시니 감사드립니다. 겨우내 굳어 있던 마음이 부드럽게 풀어지고, 다시 시작할 용기가 제 안에 조용히 움트는 것을 경험했습니다. 계절 속에서 제 마음을 깨우시는 하나님의 섬세한 손길에 감사드립니다.

기운을 돋우시는 하나님, 잠시 걸으며 봄 햇빛을 받는 동안 마음이 맑아지고, 그동안 눌려 있던 생각들이 자연스럽게 환해졌습니다. 잎이 돋아나는 나무들을 바라보니 제 안에도 새로운 가능성이 피어오르는 것처럼 느껴졌고, 오늘 하루가 예상보다 훨씬 더 부드럽게 흐르는 은혜를 누렸습니다. 자연을 통해 제 영혼을 다시 일으키시는 하나님의 은혜에 깊이 감사드립니다.

평안을 더하시는 하나님, 오늘 제 마음에 스며든 이 봄의 기운이 내일의 걸음에도 이어져 감사와 소망으로 살아가게 하소서. 모든 순간 속에서 하나님을 바라보며 예수님의 이름으로 기도합니다. 아멘.

4월 2일

작은 활력이 마음을 다시 움직이게 한 감사

새 힘을 일으키시는 하나님,

오늘 제 안에 작은 활력이 다시 솟아오르는 은혜를 경험하게 하시니 감사드립니다. 몸과 마음이 무거웠던 날들이 이어졌지만, 오늘은 가벼운 기운이 제 안을 스치며 하루의 리듬을 부드럽게 바꾸어 주었습니다. 이 작은 변화조차 하나님께서 허락하신 선물임을 기억하며 감사드립니다.

기쁨을 돋우시는 하나님, 잠시 산책하며 느꼈던 신선한 공기와 따스한 볕이 제 마음 깊은 곳까지 내려가 오래 잠들어 있던 힘을 일으켜 주었습니다. 문득 떠오른 작은 아이디어와 새롭게 생긴 의욕이 오늘 하루를 더 밝게 만들었고, 이 모든 흐름이 하나님께서 움직여 주신 흔적임을 마음 깊이 느꼈습니다. 이렇게 다시 한 번 살아갈 힘을 주시는 하나님께 깊은 감사를 드립니다.

평안을 지켜주시는 하나님, 오늘 제 안에 깨어난 활력이 내일의 시간에도 연결되어 감사의 고백을 잃지 않게 하소서. 모든 걸음마다 하나님을 신뢰하며 예수님의 이름으로 기도합니다. 아멘.

오늘을 견디게 하신 은혜

오늘을 맞이하게 하신 하나님,

아침에 일어나 하루를 준비하며 몸과 마음이 가볍지 않았음을 솔직히 인정합니다. 그래도 해야 할 자리로 나아갈 수 있었고, 피하고 싶었던 일을 완전히 외면하지는 않았습니다. 준비가 완벽하지 않아도 시작할 수 있었던 이 조건들이 이미 지켜주신 결과였음을 돌아보며 감사드립니다.

하루를 지나게 하신 하나님, 낮 동안 일정이 밀리고 예상치 못한 부탁이 더해져 마음이 급해진 순간들도 있었습니다. 그때마다 일을 중단하지 않고 하나씩 처리할 수 있었고, 불편한 말 앞에서도 감정을 그대로 쏟아내지 않고 잠시 멈출 수 있었습니다. 크지 않은 선택들이 오늘의 흐름을 지켜주었음을 기억합니다.

끝을 허락하신 하나님, 오늘 하루를 큰 문제 없이 마치고 이 시간에 이르게 하신 것을 감사로 받아들이게 하옵소서. 잘한 것보다 버텨낸 시간을 먼저 보게 하시고, 오늘을 지나왔다는 사실 하나로 마음이 조금은 놓이게 하옵소서. 이 하루를 주님께 맡기며, 예수님의 이름으로 기도드립니다. 아멘.

4월 4일

질서와 절차로 일상을 지켜주신 감사

사회를 붙들어 주시는 하나님,

오늘 하루를 살며 눈에 띄지 않게 작동하는 규칙과 절차 덕분에 일상이 흔들리지 않았음을 생각합니다. 행정의 창구, 약속된 규정, 공공의 기준이 있기에 각자의 이해관계가 충돌해도 완전히 무너지지 않고 조정될 수 있었습니다. 번거로워 보일 때도 있었지만, 그 과정이 결국 모두의 삶을 보호하는 울타리였음을 깨닫게 하시니 감사합니다.

신뢰를 세워가시는 하나님, 제도와 법이 종이 위의 문장이 아니라 사람들의 성실함으로 살아 움직인다는 사실을 보게 하셨습니다. 서류를 검토하는 손, 절차를 안내하는 말, 기준을 지키려는 태도가 쌓여 오늘의 안정이 만들어졌습니다. 완벽하지 않아도 신뢰를 포기하지 않게 하시고, 공정함을 향한 노력이 계속되게 하셔서 감사합니다.

하나님, 오늘의 질서를 당연하게 소비하지 않게 하옵소서. 규칙을 편의에 따라 비틀지 않게 하시고, 제 자리에서 정직을 선택하는 작은 행동들이 사회를 지탱한다는 사실을 잊지 않게 하옵소서. 예수님의 이름으로 기도드립니다. 아멘.

4월 5일

봄빛 속에서 일상의 균형을 되찾은 감사

변화의 계절을 섬세히 이끄시는 하나님,

아침 공기에 스며든 봄기운 속에서 몸과 마음이 함께 깨어나는 경험을 하게 하셔서 감사합니다. 옷차림을 조정하고 창문을 열어 환기하는 작은 변화들이 하루의 리듬을 바꾸었고, 계절에 맞춰 생활을 손보는 일이 집중과 기분을 안정시킨다는 사실을 느끼게 되었습니다. 자연의 변화를 무시하지 않고 받아들이는 태도가 일상을 지킨다는 깨달음을 주셔서 감사합니다.

시선을 현재에 머물게 하시는 하나님, 분주함 속에서도 계절의 신호를 놓치지 않게 하소서. 해야 할 일에만 매달릴수록 몸의 피로가 쌓였고, 잠시 멈춰 빛과 공기를 느꼈을 때 생각이 정돈되었음을 돌아봅니다. 환경을 읽고 생활을 조정하는 지혜가 성실함의 한 부분이라는 오늘의 묵상을 마음에 새깁니다.

삶의 리듬을 새롭게 하시는 하나님, 앞으로는 계절에 맞게 일정과 습관을 조율하겠습니다. 무리한 계획을 줄이고 회복의 시간을 배치하며, 몸의 반응에 귀 기울이겠습니다. 봄의 변화가 일과 신앙의 균형으로 이어지게 하시기를 바라며 예수님의 이름으로 기도드립니다. 아멘.

4월 6일
신앙을 삶으로 이어가게 하신 감사

삶의 자리에서 부르시는 하나님,

오늘 하루를 보내며 신앙이 예배의 시간에만 머무르지 않고 일상의 선택 속으로 흘러가야 함을 다시 생각하게 됩니다. 말과 행동, 소비와 판단의 순간마다 믿음이 어떤 방향을 택하는지 스스로 묻게 되었습니다. 드러내지 않아도 기준을 지키려는 마음을 일으켜 주시고, 신앙을 삶의 언어로 번역하게 하신 은혜를 감사드립니다.

양심을 흔들어 깨우시는 하나님, 사회의 흐름 속에서 편리한 침묵과 불편한 진실 사이에 서야 했던 순간들도 있었습니다. 모두가 넘어갈 때 함께 넘어가지 않는 선택이 쉽지는 않았지만, 최소한 스스로를 속이지는 않게 하셨습니다. 신앙이 도피가 아니라 책임이 되게 하시고, 믿음이 현실을 외면하는 명분이 되지 않게 붙들어 주셔서 감사합니다.

세상 속으로 보내시는 하나님, 오늘의 믿음이 말로만 남지 않게 하옵소서. 교회 밖에서도 정직과 배려, 연대의 태도로 살아가게 하시고, 신앙인의 선택이 공동체를 살리는 방향으로 이어지게 하옵소서. 예수님의 이름으로 올려드립니다. 아멘.

4월 7일

뜻하지 않은 차분함이 마음을 감싸 준 감사

차분함을 내려주시는 하나님,

오늘 예상치 못한 차분함이 제 마음을 감싸듯 내려와 하루가 부드럽게 흐르게 하시니 감사드립니다. 특별히 좋은 일이 있었던 것도 아니었지만, 설명하기 어려운 안정감이 마음을 채우며 생각과 감정이 고요해졌습니다. 제 안의 파도를 잠잠케 하시는 은혜에 감사드립니다.

평안을 일깨우시는 하나님, 잠시 멈춰 창밖의 흐린 하늘을 바라보니, 잔잔한 빛이 구름 사이로 스며들며 제 마음도 함께 부드러워지는 것을 느꼈습니다. 복잡하게 흩어져 있던 생각들이 정리되기 시작했고, 오늘을 감당할 여유가 조용히 찾아왔습니다. 이렇게 설명할 수 없는 평온 속에서도 하나님의 손길이 선명하게 느껴져 감사가 깊어졌습니다.

평화를 이루시는 하나님, 오늘 제 마음을 감싸 준 이 차분함이 내일에도 이어져 감사의 고백이 흐르도록 인도하소서. 모든 상황 속에서 하나님을 바라보며 예수님의 이름으로 기도합니다. 아멘.

4월 8일

작은 결심이 마음을 세워 준 감사

결심을 돕는 하나님,

오늘 제 마음에 작은 결심이 다시 서게 하시니 감사드립니다. 미루고만 있던 일에 한 걸음을 내딛을 용기를 주시고, 마음 한편에서 흐리게 자리하던 주저함을 걷어 주심으로 하루의 방향이 선명해졌습니다. 이 작은 결심이 제 삶에 새 힘이 되게 하신 하나님께 감사드립니다.

길을 준비하시는 하나님, 잠시 생각을 가다듬으며 마음을 들여다보니, 그동안 제 속을 흐리게 했던 두려움이 실제보다 훨씬 작았음을 깨닫게 하셨습니다. 조용히 차오른 용기가 마음의 중심을 붙들어 주었고, 앞으로의 길을 향한 기대도 다시 일어났습니다. 이렇게 작은 마음의 변화 속에서도 큰 은혜를 부어 주시는 하나님께 깊은 감사를 드립니다.

평안을 채우시는 하나님, 오늘 시작된 이 작은 결심이 내일을 밝히는 힘이 되게 하시고 감사의 걸음을 이어 가게 하소서. 예수님의 이름으로 기도합니다. 아멘.

4월 9일

하루의 균형을 지켜주신 은혜

자리를 지키게 하신 하나님,

하루를 보내며 모든 것이 제 뜻대로 흘러가지는 않았지만, 맡겨진 자리를 벗어나지 않고 버틸 수 있었음을 돌아봅니다. 마음이 흐트러질 만한 상황에서도 해야 할 일을 완전히 놓아버리지 않았고, 최소한의 책임은 감당할 수 있었습니다. 대단한 성과는 없었지만, 자리를 지켰다는 사실 하나가 오늘 제게 남은 은혜임을 감사드립니다.

흐름을 붙들어 주신 하나님, 하루 중 집중이 흐트러지고 마음이 분산되는 순간들도 분명히 있었습니다. 그럼에도 다시 일을 이어갈 수 있었고, 중단하지 않고 방향을 되돌릴 수 있었습니다. 완벽하게 해내지는 못했지만, 포기하지 않고 다시 붙잡을 수 있었던 그 몇 번의 선택이 무너지지 않게 했음을 기억합니다.

하나님, 이제 하루를 마무리하며 더 애쓰지 않아도 되는 자리에 이르게 하신 것을 감사로 받게 하옵소서. 잘하지 못한 부분보다 지나온 시간을 먼저 놓치지 않게 하시고, 오늘을 여기까지 살아냈다는 사실로 마음이 가라앉게 하옵소서. 이 하루를 주님께 맡기며, 예수님의 이름으로 기도드립니다. 아멘.

4월 10일

동네의 삶을 이어가게 하신 감사

일상의 터전을 살피시는 하나님,

오늘 하루를 보내며 동네 가게의 불빛과 익숙한 간판들이 여전히 자리를 지키고 있음을 보았습니다. 크지 않은 공간에서 하루를 열고 닫는 반복이 모여 지역의 삶을 이어가고 있음을 느낍니다. 물건 하나, 식사 한 끼가 오기까지의 수고를 가볍게 여기지 않게 하시고, 가까운 경제가 우리의 일상을 지탱하고 있음을 깨닫게 하셔서 감사합니다.

수고를 기억하시는 하나님, 경기의 흐름과 비용의 압박 속에서도 정직하게 문을 여는 선택이 얼마나 어려운지 생각합니다. 손님의 발걸음 하나에 하루의 표정이 달라지는 현실 속에서, 포기하지 않고 기준을 지키는 마음이 있었습니다. 보이지 않는 불안 속에서도 성실을 이어가게 하신 보호를 감사로 고백합니다.

공동체를 엮으시는 하나님, 오늘의 소비와 선택이 서로의 삶을 지탱하는 연결이 되게 하옵소서. 편리함만을 좇지 않게 하시고, 가까운 자리에서 신뢰를 쌓는 방향을 택하게 하시며, 동네의 숨결이 오래 이어지게 하옵소서. 이 감사의 마음을 예수님의 이름으로 기도드립니다. 아멘.

4월 11일
생각이 또렷해지고 방향이 보이게 하신 감사

지혜를 밝히시는 하나님,

오늘 흐릿하던 생각이 또렷해지고, 마음속에서 길이 열리는 듯한 경험을 하게 하시니 감사드립니다. 머뭇거리던 부분이 자연스럽게 정리되며 무엇을 선택해야 할지 분별이 생겨 하루가 차분하게 진행되었습니다. 제 생각의 중심을 바로 세워 주신 하나님의 은혜에 감사드립니다.

시선을 선명하게 하시는 하나님, 잠시 머리를 식히고 주변을 바라보는 동안 마음의 걸림돌이었던 것들이 실제보다 작게 느껴지고, 문제로만 보이던 상황 속에서도 해결의 실마리가 떠오르기 시작했습니다. 그 순간 제 마음 깊은 곳에서 확신이 스며들었고, 하나님께서 이미 저를 인도하고 계심이 조용히 느껴졌습니다. 흐렸던 마음을 맑히시며 나아갈 방향을 보여 주신 하나님께 깊이 감사드립니다.

평안을 이루시는 하나님, 오늘 제 마음에 허락하신 이 분별의 은혜가 내일의 걸음에도 이어져 감사와 믿음으로 살아가게 하소서. 예수님의 이름으로 기도합니다. 아멘.

4월 12일

잠잠한 마음이 하루를 편안하게 한 감사

고요를 내려주시는 하나님,

오늘 제 마음이 특별한 이유 없이 잠잠해지고, 하루 전체가 조용한 평안 속에 흐르게 하시니 감사드립니다. 마음속 깊이 자리하던 작은 긴장도 힘을 잃고 사라지며, 제 안의 공간이 넉넉하게 열리는 은혜를 누렸습니다. 이 고요함이 하나님께서 주신 선물임을 기억하며 감사드립니다.

평온을 일으키시는 하나님, 잠시 커피잔을 손에 들고 앉아 있을 때 마음의 속도가 자연스럽게 느려지고, 그동안 쫓기며 느끼지 못했던 휴식의 감각이 제 안에 가득 찼습니다. 그 고요한 순간에 하나님께서 제 마음을 다독이고 계심을 느꼈고, 복잡했던 생각들도 잔잔하게 정리되기 시작했습니다. 뜻하지 않게 찾아온 이 평온이 제 영혼을 따뜻하게 채워 주어 깊은 감사가 올라왔습니다.

평화를 채워주시는 하나님, 오늘 허락하신 이 잠잠한 평안이 내일의 시간에도 이어져 감사의 마음으로 살아가게 하소서. 모든 순간에 하나님을 의지하며 예수님의 이름으로 기도합니다. 아멘.

4월 13일

기대하지 않았던 용기가 마음에 찾아온 감사

용기를 북돋우시는 하나님,

오늘 제 마음 한편에서 예상치 못한 용기가 조용히 솟아오르는 은혜를 경험하게 하시니 감사드립니다. 도전하기 주저하던 일들 앞에서 한 걸음 더 내디딜 힘이 생겼고, 마음속 깊은 곳에서 움직이기 시작한 새로운 결심이 하루 전체에 힘을 더해 주었습니다. 제 안에 용기를 일으키시는 하나님의 역사에 감사드립니다.

결심을 굳게 하시는 하나님, 잠시 혼자 시간을 보내며 생각을 정리하는 동안, 그동안 막혀 있던 마음의 문이 열리는 듯한 감각이 찾아왔습니다. 두려움이 차지하고 있던 자리를 기대와 소망이 대신 채우기 시작했고, 하나님께서 주시는 미세한 확신이 제 마음에 단단함을 더했습니다. 이 조용한 변화가 제 영혼을 깊이 흔들며 감사의 고백이 새롭게 피어올랐습니다.

평안을 이루시는 하나님, 오늘 제 마음에 허락하신 이 용기가 내일의 걸음에도 이어져 감사와 믿음으로 살아가게 하소서. 예수님의 이름으로 기도합니다. 아멘.

4월 14일

검증과 성실로 신뢰를 쌓게 하신 감사

사실을 존중하게 하시는 하나님,

오늘 하루를 살며 숫자와 자료, 반복되는 확인이 얼마나 중요한지 다시 생각하게 됩니다. 결과만 드러나 보일 뿐, 그 뒤에는 수많은 실험과 검토, 실패와 수정이 겹겹이 쌓여 있음을 봅니다. 성급한 결론을 경계하고 근거를 따라가게 하신 이 태도가 사회의 신뢰를 지탱함을 깨닫게 하시니 감사합니다.

과정을 지켜보시는 하나님, 연구실과 현장, 통계와 보고의 자리에서 눈에 띄지 않는 성실이 이어지고 있음을 떠올립니다. 빠른 성과를 요구하는 압박 속에서도 기준을 지키려는 선택이 쉬운 길이 아님을 압니다. 확인되지 않은 것을 말하지 않고, 불리해도 사실을 남기는 용기를 붙들어 주셔서 감사합니다.

내일을 안전하게 하시는 하나님, 오늘의 검증이 불편함으로만 남지 않게 하옵소서. 신뢰를 지름길로 얻으려 하지 않게 하시고, 느려도 정확한 길을 택하게 하시며, 이 성실함이 공동체의 안전과 번영으로 이어지게 하옵소서. 이 감사를 예수님의 이름으로 기도드립니다. 아멘.

4월 15일

하루의 시작이 부드럽게 열리게 하신 감사

새 아침을 여시는 하나님,

오늘 하루의 시작이 예상보다 부드럽고 평안하게 열리게 하시니 감사드립니다. 잠에서 깨어난 순간부터 마음이 조급하지 않고, 차분한 여유가 자연스럽게 흘러 하루를 준비하는 시간마저 은혜가 되었습니다. 아침의 공기 속에서 하나님께서 제 마음을 살며시 붙들어 주심을 느끼며 감사드립니다.

평안을 스며주시는 하나님, 창문을 열어 들어온 상쾌한 바람이 제 안의 쌓였던 긴장을 풀어 주었고, 햇빛의 온기가 몸과 마음을 부드럽게 감싸며 새로운 힘을 세워 주었습니다. 그 순간 제 앞에 놓인 일들이 과하게 느껴지지 않았고, 하나님께서 이미 제 하루를 준비하고 계심을 깨닫게 되어 특별한 위로가 되었습니다. 이렇게 부드럽게 열리는 하루를 허락하신 하나님께 깊이 감사드립니다.

평화를 이루시는 하나님, 오늘 아침의 이 평온과 감사가 하루 전체를 이끄는 힘이 되게 하시고, 앞으로의 모든 시간에도 하나님을 의지하며 살아가게 하소서. 예수님의 이름으로 기도합니다. 아멘.

4월 16일

복잡했던 감정이 부드럽게 풀리게 하신 감사

감정을 어루만지시는 하나님,

오늘 제 마음을 무겁게 하던 복잡한 감정들이 부드럽게 풀리며 평온이 찾아오는 은혜를 경험하게 하시니 감사드립니다. 하루를 시작할 때는 무거웠던 마음이 시간이 지날수록 누그러지고, 하나님께서 제 감정을 섬세하게 다스려 주심을 느끼며 안도했습니다. 이 조용한 회복의 은혜에 감사드립니다.

평화를 스며주시는 하나님, 깊은 숨을 들이쉬며 마음을 들여다보는 동안, 뒤엉켜 있던 생각들이 조금씩 정리되고 감정의 결이 곱게 풀어졌습니다. 그 순간 들려오던 잔잔한 소리와 스치는 기운이 제 안의 긴장을 녹여 주었고, 그 속에서 하나님께서 주시는 위로가 조용히 스며들었습니다. 이렇게 마음이 풀리는 경험 속에서 감사가 자연스럽게 솟아올랐습니다.

평안을 이루시는 하나님, 오늘 부드럽게 풀린 이 감정의 평안이 내일의 걸음에도 이어져 감사의 마음을 잃지 않게 하소서. 모든 순간 속에서 하나님을 바라보며 예수님의 이름으로 기도합니다. 아멘.

4월 17일

배움의 현장을 지켜주신 감사

배움의 시간을 허락하신 하나님,

오늘 하루를 지나며 교실과 강의실, 책상 앞에서 각자의 몫을 감당한 사람들을 떠올립니다. 이해가 바로 오지 않아도 자리를 지키며 질문을 이어간 학생들, 반복되는 설명 속에서도 포기하지 않고 길을 열어준 교사들의 수고가 하루를 만들었습니다. 성과로 단번에 드러나지 않아도 배움이 계속되게 하신 은혜를 감사드립니다.

하나님, 시험과 평가의 압박 속에서도 사람을 먼저 보려는 선택들이 있었음을 봅니다. 속도가 다른 배움을 존중하고, 한 번의 실패로 가능성을 닫지 않으려는 태도가 교실의 공기를 바꾸었습니다. 결과보다 과정을 귀하게 여기게 하시고, 배움이 경쟁이 아니라 성장의 통로가 되게 하셔서 감사합니다.

미래를 준비하게 하시는 하나님, 오늘의 배움이 내일의 책임으로 이어지게 하옵소서. 아는 것을 나누는 용기와 모르는 것을 묻는 겸손을 함께 지키게 하시고, 학교의 시간이 사회를 더 성숙하게 만드는 밑거름이 되게 하옵소서. 이 배움의 하루를 예수님의 이름으로 기도드립니다. 아멘.

4월 18일

일하는 사람의 하루를 존중하게 하신 감사

노동의 가치를 세워주시는 하나님,

오늘 하루를 지나며 각자의 자리에서 일하는 사람들이 있기에 사회가 돌아가고 있음을 생각합니다. 책상 앞에서, 현장에서, 화면 너머에서 맡은 일을 감당한 수고가 모여 오늘의 일상이 유지되었습니다. 결과로만 평가되기 쉬운 세상 속에서도 과정의 땀과 시간을 보게 하시고, 일의 가치를 존엄으로 바라보게 하신 은혜를 감사드립니다.

권리를 살피시는 하나님, 휴식과 안전, 정당한 대우가 선택이 아니라 기준이 되어야 함을 떠올립니다. 성과를 이유로 과로를 정당화하지 않게 하시고, 침묵을 동의로 오해하지 않게 하옵소서. 일하는 사람이 소모품이 아니라 시민으로 존중받아야 한다는 감각을 잃지 않게 하셔서 감사합니다.

내일의 균형을 허락하시는 하나님, 오늘의 수고가 쉼으로 이어지게 하옵소서. 무리함을 미덕으로 삼지 않게 하시고, 지속 가능한 리듬 속에서 일과 삶이 함께 지켜지게 하옵소서. 이 하루의 노동과 쉼을 주님께 맡기며, 예수님의 이름으로 기도드립니다. 아멘.

4월 19일

다음 세대를 향한 책임을 일깨우신 감사

미래를 바라보게 하시는 하나님,

오늘 하루를 지나며 아이들의 웃음과 질문, 서툰 시도가 우리 사회의 방향을 비추는 거울임을 떠올립니다. 안전한 길, 믿을 수 있는 어른, 지켜야 할 약속이 있어야 아이들이 마음 놓고 자랄 수 있음을 알게 됩니다. 지금의 선택이 다음 세대의 일상이 된다는 사실을 잊지 않게 하시고, 오늘을 책임 있게 살도록 부르신 은혜를 감사드립니다.

돌봄을 가능하게 하시는 하나님, 가정과 학교, 지역에서 아이들을 지키는 손길들이 묵묵히 이어지고 있음을 봅니다. 칭찬과 경계, 기다림과 설명이 반복되며 신뢰가 쌓여 갑니다. 성과보다 안전을, 속도보다 성장을 우선하는 선택이 쉽지 않지만 가능하게 하셔서 감사합니다.

희망을 맡기시는 하나님, 오늘의 관심이 선언으로 끝나지 않게 하옵소서. 제 말과 행동이 아이들에게 기준이 되게 하시고, 불편해도 필요한 제도를 지지하며, 다음 세대가 존엄과 안전 속에서 자라도록 힘을 보태게 하옵소서. 이 책임의 마음을 예수님의 이름으로 기도드립니다. 아멘.

예배 뒤의 조용한 발걸음에 담긴 감사

하루의 중심을 붙드시는 하나님,

예배를 마친 뒤 교회 주변을 천천히 걸으며 마음의 소리가 가라앉게 하셔서 감사합니다. 찬송의 여운이 남은 거리에서 발걸음을 맞추자 생각이 정리되었고, 설교의 문장이 일상의 질문으로 이어졌습니다. 서둘러 다음 일정으로 넘어가지 않고 잠시 머무는 선택이 신앙의 균형을 지킨다는 사실을 깨닫게 하셔서 감사합니다.

말씀을 삶으로 이어 주시는 하나님, 예배의 감동을 그 자리에서만 소비하려 했던 태도를 돌아봅니다. 듣는 데서 멈추었을 때 변화는 얕았고, 걸으며 곱씹었을 때 기준이 분명해졌음을 보게 됩니다. 조용한 발걸음이 결단을 준비하게 한다는 오늘의 묵상을 마음에 새깁니다.

일상의 방향을 세워 주시는 하나님, 앞으로는 예배 후에 여백을 남기겠습니다. 들은 말씀을 행동으로 옮길 한 가지를 정하고, 관계와 일터에서 차분히 실천하겠습니다. 예배의 배움이 한 주의 선택으로 이어지게 하시기를 바라며 예수님의 이름으로 기도드립니다. 아멘.

4월 21일

작은 숨결에서도 위로를 느끼게 하신 감사

숨을 회복시키시는 하나님,

오늘 아무 의미 없어 보이던 작은 숨결 하나에도 위로가 깃들어 있는 것을 느끼게 하시니 감사드립니다. 깊게 들이마신 공기속에서 마음의 응어리가 풀리고, 제 안을 조용히 채워 주시는 평온이 느껴졌습니다. 단순한 호흡조차 은혜임을 깨닫게 되어 감사드립니다.

평온을 스며주시는 하나님, 잠시 멈춰 천천히 숨을 고르는 동안 마음속 복잡함이 조금씩 정리되고, 감정의 무게도 가볍게 내려앉았습니다. 그 순간 스쳐 지나가던 따뜻한 빛과 공기의 온도가 제 안에 잔잔한 위로가 되어 닿았고, 하나님께서 제 마음을 가만히 안아 주고 계심을 느끼게 되었습니다. 이렇게 소소한 순간 속에서도 은혜의 흐름을 깨닫게 하시니 깊이 감사드립니다.

사랑의 하나님, 오늘 숨결 속에서 느낀 위로가 내일의 시간에도 이어져 감사의 고백을 잃지 않게 하소서. 어떠한 상황에서도 하나님을 바라보며 예수님의 이름으로 기도합니다. 아멘.

가라앉던 마음이 다시 일어서게 하신 감사

용기를 불어넣으시는 하나님,

오늘 제 마음에 힘이 빠져 무엇 하나 선뜻 손에 잡히지 않던 순간들 속에서도 다시 일어설 힘을 허락하시니 감사드립니다. 의욕이 줄어든 마음에 하나님께서 조용히 숨결을 불어넣어 주시며 스스로를 추스르게 하셨고, 그 덕분에 하루가 완전히 흐트러지지 않고 제 자리를 지킬 수 있었습니다. 제 마음을 일으키시는 은혜에 깊은 감사를 드립니다.

희망을 밝히시는 하나님, 머릿속이 무거워 잠시 걸음을 멈추고 하늘을 올려다보는 동안, 고요하게 펼쳐진 구름과 햇빛 사이에서 제 마음의 방향이 조금씩 되살아나는 것을 느꼈습니다. 작은 계기였지만 그 순간, 모든 것이 끝난 듯 보였던 마음의 자리에서 다시 기대가 피어올랐고, 그것이 오늘 하루를 견딜 새로운 힘이 되었습니다. 이렇게 하나님께서 보내주신 미세한 희망의 빛을 통해 감사의 마음이 다시 차오르게 하심에 감사드립니다.

하나님, 제 안에서 다시 시작된 이 작은 회복이 내일의 걸음을 밝히는 힘이 되게 하시고, 흔들림 속에서도 하나님께 주시는 희망을 바라보게 하소서. 예수님의 이름으로 기도드립니다. 아멘.

4월 23일

지나간 선택을 돌아보게 하신 은혜

판단을 비추어 주시는 하나님,

하루를 되짚어 보니 급하게 결정했던 순간과 조금 더 생각했어야 했던 선택들이 함께 떠오릅니다. 모든 판단이 옳았다고 말할 수는 없지만, 그 선택들 속에서 완전히 길을 잃지는 않았음을 돌아봅니다. 멈출 수 있었던 순간과 되돌릴 수 있었던 여지가 남아 있었던 것이 오늘의 은혜였음을 인정합니다.

상황을 헤아리시는 하나님, 하루를 지내며 말 한마디를 먼저 했더라면 더 복잡해졌을 일도 있었고, 반대로 말을 아껴서 지나갈 수 있었던 장면도 있었습니다. 감정이 앞설 뻔한 순간에 잠시 멈출 수 있었고, 완벽하지 않아도 관계를 크게 어긋나게 하지는 않았습니다. 그런 선택의 틈마다 제 삶이 무너지지 않도록 지켜주신 손길을 기억합니다.

내일을 준비하게 하시는 하나님, 오늘의 선택들을 지나치게 붙들지 않게 하시고, 필요한 교훈만 남겨 내일로 나아가게 하옵소서. 잘못한 것은 정리하게 하시고, 감당한 것은 스스로 인정하게 하시며, 이 하루가 다음 걸음을 더 신중하게 만드는 밑거름이 되게 하옵소서. 예수님의 이름으로 기도드립니다. 아멘.

4월 24일

믿음을 사회 속에서 살게 하신 감사

믿음의 방향을 바로 세우시는 하나님,

오늘 하루를 보내며 신앙이 개인의 위안에 머무르지 않고 사회 속에서 어떤 태도로 드러나야 하는지 다시 생각하게 됩니다. 예배당 안의 고백과 일상의 선택이 분리되지 않기를 바라며, 말보다 삶으로 믿음을 드러내야 할 자리 앞에 서 있음을 느낍니다. 신앙을 현실과 무관한 것으로 축소하지 않게 하시고, 삶의 방향으로 세워 주신 은혜를 감사드립니다.

교회를 세상 속에 두시는 하나님, 교회가 힘의 편이 아니라 사람의 편에 서야 함을 마음에 새기게 하옵소서. 성공과 영향력보다 정직과 연대를 선택하게 하시고, 침묵이 안전해 보일 때에도 약한 이들의 목소리에 귀 기울이게 하옵소서. 신앙이 특권의 언어가 아니라 책임의 언어가 되게 하셔서 감사합니다.

보내시는 하나님, 오늘의 믿음이 선언으로 끝나지 않게 하옵소서. 일터와 가정, 사회의 자리에서 공정과 배려를 실천하게 하시고, 교회가 세상의 아픔을 외면하지 않는 공동체로 굳게 서게 하옵소서. 이 신앙의 길을 예수님의 이름으로 기도드립니다. 아멘.

4월 25일
약속이 지켜지는 구조를 남겨주신 감사

　신뢰의 토대를 세우시는 하나님,

　오늘 하루를 살며 계약서의 문장과 숫자, 이체의 기록과 영수증이 일상을 지탱하고 있음을 떠올립니다. 보이지 않는 약속들이 지켜지기에 급여가 지급되고, 대금이 정산되며, 거래가 이어졌습니다. 한 번의 클릭과 서명 뒤에 쌓인 규칙과 감독의 수고를 가볍게 여기지 않게 하시고, 신뢰가 사회의 자본임을 깨닫게 하신 은혜를 감사드립니다.

　책임을 묻도록 세우시는 하나님, 금융의 편의가 오만으로 흐르지 않도록 기준을 남겨주심을 봅니다. 위험을 숨기지 않게 하고, 이익 앞에서도 설명과 고지를 요구하는 절차가 사람들의 삶을 보호합니다. 빠른 수익보다 투명함을, 편리함보다 책임을 택하게 하셔서 감사합니다.

　균형을 지켜주시는 하나님, 오늘의 신뢰가 탐욕으로 소모되지 않게 하옵소서. 약속을 어기는 이익을 멀리하게 하시고, 작은 거래에서도 정직을 선택하게 하시며, 금융이 사람을 압도하지 않고 섬기게 하옵소서. 이 사회의 약속을 주님께 맡기며, 예수님의 이름으로 기도드립니다. 아멘.

4월 26일

지출을 점검하며 기준을 세운 감사

생활의 질서를 가르치시는 하나님,

월말을 앞두고 지출 내역을 하나씩 확인하며 흐트러진 기준을 바로잡게 하셔서 감사합니다. 자동 결제와 소액 지출이 쌓여 부담이 된 지점을 분명히 보게 하셨고, 불필요한 항목을 정리하자 마음의 압박이 줄어들었습니다. 숫자를 숨기지 않고 마주하는 태도가 선택의 정확도를 높인다는 사실을 깨닫게 하셔서 감사합니다.

분별의 눈을 열어 주시는 하나님, 편리함을 이유로 점검을 미루던 습관을 돌아봅니다. 필요와 욕구를 구분하지 못했을 때 만족은 짧았고, 기록을 통해 한도를 정했을 때 안정이 길어졌음을 보게 됩니다. 관리가 통제가 아니라 자유의 조건이라는 오늘의 묵상을 마음에 새깁니다.

삶의 방향을 단단히 세우시는 하나님, 앞으로는 지출 전에 목적을 확인하겠습니다. 계획을 세우고 기록을 유지하며, 나눔과 책임을 함께 고려하겠습니다. 정직한 관리가 일과 신앙의 균형으로 이어지게 하시기를 바라며 예수님의 이름으로 기도드립니다. 아멘.

말과 침묵 사이를 지켜주신 은혜

입술을 살피게 하신 하나님,

하루를 돌아보며 꼭 하지 않아도 되었을 말을 삼켰던 순간들이 떠오릅니다. 순간의 감정으로 말이 앞설 뻔했지만, 한 번 더 생각하고 넘길 수 있었던 장면들이 있었습니다. 모든 말이 옳지는 않았지만, 더 복잡해질 수 있었던 상황을 피하게 하신 그 멈춤이 오늘의 은혜였음을 고백합니다.

관계를 지켜보신 하나님, 하루 중 오해로 번질 수 있었던 대화도 있었고, 굳이 설명하지 않아도 지나갈 수 있었던 일도 있었습니다. 다 이해받지는 못했지만, 불필요한 갈등으로 이어지지는 않았고, 관계가 크게 흔들리지는 않았습니다. 말하지 않음으로 지켜진 거리와, 조심스러웠던 태도 속에서 주님이 제 삶의 균형을 붙들고 계셨음을 느낍니다.

마음을 가라앉히게 하신 하나님, 이제 하루를 마무리하며 오늘의 말과 침묵을 주님 앞에 내려놓습니다. 잘한 말보다 삼켰던 말이 있었음을 감사로 기억하게 하시고, 이 경험이 앞으로의 선택을 더 신중하게 이끌게 하옵소서. 이 하루를 여기까지 지켜주신 은혜를 의지하며, 예수님의 이름으로 기도드립니다. 아멘.

지치지 않도록 속도를 조절해 주신 은혜

걸음을 늦추게 하신 하나님,

하루를 보내며 모든 일을 같은 속도로 해내려 했던 제 마음을 돌아보게 하시니 감사합니다. 빨리 끝내야 한다는 생각에 숨이 가빠졌고, 서두르다 놓칠 뻔한 순간들도 있었습니다. 그럼에도 멈추어 다시 호흡을 고를 수 있게 하시고, 무리하지 않도록 제 걸음을 붙들어 주신 은혜를 기억합니다.

상태를 살펴주신 하나님, 하루 중 몸과 마음이 동시에 피로를 보내는 신호를 느낀 순간들이 있었습니다. 계속 밀어붙였다면 더 지쳤을 상황에서, 잠시 속도를 낮추고 힘을 아낄 수 있었습니다. 모든 일을 다 해내지는 못했지만, 무너지지 않고 균형을 유지할 수 있었던 것이 오늘 제게 주어진 보호였음을 인정합니다.

마침을 인도하신 하나님, 이제 하루를 정리하며 더 애쓰지 않아도 되는 자리에 이르게 하신 것을 감사로 받게 하옵소서. 다 하지 못한 일보다 몸과 마음을 지켜낸 선택을 귀하게 여기게 하시고, 이 하루가 내일을 이어갈 힘으로 남게 하옵소서. 이 시간을 주님께 맡기며, 예수님의 이름으로 기도드립니다. 아멘.

고단했던 마음에 다시 힘을 얹어 주신 감사

힘을 일으키시는 하나님,

오늘 지친 마음에 다시 힘을 얹어 주셔서 하루를 무너지지 않고 걸어갈 수 있게 하시니 감사드립니다. 여러 생각이 뒤엉켜 마음이 가라앉으려는 순간에도 하나님께서 보이지 않는 손길로 제 안을 붙들어 주셨고, 그 덕분에 흔들리지 않고 감정을 회복할 수 있었습니다. 제 안에 새 힘을 채우시는 은혜가 참으로 귀합니다.

용기를 돋우시는 하나님, 예상치 못한 작은 격려의 말과 따뜻한 표정 하나가 제 마음에 조용히 스며들어 오늘을 견딜 여지를 만들어 주었습니다. 그 순간 제 마음 속 깊은 곳에서 다시 움직임이 생기고, 포기하려던 생각들 사이로 희미한 빛이 스며들기 시작했습니다. 이렇게 일상의 작은 요소들을 통해 마음의 방향을 바꾸어 주시는 하나님의 섬세한 인도에 감사드립니다.

소망을 북돋우시는 하나님, 오늘 제게 새로 채워 주신 힘이 내일에도 이어져 감사와 기대를 가지고 걸어가게 하소서. 예수님의 이름으로 마음을 모아 기도드립니다. 아멘.

4월 30일

한 달의 끝에서 마음을 어루만져 주신 감사

마음을 감싸 주시는 하나님,

오늘 한 달을 마무리하는 자리에서 제 마음을 조용히 감싸 주시니 감사드립니다. 돌아보면 무거운 날도 있었고, 기운이 빠질 때도 있었지만 그 모든 순간을 하나님께서 붙들어 주셨기에 여기까지 올 수 있었습니다. 지나온 시간을 바라볼 때 감사의 이유가 생각보다 훨씬 많았음을 고백합니다.

걸음을 지켜 주시는 하나님, 어느 날은 숨이 가빠지고 어느 날은 마음의 결이 흐트러졌지만 그때마다 하나님께서 제 걸음을 세워 주시고 다시 방향을 잡게 하셨습니다. 작은 성취 하나에도 기쁨을 주셨고, 예상치 못한 위로 속에서 회복의 기회를 열어 주셨습니다. 흔들리던 날조차 헛되지 않도록 바꾸어 주신 하나님의 섬세한 손길에 깊이 감사드립니다.

미래를 밝히시는 하나님, 지나온 날들을 인도하셨듯 앞으로의 길도 은혜로 채워 주셔서 감사의 마음으로 새로운 달을 맞게 하소서. 예수님의 이름으로 고요히 기도드립니다. 아멘.

주님은, 주님을 부르는 모든 사람에게 가까이 계시고

진심으로 부르는 모든 사람에게 가까이 계신다

(새번역, 시편 145:18)

5월

초록이 마음을 일으키는 달,
감사가 다시 피어오르다

5월 1일

새로운 계절의 문턱에서 마음을 연 감사

새로움을 일깨우시는 하나님,

오늘 초록빛이 짙어지는 계절의 문턱에서 제 마음까지 밝아지게 하시니 감사드립니다. 조금은 지쳐 있던 마음이 자연의 온기를 느끼며 다시 부드러워지고, 하나님께서 주신 생명의 기운이 제 안에서도 조용히 살아나는 것을 느꼈습니다. 계절을 통해 제 감정을 새롭게 하시는 은혜에 깊이 감사드립니다.

길을 넓혀 주시는 하나님, 바람을 따라 움직이는 나뭇잎의 소리와 따뜻하게 스며드는 햇빛 속에서 제 마음의 닫힌 부분들이 열리기 시작했습니다. 오늘을 바라보는 시선이 어제보다 한층 부드러워지고, 작은 일에도 감사가 피어오르는 새로운 마음이 생겼습니다. 자연의 움직임 속에 숨겨진 하나님의 세심한 손길을 느끼며 감사가 더욱 깊어졌습니다.

희망을 채우시는 하나님, 오늘 제게 밝게 열어 주신 이 마음이 한 달 동안 이어져 감사의 결을 잃지 않게 하소서. 예수님의 이름으로 담담히 기도드립니다. 아멘.

5월 2일

머물 곳이 있어 하루를 정리하게 하신 감사

거처를 허락하신 하나님,

오늘 하루를 마치며 돌아갈 공간이 있다는 사실이 얼마나 큰 안정인지 다시 생각하게 됩니다. 문을 열고 들어와 불을 켜고, 신발을 벗고 숨을 고르는 그 짧은 동작들 속에 하루의 피로가 내려앉았습니다. 집이 단순한 구조물이 아니라 삶을 회복하는 자리임을 알게 하시고, 오늘도 머물 곳을 허락하신 은혜를 감사드립니다.

주거의 무게를 아시는 하나님, 집값과 임대료, 계약과 이사 같은 현실이 많은 이의 마음을 흔들고 있음을 떠올립니다. 안정이 사치처럼 느껴지는 시대 속에서도, 오늘은 무사히 이 공간을 지킬 수 있었습니다. 불안정한 조건 속에서라도 삶을 이어가게 하시고, 잠시라도 안심할 수 있는 밤을 허락해 주셔서 감사합니다.

내일의 안정을 준비하게 하시는 하나님, 오늘의 감사가 무관심으로 흐르지 않게 하옵소서. 주거가 투자 대상이 아니라 삶의 기반임을 잊지 않게 하시고, 모두가 안전하게 머물 수 있는 선택과 정책을 지지하게 하옵소서. 이 쉼의 자리를 주님께 맡기며, 예수님의 이름으로 기도드립니다. 아멘.

5월 3일

자유를 책임으로 살아가게 하신 감사

자유의 가치를 일깨우시는 하나님,

오늘 하루를 보내며 말하고 선택하고 이동할 수 있는 자유가 얼마나 많은 약속 위에 놓여 있는지 생각하게 됩니다. 당연하게 누려온 권리들이 누군가의 싸움과 합의, 긴 시간의 숙의로 지켜져 왔음을 떠올립니다. 자유가 방임이 아니라 책임과 함께 주어졌다는 사실을 마음에 새기게 하시니 감사드립니다.

법과 기준을 세워주시는 하나님, 자유가 서로를 침해하지 않도록 경계를 세우는 제도의 중요성을 보게 하셨습니다. 규칙이 답답하게 느껴질 때도 있지만, 그 선 덕분에 약한 이의 몫이 지켜지고 공동의 질서가 유지됩니다. 권리를 주장할 때만큼 의무를 기억하게 하시고, 자유를 공공의 언어로 사용하게 하셔서 감사합니다.

공동의 내일을 맡아주시는 하나님, 오늘의 선택이 자유를 소모하지 않게 하옵소서. 편리한 침묵보다 필요한 발언을 택하게 하시고, 내 자유가 이웃의 안전과 존엄을 키우는 방향으로 쓰이게 하옵소서. 이 시민의 삶을 예수님의 이름으로 기도드립니다. 아멘.

작은 기쁨 하나가 마음을 환하게 한 감사

기쁨을 심어주시는 하나님,

오늘 예상치 못한 작은 기쁨이 제 마음을 환하게 밝혀 주시니 감사드립니다. 하루가 단조롭게 흘러가는 듯했지만, 어느 순간 제 마음 속에 작은 웃음이 피어오르며 감정의 무게가 가볍게 바뀌었습니다. 그 작은 변화가 하루의 흐름 전체를 밝히는 은혜로 느껴졌습니다.

기쁨을 일깨우시는 하나님, 길을 걸으며 들려온 새소리와 바람에 흔들리는 초록의 움직임이 제 마음에 밝은 흔적을 남겼습니다. 짧은 순간이었지만 그 안에 담긴 생명의 기운이 제 안에도 스며들어 마음이 따뜻해지고, 오늘을 바라보는 시선도 부드러워졌습니다. 이렇게 자연 속 작은 기쁨을 통해 제 감정의 결을 바꾸어 주신 하나님의 섬세한 은혜에 감사가 더해졌습니다.

감사를 피워내시는 하나님, 오늘 제게 주신 이 빛나는 기쁨의 순간이 내일의 하루도 밝게 채워지게 하소서. 예수님의 이름으로 고백하며 기도드립니다. 아멘.

5월 5일

사소한 순간을 놓치지 않게 하신 은혜

일상을 열어주신 하나님,

하루를 보내며 특별한 계획 없이도 시간을 채울 수 있었음을 돌아봅니다. 급하게 움직이지 않아도 될 여유가 있었고, 누군가의 표정과 말에 잠시 시선을 둘 수 있었습니다. 해야 할 일을 완벽히 해내지는 못했지만, 하루를 허겁지겁 흘려보내지 않고 몇 번은 멈춰 설 수 있었던 그 여백이 오늘 제게 주어진 선물임을 감사드립니다.

관심을 이끌어주신 하나님, 하루 중 사소해 보이는 장면들이 눈에 들어왔습니다. 짧은 대화 하나, 웃음 섞인 말 한마디, 잠시 쉬며 숨을 고를 수 있었던 시간들이 지나갔습니다. 크게 의미를 붙이지 않아도 될 순간들이었지만, 그 덕분에 마음이 거칠어지지 않았고 하루의 결이 조금은 부드러워졌습니다. 그런 순간들을 지나치지 않게 하신 배려를 기억합니다.

하나님, 오늘을 돌아보며 더 많은 일을 하지 못한 아쉬움보다 지나온 시간을 온전히 보게 하소서. 사소했던 순간들이 모여 하루를 지탱했음을 인정하게 하시고, 이 감사가 내일을 대하는 태도로 이어지게 하소서. 예수님의 이름으로 기도드립니다. 아멘.

흐트러진 마음을 다시 모아주신 은혜

방향을 다시 보게 하신 하나님,

하루를 시작하며 마음이 여러 갈래로 흩어져 있었음을 돌아봅니다. 해야 할 일은 많아 보였고, 어디서부터 손을 대야 할지 선뜻 정해지지 않았습니다. 그럼에도 가장 먼저 해야 할 한 가지를 붙들 수 있었고, 복잡함 속에서 길을 잃지 않도록 제 시선을 정리해 주신 은혜를 감사합니다.

중심을 붙들어 주신 하나님, 하루를 지내며 집중이 흐트러질 만한 순간들이 여러 번 지나갔습니다. 생각이 다른 곳으로 새어 나가고, 마음이 앞서 조급해질 때도 있었습니다. 그때마다 다시 자리로 돌아올 수 있었고, 일을 완전히 놓아버리지는 않았습니다. 완벽하지 않아도 중심을 잃지 않게 하신 보호를 기억합니다.

마침을 인도하신 하나님, 이제 하루를 마무리하며 오늘의 흐름을 주님께 내려놓습니다. 다 하지 못한 일보다 다시 모아졌던 마음을 먼저 보게 하시고, 이 하루가 헛되이 흩어지지 않았음을 받아들이게 하옵소서. 이 시간을 주님께 맡기며, 예수님의 이름으로 기도드립니다. 아멘.

5월 7일

기다림 속에서도 길을 남겨주신 감사

길을 여시는 하나님,

오늘 하루를 지나며 이력서와 일정, 연락을 기다리는 시간이 마음을 차지했음을 돌아봅니다. 결과가 바로 오지 않아도 준비를 멈추지 않고, 가능한 것을 정리하며 하루를 채울 수 있었습니다. 불확실함 속에서도 오늘 할 몫을 붙들게 하시고, 스스로를 포기하지 않게 하신 은혜를 감사드립니다.

현실을 살피시는 하나님, 구직과 전환의 과정에서 비교와 조급함이 올라올 때도 있었지만, 성급한 선택을 피하고 기준을 다시 확인할 수 있었습니다. 조건과 전망을 차분히 살피며, 당장의 불안을 이유로 나를 낮추지 않게 하셨습니다. 기다림이 공백이 아니라 준비의 시간임을 알게 하셔서 감사합니다.

앞날을 맡아주시는 하나님, 오늘의 대기와 준비가 헛되지 않게 하옵소서. 연락의 유무에 마음이 흔들리지 않게 하시고, 만남이 열릴 때 정직한 나로 서게 하시며, 새로운 자리에서 존엄을 잃지 않게 하옵소서. 이 시간을 주님께 맡기며, 예수님의 이름으로 기도드립니다. 아멘.

5월 8일

참여로 사회를 움직이게 하신 감사

의견을 가질 수 있게 하신 하나님,

오늘 하루를 지나며 한 사람의 생각과 판단이 사회의 방향에 영향을 미칠 수 있다는 사실을 다시 떠올립니다. 투표와 토론, 동의와 반대의 표현이 모여 제도와 정책이 만들어지고 바뀝니다. 말하지 않으면 바뀌지 않는다는 진실 앞에서, 침묵 대신 참여할 수 있는 권리를 가진 존재로 살게 하신 은혜를 감사드립니다.

과정을 지켜보시는 하나님, 선거와 공론의 장이 언제나 깔끔하지는 않지만, 그 복잡함 속에서도 기준과 절차가 작동하고 있음을 봅니다. 감정이 앞서는 주장들 사이에서 사실을 확인하고, 다름을 인정하며, 결과를 받아들이는 성숙함이 사회를 지탱합니다. 완벽하지 않아도 포기하지 않게 하시고, 민주주의를 일상의 태도로 살아가게 하셔서 감사합니다.

책임을 맡기시는 하나님, 오늘의 참여가 분노로만 소모되지 않게 하옵소서. 상대를 지우는 언어 대신 공동의 삶을 살리는 선택을 하게 하시고, 내 권리가 이웃의 권리와 함께 지켜지도록 행동하게 하옵소서. 이 시민의 삶을 주님께 맡기며, 예수님의 이름으로 기도드립니다. 아멘.

5월 9일
서로를 돌보는 하루를 허락하신 감사

가정을 지켜보시는 하나님,

오늘 하루를 지나며 가족이라는 이름 아래 이어지는 작은 책임들을 떠올립니다. 식사를 챙기고 안부를 묻고, 말 한마디를 고르며 하루를 넘겼습니다. 대단한 사건은 없었지만, 관계를 끊지 않고 이어가려는 선택들이 모여 오늘을 만들었습니다. 평범한 돌봄이 삶을 지탱한다는 사실을 알게 하시니 감사드립니다.

서로를 헤아리게 하시는 하나님, 집 안의 분위기와 각자의 피로를 살피며 감정을 앞세우지 않으려 애쓴 순간들이 있었습니다. 완벽하게 이해하지는 못해도 선을 넘지 않으려는 마음이 관계를 지켜 주었습니다. 말없이 지나간 배려와 조심스러운 침묵 속에 담긴 사랑을 가볍게 여기지 않게 하셔서 감사합니다.

내일을 함께 준비하게 하시는 하나님, 오늘의 돌봄이 의무로만 남지 않게 하옵소서. 서로의 부족함을 계산하기보다 이어가려는 마음을 귀하게 여기게 하시고, 이 가정의 시간이 쉼과 힘의 근원이 되게 하옵소서. 이 하루의 감사를 예수님의 이름으로 기도드립니다. 아멘.

5월 10일

전화 한 통에 마음이 이어진 감사

관계를 살피시는 하나님,

부모님께 안부 전화를 드리며 목소리의 온기만으로도 마음이 전해지는 경험을 하게 하셔서 감사합니다. 길지 않은 통화였지만 근황을 묻고 웃음을 나누는 사이에 걱정이 풀렸고, 말보다 관심이 관계를 지킨다는 사실을 느끼게 되었습니다. 바쁜 일정 속에서도 연결을 선택하게 하시고, 작은 수고가 큰 안정을 만든다는 깨달음을 주셔서 감사합니다.

마음을 돌아보게 하시는 하나님, 연락을 미루며 충분히 표현하지 못했던 태도를 돌아봅니다. 시간이 없다는 이유로 마음을 아꼈고, 그 사이 오해가 자랄 수 있었음을 인정합니다. 먼저 묻고 끝까지 듣는 자세가 신뢰를 회복한다는 오늘의 묵상을 마음에 새깁니다.

삶의 방향을 정돈해 주시는 하나님, 앞으로는 관계의 신호를 놓치지 않겠습니다. 정기적으로 안부를 전하고 필요를 살피며, 말보다 행동으로 마음을 드러내겠습니다. 이어진 마음이 가정과 일상의 안정으로 확장되게 하시기를 바라며 예수님의 이름으로 기도드립니다. 아멘.

5월 11일

손을 씻으며 하루를 정돈한 감사

생활의 기본을 지키게 하시는 하나님,

외출을 마치고 손을 씻는 짧은 시간에 위생의 중요성을 다시 배우게 하셔서 감사합니다. 물의 온도와 비누의 거품을 느끼며 서두르던 마음이 가라앉았고, 기본을 지키는 반복이 건강과 안전을 지탱한다는 사실을 떠올리게 되었습니다. 보이지 않는 위험을 줄이는 작은 습관이 하루의 안정을 만든다는 깨달음을 주셔서 감사합니다.

마음을 점검하게 하시는 하나님, 사소한 절차를 번거로움으로 여기며 건너뛰려 했던 태도를 돌아봅니다. 급할수록 기본을 놓쳤고, 그 결과 불안이 커졌음을 보게 됩니다. 시간을 조금 더 들여 확인했을 때 오히려 여유가 생겼다는 오늘의 묵상을 마음에 새깁니다.

일상의 기준을 세워 주시는 하나님, 앞으로는 기본을 우선하겠습니다. 손 씻기와 정리, 확인과 기록을 꾸준히 지키며, 나와 주변의 안전을 함께 고려하겠습니다. 작은 실천의 누적이 삶의 신뢰를 세우게 하시기를 바라며 예수님의 이름으로 기도드립니다. 아멘.

몸을 움직이며 관계를 회복하게 하신 감사

몸의 활력을 불어넣으시는 하나님,

오늘 하루를 지나며 걷고 뛰고 숨을 고르는 움직임이 마음까지 환기시켰음을 돌아봅니다. 기록이나 승부보다 몸을 쓰는 그 자체가 하루의 긴장을 풀어 주었고, 땀이 흐르는 동안 생각이 정리되었습니다. 일상의 부담을 잠시 내려놓고 몸으로 현재를 느끼게 하신 이 시간을 감사로 고백합니다.

공간을 나누게 하시는 하나님, 운동장과 공원, 체육관에서 서로 다른 사람들이 같은 규칙과 리듬을 공유하는 장면을 보았습니다. 말이 많지 않아도 눈인사와 배려로 질서가 유지되었고, 안전을 먼저 생각하는 선택들이 이어졌습니다. 공공의 공간이 경쟁이 아니라 만남과 회복의 장이 되게 하셔서 감사합니다.

지속을 이끄시는 하나님, 오늘의 움직임이 내일의 책임을 미루는 이유가 되지 않게 하옵소서. 몸을 돌보는 습관이 삶을 오래 지탱하는 힘이 되게 하시고, 함께 쓰는 공간을 존중하는 태도가 공동체의 신뢰로 이어지게 하옵소서. 이 감사의 마음을 예수님의 이름으로 기도드립니다. 아멘.

5월 13일

운동화를 묶으며 리듬을 되찾은 감사

몸의 균형을 세심히 돌보시는 하나님,

운동화를 고쳐 묶고 가벼운 걷기를 시작하며 호흡과 보폭이 맞아들게 하셔서 감사합니다. 빠르지 않은 속도로 몸을 데우자 긴장이 풀렸고, 준비 운동을 생략하지 않는 선택이 통증을 예방한다는 사실을 몸으로 알게 되었습니다. 기록보다 자세를 우선하게 하시고, 꾸준함이 컨디션을 지킨다는 경험을 주셔서 감사합니다.

집중을 바로 세우시는 하나님, 성과를 앞세워 몸의 신호를 무시하던 태도를 돌아봅니다. 무리했을 때 회복이 더뎠고, 강도를 조절했을 때 다음 일정이 안정되었음을 보게 됩니다. 반복과 휴식의 균형이 지속을 만든다는 오늘의 묵상을 마음에 새깁니다.

일상의 습관을 단단히 하시는 하나님, 앞으로는 준비와 마무리를 성실히 지키겠습니다. 스트레칭과 수분 보충을 기본으로 삼고, 몸의 반응에 따라 계획을 조정하겠습니다. 건강을 관리하는 태도가 일과 관계의 신뢰로 이어지게 하시기를 바라며 예수님의 이름으로 기도드립니다. 아멘.

5월 14일

보낸 편지함을 정리하며 관계를 가다듬은 감사

의사소통을 살피시는 하나님,

회사에서 보낸 편지함을 정리하며 말의 흔적을 점검하게 하셔서 감사합니다. 목적이 분명한 제목과 간결한 문장이 오해를 줄였고, 첨부와 수신자를 다시 확인하는 과정에서 책임의 경계가 또렷해졌습니다. 즉각적인 발송보다 한 번의 검토가 신뢰를 지킨다는 사실을 경험하게 하셔서 감사합니다.

판단을 차분히 세우시는 하나님, 감정이 앞설 때 길어진 문장과 단정적인 표현을 돌아봅니다. 설명을 보태고 근거를 명시했을 때 협의가 부드러워졌고, 확인 질문을 남겼을 때 일정의 혼선이 줄어들었음을 보게 됩니다. 기록의 정확성이 관계의 온도를 조절한다는 오늘의 묵상을 마음에 새깁니다.

일의 기준을 정돈해 주시는 하나님, 앞으로의 소통에서 목적과 맥락을 먼저 밝히겠습니다. 발송 전 확인을 습관으로 삼고, 수신자의 입장을 고려한 표현을 선택하겠습니다. 정리된 말이 업무의 신뢰로 이어지게 하시기를 바라며 예수님의 이름으로 기도드립니다. 아멘.

5월 15일

천천히 걷는 길에서 균형을 되찾은 감사

걸음을 살피며 하루를 이끄시는 하나님,

퇴근 후 집 근처를 천천히 걸으며 몸과 생각이 함께 정리되게 하셔서 감사합니다. 빠른 속도로 지나치던 길을 늦추자 숨이 고르게 돌아왔고, 낮 동안 쌓였던 긴장이 발걸음마다 풀리는 변화를 느끼게 되었습니다. 목적지보다 과정에 집중할 때 하루의 마무리가 안정된다는 사실을 알게 하셔서 감사합니다.

마음을 차분히 가라앉히시는 하나님, 바쁘다는 이유로 스스로를 재촉하던 태도를 돌아봅니다. 속도를 높일수록 생각이 엉켰고, 잠시 늦추었을 때 판단이 또렷해졌음을 보게 됩니다. 걷는 동안 떠오른 생각을 흘려보내며 필요한 것과 내려놓을 것을 구분하게 하신 오늘의 묵상을 마음에 새깁니다.

생활의 리듬을 바로 세우시는 하나님, 앞으로는 하루의 끝에 걷는 시간을 지키겠습니다. 무리한 계획을 줄이고 몸의 반응에 귀 기울이며, 균형을 해치지 않는 선택을 이어 가겠습니다. 느린 걸음에서 배운 절제가 일과 관계의 안정으로 이어지게 하시기를 바라며 예수님의 이름으로 기도드립니다. 아멘.

마음이 한 번 더 견뎌낼 힘을 얻은 감사

견딜 힘을 더하시는 하나님,

오늘 포기하고 싶던 마음 한가운데서 한 번 더 버틸 수 있는 힘을 주시니 감사드립니다. 상황은 쉽게 달라지지 않았지만, 하나님께서 제 마음 깊은 곳에 조용히 용기를 놓아 주셔서 흔들리던 걸음이 다시 고르게 서게 되었습니다. 이 한 걸음의 버팀이 은혜임을 고백합니다.

내면을 북돋우시는 하나님, 잠시 창밖을 바라보며 깊은 숨을 들이쉬는 동안, 무겁던 생각들의 매듭이 조금씩 느슨해지고 감당할 수 없을 것 같던 일도 다시 바라볼 여유가 생겼습니다. 그렇게 흔들리던 순간에 하나님께서 마음의 중심을 다잡게 하시고 내일을 향한 기대까지 함께 열어 주셨습니다. 이 섬세한 회복에 감사가 번졌습니다.

희망을 불러내시는 하나님, 오늘 허락하신 이 작은 힘이 소멸되지 않고 내일의 걸음을 이어가는 원천이 되게 하소서. 예수님의 이름으로 조용히 기도드립니다. 아멘.

5월 17일

선택이 남기는 흔적을 돌아보게 하신 감사

결정을 맡기시는 하나님,

오늘 하루를 지나며 무엇을 사고 무엇을 사지 않을지, 어떤 서비스를 선택할지 수없이 판단했습니다. 가격과 편의만이 아니라 그 선택이 어디로 이어지는지 잠시 멈춰 생각하게 하셨습니다. 한 번의 구매가 노동과 환경, 지역의 삶에 닿는다는 사실을 떠올리게 하시고, 가볍게 지나칠 수 없는 책임을 깨닫게 하신 은혜를 감사드립니다.

양심을 일깨우시는 하나님, 광고와 유행이 판단을 앞지를 때에도 기준을 다시 세우게 하셨습니다. 필요한 것과 과한 것을 구분하고, 즉각적인 만족보다 지속 가능한 선택을 택하려 애썼습니다. 완벽하지는 않아도 무심함을 줄이려는 시도가 오늘의 방향을 바꾸었음을 알게 하셔서 감사합니다.

공동의 내일을 지켜주시는 하나님, 오늘의 소비가 낭비로 남지 않게 하옵소서. 가능한 범위에서 책임을 선택하게 하시고, 작은 절제가 큰 보호로 이어지게 하시며, 내 선택이 이웃과 환경을 해치지 않는 쪽으로 흐르도록 이끌어 주옵소서. 이 삶의 판단을 예수님의 이름으로 기도드립니다. 아멘.

5월 18일

서운했던 마음이 부드럽게 가라앉은 감사

감정을 다독이시는 하나님,

오늘 마음속 깊이 남아 있던 서운함이 눈에 띄게 부드러워지고, 날카로운 생각이 잦아들게 하시니 감사드립니다. 조용히 흘러가게만 두었을 때보다 하나님께 마음을 드리자 감정의 무게가 조금씩 녹아내렸고, 그 자리에 평온이 들어섰습니다. 이 변화가 은혜임을 고백합니다.

관계를 회복시키시는 하나님, 짧은 대화 한마디가 마음속 오해를 가볍게 풀어 주었고, 막혀 있던 감정이 숨을 돌리듯 다시 흐르기 시작했습니다. 서운함 뒤에 가려져서 보이지 않던 따뜻한 미음을 발견하며, 제가 미처 헤아리지 못한 부분이 있었음을 깨달았습니다. 이 작은 이해와 화해의 순간에 감사가 깊어졌습니다.

사랑을 심으시는 하나님, 오늘 부드럽게 가라앉은 감정의 자리 위에 감사와 사랑이 다시 자라게 하시고, 내일의 만남에도 같은 온기를 흐르게 하소서. 예수님의 이름으로 차분히 기도드립니다. 아멘.

5월 19일

함께하는 관계가 힘이 되게 하신 감사

사람을 곁에 두시는 하나님,

오늘 하루를 지나며 혼자서는 버거웠을 일들이 누군가와 함께였기에 가벼워졌음을 돌아봅니다. 짧은 대화와 눈인사, 메시지 한 줄이 마음의 무게를 덜어주었습니다. 문제를 해결하지 않아도 함께 있다는 감각이 하루를 지탱해 주었고, 그 관계의 존재 자체가 이미 은혜였음을 깨닫게 하시니 감사합니다.

동료애를 자라게 하시는 하나님, 일터와 일상에서 서로의 사정을 헤아리며 선을 지키려는 선택들이 있었습니다. 의견이 달라도 존중하려 애썼고, 성과보다 과정을 인정하는 순간들이 관계를 더 단단하게 만들었습니다. 경쟁이 아니라 협력으로 하루를 넘길 수 있게 하신 배려를 감사로 고백합니다.

관계를 오래 이어가시는 하나님, 오늘의 우정과 동료애가 소모로 끝나지 않게 하옵소서. 필요할 때 기대고, 기쁠 때 함께 웃을 수 있는 관계로 자라게 하시며, 제 말과 태도가 누군가에게 힘이 되게 하옵소서. 이 관계의 시간을 예수님의 이름으로 기도드립니다. 아멘.

서로 연결된 세계를 살아가게 하신 감사

시야를 넓혀 주시는 하나님,

오늘 하루를 지나며 내가 사는 자리와 멀리 떨어진 나라의 선택들이 보이지 않게 맞물려 있음을 떠올립니다. 물류와 통신, 환율과 기후의 변화가 우리의 식탁과 일터에 영향을 미칩니다. 국경을 넘어 이어진 이 연결 속에서 고립된 삶이 아니라 상호의존의 삶을 살고 있음을 깨닫게 하시니 감사합니다.

평화를 염두에 두게 하시는 하나님, 세계 곳곳의 갈등과 협력이 동시에 진행되는 현실을 접하며 단순한 편 가르기를 경계하게 하셨습니다. 힘의 논리보다 대화와 합의가 얼마나 큰 비용을 절감하는지, 생명을 지키는지 생각하게 됩니다. 멀리서 들려오는 소식을 무심히 소비하지 않고 책임 있게 바라보게 하셔서 감사합니다.

연대를 선택하게 하시는 하나님, 오늘의 관심이 냉소로 끝나지 않게 하옵소서. 작은 선택에서 공정과 인권을 지지하게 하시고, 협력이 가능한 길을 포기하지 않게 하시며, 평화를 키우는 말과 행동을 택하게 하옵소서. 이 세계 속의 삶을 예수님의 이름으로 기도드립니다. 아멘.

사고를 막는 선택을 기억하게 하신 감사

안전을 먼저 생각하게 하시는 하나님,

오늘 하루를 지나며 아무 일 없이 귀가했다는 사실이 결코 우연이 아님을 떠올립니다. 신호를 지킨 선택, 속도를 줄인 순간, 보호장비를 착용한 결정들이 쌓여 사고를 피하게 했습니다. 사고가 없었다는 결과 뒤에 수많은 예방의 판단이 있었음을 알게 하시고, 그 평범한 하루를 은혜로 받아들이게 하셔서 감사합니다.

현장을 살피시는 하나님, 도로와 공사장, 일터의 위험을 관리하기 위해 보이지 않게 애쓰는 이들의 수고를 생각합니다. 점검과 교육, 경고 표지와 매뉴얼이 생명을 지키는 장치가 되었고, 누군가의 오늘을 내일로 이어 주었습니다. 사고 이후의 수습보다 예방을 우선하는 태도가 얼마나 중요한지 깨닫게 하셔서 감사합니다.

책임을 맡기시는 하나님, 오늘의 무사함을 운이나 개인의 능력으로만 돌리지 않게 하옵소서. 위험을 외면하지 않게 하시고, 비용보다 생명을 먼저 두는 선택을 지지하게 하시며, 안전을 요구하는 목소리를 불편해하지 않게 하옵소서. 이 삶의 보호를 예수님의 이름으로 기도드립니다. 아멘.

5월 22일

바쁜 마음 사이에 잠시 멈출 수 있었던 감사

속도를 늦춰주시는 하나님,

오늘 쌓인 일들 앞에서 마음이 조급해지려던 순간에도 잠시 멈추어 숨을 고를 수 있게 하시니 감사드립니다. 해야 할 것이 많다는 부담은 여전히 있었지만, 하나님께서 제 마음의 속도를 부드럽게 낮춰 주시어 서둘러 흔들리지 않도록 지켜 주셨습니다. 이 멈춤의 은혜를 기억합니다.

호흡을 깊게 하시는 하나님, 잠깐 의자를 뒤로 밀고 등받이에 몸을 맡긴 채 눈을 감았을 때, 몸과 마음의 긴장이 함께 풀어졌습니다. 아무 말도 하지 않아도, 아무 성과가 없어도 그 잠깐의 고요 속에서 다시 숨이 고르고 시야가 넓어졌습니다. 작은 쉼 하나가 제 오늘을 새롭게 했음을 고백하며 감사드립니다.

쉼을 이어가게 하시는 하나님, 오늘 허락하신 이 잠깐의 멈춤이 내일의 마음에도 여유가 되어 감사의 걸음을 놓치지 않게 하소서. 예수님의 이름으로 담담히 기도드립니다. 아멘.

다름 속에서 함께 살아가게 하신 감사

낯섦을 환대하게 하시는 하나님,

오늘 하루를 보내며 다른 언어와 표정, 다른 리듬으로 살아가는 이웃들을 떠올립니다. 같은 거리와 시장, 같은 일터를 공유하면서도 출발선과 조건은 서로 다릅니다. 이해가 쉽지 않은 순간에도 두려움보다 환대를 선택할 수 있는 마음을 일으켜 주시고, 다름을 위협이 아니라 배움으로 보게 하신 은혜를 감사드립니다.

하나님, 행정과 노동, 교육과 의료의 자리에서 제도가 사람의 삶에 얼마나 직접적으로 닿는지 생각하게 하셨습니다. 서류 한 장과 설명 한 문장이 누군가의 하루를 좌우하기도 합니다. 배제보다 접근을, 편의보다 공정을 택하려는 선택들이 도시를 안전하게 만든다는 사실을 기억하게 하셔서 감사합니다.

공동의 집을 지키시는 하나님, 오늘의 만남과 판단이 차별로 굳어지지 않게 하옵소서. 언어의 장벽을 낮추는 노력과 공존의 규칙을 지지하게 하시고, 서로의 존엄을 훼손하지 않는 기준을 세우게 하옵소서. 이 다양한 공동체의 삶을 예수님의 이름으로 기도드립니다. 아멘.

5월 24일

마음이 따뜻해지는 만남을 허락하신 감사

사람을 보내주시는 하나님,

오늘 뜻하지 않게 따뜻한 대화를 나눌 기회가 주어지고, 오랜 만에 마음이 편하게 웃을 수 있었음에 감사드립니다. 짧은 시간이었지만 마음의 문이 자연스레 열리고, 관계 속에서 위로와 에너지가 새롭게 흘렀습니다. 누군가와 함께 웃는 순간이 이렇게 귀한 선물임을 깨닫습니다.

마음을 이어주시는 하나님, 서로의 안부를 묻고 소소한 이야기를 나누는 동안 마음이 가볍게 나누어지는 경험을 했습니다. 어떤 큰 조언이나 사건이 아니었지만, 마음을 건드리는 따뜻함이 흘렀고 그 안에 하나님께서 예비하신 위로가 숨어 있었습니다. 관계를 통해 정서가 새롭게 숨을 쉬게 하시는 은혜에 감사드립니다.

친교를 기쁘게 하시는 하나님, 오늘의 만남 속에 심어 주신 이 따뜻함이 내일의 관계에도 스며 감사의 행동으로 이어지게 하소서. 예수님의 이름으로 감사하며 기도드립니다. 아멘.

조급함 대신 기다림을 배우게 하신 감사

속도를 늦추게 하신 하나님,

하루를 돌아보며 서둘러야 할 이유가 충분하지 않았는데도 마음이 먼저 앞섰던 순간들을 떠올립니다. 빨리 끝내려다 놓칠 뻔한 일도 있었고, 한 번 더 확인했어야 할 장면도 있었습니다. 그럼에도 멈춰 서서 다시 살필 수 있었고, 급한 선택을 되돌릴 수 있었던 그 여유가 오늘 제게 허락된 은혜였음을 감사드립니다.

판단을 가다듬어 주신 하나님, 상황이 예상과 다르게 흘러가며 마음이 조급해졌을 때, 즉각 반응하기보다 한 박자 늦출 수 있었습니다. 완벽한 결정은 아니었지만, 더 복잡해지지 않도록 방향을 조정할 수 있었고, 불필요한 충돌을 피할 수 있었습니다. 그 작은 판단의 여지 속에서 오늘의 균형이 지켜졌음을 기억합니다.

마침을 차분히 주신 하나님, 이제 하루를 정리하며 남아 있는 긴장을 내려놓게 하옵소서. 서두르지 않았던 선택들을 귀하게 여기게 하시고, 이 하루가 성급함이 아니라 차분함으로 기억되게 하옵소서. 이 시간을 주님께 맡기며, 예수님의 이름으로 기도드립니다. 아멘.

5월 26일

하루의 흐름을 지켜주신 은혜

상황을 받아들이게 하신 하나님,

오늘을 돌아보며 계획이 바뀌는 순간들을 여러 번 마주했음을 기억합니다. 예상과 달라진 일정 앞에서 마음이 급해졌지만, 그때마다 다시 정리하고 방향을 바꿀 수 있었습니다. 한 번에 되지 않아도 다시 시도할 수 있었고, 포기 대신 조정을 선택할 수 있었던 그 여지가 오늘의 은혜였음을 감사드립니다.

관계를 살피게 하신 하나님, 대화 중 뜻이 엇갈리는 장면도 있었고, 굳이 설명하지 않아도 될 말을 삼킨 순간도 있었습니다. 모든 오해가 풀린 것은 아니었지만, 상황이 더 커지지 않도록 태도를 낮출 수 있었습니다. 말 한마디를 늦추고 반응을 조절했던 그 선택들이 오늘의 관계를 지켜주었음을 돌아봅니다.

마무리를 허락하신 하나님, 하루를 정리하며 남아 있는 피로와 미진한 마음을 주님께 맡깁니다. 다 이루지 못한 목록보다 오늘을 지나왔다는 사실을 먼저 보게 하시고, 이 하루가 헛되지 않았음을 받아들이게 하옵소서. 이 시간을 주님께 올려드리며, 예수님의 이름으로 기도드립니다. 아멘.

5월 27일

휴가 신청서를 제출하며 균형을 회복한 감사

일과 쉼의 경계를 세워 주시는 하나님,

회사에 휴가 신청서를 제출하며 일정의 무게를 조정하게 하
셔서 감사합니다. 미뤄 두었던 쉼을 계획에 올리자 마음의 압박
이 줄었고, 업무 인수인계를 정리하는 과정에서 책임의 범위가
또렷해졌습니다. 쉬기 위해 준비하는 성실함이 동료의 부담을
덜고 흐름을 지킨다는 사실을 깨닫게 하셔서 감사합니다.

판단을 차분히 다듬으시는 하나님, 바쁨을 이유로 쉼을 뒤로
미루던 태도를 돌아봅니다. 쉬지 못할 때 집중이 흐려졌고, 계
획을 세웠을 때 오히려 업무의 정확성이 높아졌음을 보게 됩니
다. 쉼을 미리 합의하는 선택이 성실함의 다른 얼굴이라는 오늘
의 묵상을 마음에 새깁니다.

일상의 리듬을 바로 세우시는 하나님, 앞으로는 쉼을 계획에
포함하겠습니다. 인수인계를 분명히 하고 연락의 경계를 세우
며, 회복된 상태로 다시 맡은 일을 감당하겠습니다. 균형 있는
선택이 일과 관계의 신뢰로 이어지게 하시기를 바라며 예수님
의 이름으로 기도드립니다. 아멘.

5월 28일

마음 깊은 곳에 평안을 머물게 하신 감사

평안을 스며주시는 하나님,

오늘 하루 여러 생각이 머릿속에 오갔지만 놀랍게도 마음의 중심은 평온을 잃지 않게 하시니 감사합니다. 해야 할 일은 그대로였고 상황도 크게 달라지지 않았지만, 마음을 붙들어 주시는 하나님의 손길 때문에 무너지지 않고 버틸 수 있었습니다. 흔들림 대신 잔잔함을 주신 이 은혜가 얼마나 귀한지 깨닫습니다.

숨을 가라앉히시는 하나님, 복잡한 마음이 올라올 때 잠시 멈추어 창밖 먼 곳을 바라보는 순간, 흐릿하던 마음이 천천히 맑아졌습니다. 나뭇잎이 바람결에 흔들리고 햇살이 바닥에 떨어지는 단순한 장면이었지만, 그 단순함 속에서 제 안의 긴장이 풀리고 평안의 결이 살아났습니다. 감정을 다루는 방식이 아닌 하나님께 시선을 돌릴 때 비로소 마음이 깊어지는 것을 느꼈습니다.

진정한 쉼을 허락하시는 하나님, 오늘 마음에 스며든 이 평안이 내일에도 이어져 감정의 파도 앞에서 흔들리지 않는 믿음이 되게 하소서. 예수님의 이름으로 고백하며 기도드립니다. 아멘.

5월 29일
시간의 경계를 세우게 하신 감사

하루의 틀을 마련해 주신 하나님,

오늘 하루를 보내며 해야 할 일과 멈춰야 할 일을 구분하는 것이 얼마나 중요한지 느끼게 됩니다. 모든 요청에 즉시 응답하지 않아도 되었고, 끝내지 못한 일에 스스로를 몰아붙이지 않아도 괜찮았습니다. 일정의 빈칸이 무책임이 아니라 회복의 여지임을 알게 하시고, 시간을 도구가 아닌 삶의 리듬으로 보게 하신 은혜를 감사드립니다.

경계를 가르치시는 하나님, 일과 휴식의 선을 흐리게 만드는 환경 속에서도 기준을 다시 세울 수 있었습니다. 연락을 늦추고 알림을 줄이며, 집중해야 할 순간과 내려놓아야 할 순간을 선택했습니다. 과도한 연결이 피로로 이어지지 않도록 스스로를 보호하는 판단을 가능하게 하셔서 감사합니다.

지속을 이끄시는 하나님, 오늘 세운 경계가 고립이 아니라 건강한 관계로 이어지게 하옵소서. 책임을 회피하지 않되 소진되지 않게 하시고, 정해진 시간 안에서 최선을 다하는 태도가 오래 가는 힘이 되게 하옵소서. 이 하루의 시간을 주님께 맡기며, 예수님의 이름으로 기도드립니다. 아멘.

5월 30일

오늘의 작은 성취를 경험하게 하신 감사

성취를 허락하시는 하나님,

오늘 마침내 미루어두었던 일을 조금씩 정리하며 작은 진전을 이루게 하시니 감사드립니다. 완벽히 끝난 것은 아니었지만, 한 걸음을 내딛는 순간 마음에 뿌듯함이 찾아왔고, 그 성취가 오늘 하루의 무게를 달리 느끼게 해 주었습니다. 노력의 열매가 비로소 보이기 시작했다는 사실만으로도 감사가 흘러나옵니다.

길을 열어주시는 하나님, 막혀 있던 계획을 다시 펼쳐 보며 차근히 정리해 나가는 동안, 복잡하던 마음 한 부분이 저절로 풀리고 집중이 길을 찾았습니다. 작은 성취가 쌓이니 새로운 의욕이 생기고, 오늘의 시간이 의미 있는 하루로 기록됨을 느꼈습니다. 하나님께서 주신 지혜와 힘이 없었다면 얻을 수 없던 열매였음을 기억하며 감사드립니다.

앞길을 밝혀주시는 하나님, 오늘 허락하신 이 작은 성취가 내일의 걸음을 견고하게 하는 씨앗이 되어 더 큰 감사로 이어지게 하소서. 예수님의 이름으로 차분히 기도드립니다. 아멘.

한 달을 돌아보며 감사들을 알게 하신 감사

기억을 더듬게 하시는 하나님,

5월의 마지막 날을 맞으며 지난 날들을 살펴보니 당연하게 흘려보낸 은혜가 얼마나 많았는지 깨닫게 하시니 감사드립니다. 웃음이 있었던 날도, 고단함이 드리웠던 날도 있었지만 그 모든 순간 속에서 하나님께서 한 걸음씩 함께 걸어오셨음을 돌아보게 됩니다. 지나간 시간을 그냥 흘려보내지 않고 감사로 묶게 하심에 고개가 숙여집니다.

일상을 채워주신 하나님, 잊고 지냈던 작은 기쁨, 벗어나고 싶었던 순간의 인내, 마음을 붙든 위로의 숨결들까지 떠올려 보니 모두 감사의 이유였습니다. 크고 놀라운 일이 없어도 마음속의 작은 불빛들이 이어져 제가 이 자리까지 왔다는 사실이 따뜻하게 다가옵니다. 그 흔적 하나에도 하나님의 선하심이 담겨 있음을 느끼며 감사가 깊어졌습니다.

앞날을 준비시키시는 하나님, 오늘 기억해낸 이 감사의 조각들이 내일과 다음 날의 믿음이 되게 하시고, 다음 달을 시작하는 발걸음에도 감사의 호흡을 담아 살아가게 하소서. 예수님의 이름으로 마음을 다해 기도드립니다. 아멘.

짙어지는 햇살 속에
감사가 자라나는 달

새로운 달의 첫 아침을 열게 하신 감사

새 달을 맞이하게 하시는 하나님,

오늘 6월의 첫날을 밝은 마음으로 맞이하게 하시니 감사드립니다. 지난달의 흔적이 마음속에 남아 있었지만, 새로운 달이 열린다는 사실 하나만으로도 기대가 생기고 마음의 무게가 조금씩 가벼워졌습니다. 묵었던 감정이 정리되고 새 호흡이 시작되는 이 순간이 은혜입니다.

희망을 북돋우시는 하나님, 길을 걷다 불어온 바람 속에서 새로운 계절의 기운이 느껴졌습니다. 나뭇잎은 더 짙어지고 햇살은 따사로워졌으며, 시간의 흐름 안에서도 하나님께서 삶을 키워 가신다는 사실이 선명해졌습니다. 다시 시작할 수 있는 자리를 주신 것 자체가 감사임을 고백합니다.

발걸음을 새롭게 하시는 하나님, 오늘 열린 이 첫걸음이 한 달의 모든 날로 이어져 감사와 믿음의 걸음을 흔들림 없이 걷게 하소서. 예수님의 이름으로 고요히 기도드립니다. 아멘.

6월 2일

점심의 속도를 조절하며 균형을 배운 감사

일상의 리듬을 살피시는 하나님,

점심시간에 서두르지 않고 식탁에 앉아 한 숟갈씩 천천히 먹게 하셔서 감사합니다. 업무 생각으로 급히 넘기던 습관을 멈추자 소화가 편안해졌고, 짧은 휴식이 오후의 집중을 지킨다는 변화를 느끼게 되었습니다. 메뉴의 선택과 양을 조절하는 작은 결정이 몸과 마음의 안정으로 이어진다는 사실을 깨닫게 하셔서 감사합니다.

몸의 신호를 분별하게 하시는 하나님, 배고픔을 핑계로 과도하게 먹거나 시간을 줄이던 태도를 돌아봅니다. 빠르게 먹었을 때 피로가 남았고, 속도를 낮췄을 때 업무의 정확성이 높아졌음을 보게 됩니다. 식사의 질서가 일의 질서와 맞닿아 있다는 오늘의 묵상을 마음에 새깁니다.

생활의 기준을 세워 주시는 하나님, 앞으로는 점심시간을 소홀히 하지 않겠습니다. 일정 사이에 여백을 남기고 물과 휴식을 챙기며, 동료와의 자리에서는 배려의 속도를 지키겠습니다. 식탁에서 배운 절제가 하루의 성실로 이어지게 하시기를 바라며 예수님의 이름으로 기도드립니다. 아멘.

6월 3일

선택의 무게를 정직하게 마주하게 하신 감사

결정을 맡기시는 하나님,

오늘 하루를 지나며 한 사람의 선택이 모여 공동의 방향을 만든다는 사실을 다시 느낍니다. 쉽게 지나칠 수도 있었던 판단 앞에서 멈춰 생각했고, 편의보다 책임을 떠올렸습니다. 결과가 곧바로 보이지 않더라도, 성급함을 누르고 기준을 세우게 하신 이 시간을 은혜로 받아들입니다.

과정을 지켜보시는 하나님, 사실을 확인하고 의견을 나누는 과정이 번거로워 보여도 필요한 일임을 알게 하셨습니다. 다름을 인정하며 토론의 선을 지키는 태도가 신뢰를 쌓습니다. 감정의 파도에 휩쓸리지 않고, 근거와 존엄을 기준으로 판단하게 하셔서 감사합니다.

공동의 내일을 맡기시는 하나님, 오늘의 선택이 분열이 아니라 책임으로 이어지게 하옵소서. 내 권리가 이웃의 안전과 존엄을 해치지 않게 하시고, 참여의 마음이 일상의 태도로 계속되게 하옵소서. 이 시민의 삶을 예수님의 이름으로 기도드립니다. 아멘.

6월 4일

기억을 통해 오늘을 분별하게 하신 감사

시간을 잇게 하시는 하나님,

오늘 하루를 살며 지금의 일상이 우연이 아니라 지난 선택들과 누군가의 용기 위에 놓여 있음을 떠올립니다. 기록으로 남은 사건과 말해지지 않은 희생이 오늘의 조건을 만들었습니다. 잊지 않음이 과거에 머무는 일이 아니라, 현재를 더 정직하게 사는 힘임을 알게 하시니 감사드립니다.

역사를 성찰하게 하시는 하나님, 아픈 기억과 불편한 사실을 외면하지 않게 하시고 맥락을 살피며 배우게 하옵소서. 단순한 평가나 분노로 끝내지 않고, 무엇을 지켜야 하고 무엇을 고쳐야 하는지 분별하게 하셨습니다. 기억을 소비가 아니라 책임으로 다루게 하셔서 감사합니다.

내일을 세우시는 하나님, 오늘의 성찰이 말로만 남지 않게 하옵소서. 같은 실수를 반복하지 않도록 기준을 세우게 하시고, 약자의 목소리가 지워지지 않는 선택을 지지하게 하시며, 배운 만큼 행동하는 용기를 허락해 주옵소서. 이 하루의 분별을 예수님의 이름으로 기도드립니다. 아멘.

6월 5일

보낸 서류 한 봉투에 담긴 책임의 감사

작은 약속을 지키게 하시는 하나님,

우체국 창구에서 서류를 접수하며 주소와 기한을 다시 확인하게 하셔서 감사합니다. 봉투를 밀봉하고 접수증을 받는 짧은 절차 속에서 정확함이 신뢰를 만든다는 사실을 새삼 배우게 되었습니다. 서두르지 않고 확인을 거친 선택이 이후의 불안을 줄이고 관계의 흐름을 안정시킨다는 경험을 하게 하셔서 감사합니다.

판단을 차분히 세워 주시는 하나님, 편의에 기대어 대충 넘기려 했던 태도를 돌아봅니다. 확인을 생략했을 때 수정의 수고가 커졌고, 기준을 지켰을 때 책임의 경계가 분명해졌음을 보게 됩니다. 기한과 형식을 존중하는 일이 상대를 배려하는 방식이라는 오늘의 묵상을 마음에 새깁니다.

일상의 기준을 단단히 하시는 하나님, 앞으로는 발송과 전달에서 정확을 우선하겠습니다. 주소와 기한을 기록으로 남기고 확인을 습관으로 삼으며, 맡긴 일의 끝을 책임지겠습니다. 성실한 절차가 일과 관계의 신뢰로 이어지게 하시기를 바라며 예수님의 이름으로 기도드립니다. 아멘.

6월 6일

조용한 휴식이 마음을 바로 세운 감사

하루의 무게를 내려놓게 하시는 하나님,

공휴일의 느린 흐름 속에서 일정표를 잠시 접고 쉼을 선택하게 하셔서 감사합니다. 알람을 늦추고 창을 열어 바람을 들이자 몸의 긴장이 풀렸고, 미뤄 두었던 피로가 가라앉는 변화를 느끼게 되었습니다. 아무것도 더하지 않는 시간이 회복을 시작하게 한다는 사실을 경험하게 하셔서 감사합니다.

생각을 정돈하게 하시는 하나님, 쉬는 날에도 성과를 계산하던 태도를 돌아봅니다. 해야 할 목록을 줄이지 못했을 때 마음이 분주해졌고, 한두 가지만 남겼을 때 집중이 살아났음을 보게 됩니다. 쉼에도 질서가 필요하다는 오늘의 묵상을 마음에 새깁니다.

일상의 리듬을 회복하게 하시는 하나님, 앞으로는 휴식의 기준을 분명히 세우겠습니다. 과도한 계획을 덜어내고 잠과 식사를 챙기며, 회복된 상태로 다음 일정을 맞이하겠습니다. 쉼에서 배운 절제가 일과 관계의 안정으로 이어지게 하시기를 바라며 예수님의 이름으로 기도드립니다. 아멘.

6월 7일

하루 속에서 감사의 흔적을 보게 하신 감사

소소함을 밝혀주시는 하나님,

오늘은 특별한 일도 없었고, 큰 성취도 없었던 평범한 하루였지만 그 안에서도 감사할 이유를 발견하게 하시니 감사합니다. 그냥 지나칠 수 있는 순간 속에서도 마음이 조용히 따뜻해지는 장면이 있었고, 그것만으로도 하루가 헛되지 않았음을 느꼈습니다.

일상을 채워가시는 하나님, 길게 이어지는 업무 중에 잠시 마신 물 한 잔이 의외로 큰 위로가 되었고, 창밖의 빛이 책상 위에 스며드는 모습이 마음 한쪽을 환하게 밝혔습니다. 대단하지 않은 순간들이었지만 그 작은 순간들이 모여 마음을 살려냈습니다. 일상을 통해 은혜를 흘려주시는 하나님의 방식이 참 깊습니다.

감사를 일깨우시는 하나님, 특별함 없이 지나간 오늘이 오히려 더 감사의 자리임을 기억하게 하시고, 내일도 평범함 속에서 은혜를 찾는 눈을 잃지 않게 하소서. 예수님의 이름으로 고백하며 기도드립니다. 아멘.

6월 8일

침묵 속에서 중심을 되찾게 하신 감사

마음을 고요로 이끄시는 하나님,

오늘 하루를 지나며 알림과 소음에서 잠시 떨어져 있을 수 있었음을 돌아봅니다. 화면을 덜 열고 말을 줄이자 생각의 결이 또렷해졌고, 해야 할 일의 순서가 보이기 시작했습니다. 즉각 반응하지 않아도 괜찮은 시간을 허락하시고, 침묵이 공백이 아니라 회복의 자리임을 알게 하신 은혜를 감사드립니다.

분별을 가르치시는 하나님, 넘쳐나는 정보 속에서 무엇을 받아들이고 무엇을 흘려보낼지 선택해야 했습니다. 자극적인 이야기보다 확인된 사실을, 소란스러운 의견보다 차분한 판단을 택하려 애썼습니다. 속도보다 정확을, 노출보다 집중을 선택하게 하셔서 감사합니다.

일상의 균형을 세우시는 하나님, 오늘의 고요가 고립으로 흐르지 않게 하옵소서. 필요한 소통은 놓치지 않되 불필요한 소음을 줄이는 지혜를 주시고, 집중의 시간이 책임과 배려로 이어지게 하옵소서. 이 하루의 중심을 예수님의 이름으로 기도드립니다. 아멘.

6월 9일

말씀처럼 마음을 곧게 세워 주신 감사

말씀으로 인도하시는 하나님,

오늘 우연히 펼쳐 읽은 한 구절이 제 마음의 방향을 바로잡아 주시니 감사드립니다. 흐릿했던 생각이 말씀 앞에서 또렷해지고, 무엇에 우선해야 하는지 마음이 정리되었습니다. 제 판단이 흐릴 때마다 말씀으로 비추어 주시는 은혜가 참 깊습니다.

깨달음을 주시는 하나님, 짧은 구절 하나가 길게 이어진 묵상으로 흘러가며 제 안에 잠들어 있던 감사가 다시 깨어났습니다. 오늘 하루에 있었던 작은 일들이 말씀과 맞물려 하나씩 의미를 찾기 시작했고, 그 안에 숨겨져 있던 하나님의 섭리를 더 선명히 느낄 수 있었습니다. 말씀 앞에 마음을 열 때마다 새 힘을 얻는 기쁨을 경험했습니다.

길을 바로 세우시는 하나님, 오늘 제게 주신 이 깨달음이 습관이 되고 하루를 살아가는 기준이 되어 감사의 마음으로 흔들림 없이 걸어가게 하소서. 예수님의 이름으로 조용히 기도드립니다. 아멘.

6월 10일

미리 준비하는 지혜를 허락하신 감사

앞을 살피게 하시는 하나님,

오늘 하루를 지나며 본격적인 계절을 앞두고 점검과 준비가 왜 필요한지 다시 생각하게 됩니다. 배수구를 정리하고 장비를 점검하며, 비상 연락망과 안내를 확인하는 작은 수고들이 위기를 줄입니다. 일이 벌어지기 전에 대비하는 태도가 두려움이 아니라 책임임을 깨닫게 하시니 감사드립니다.

현장을 지켜보시는 하나님, 재난을 막기 위해 보이지 않게 움직이는 손길들이 있음을 떠올립니다. 예보와 관측, 점검과 훈련이 반복되며 안전의 기준을 세웁니다. 평소에는 드러나지 않지만, 그 준비 덕분에 피해가 줄어드는 현실을 보게 하셔서 감사합니다.

공동의 안전을 맡기시는 하나님, 오늘의 대비가 형식으로 끝나지 않게 하옵소서. 비용보다 생명을 먼저 두는 결정을 지지하게 하시고, 취약한 곳을 먼저 살피는 우선순위를 지키게 하시며, 서로의 경고를 귀 기울여 듣는 공동체가 되게 하옵소서. 이 준비의 시간을 예수님의 이름으로 기도드립니다. 아멘.

6월 11일

작은 웃음을 허락하신 은혜

마음을 풀어주신 하나님,

오늘 하루를 돌아보며 별것 아닌 순간에 웃음이 나왔던 장면이 떠오릅니다. 상황이 크게 나아진 것도 아니었고, 모든 일이 순조롭지도 않았지만, 짧은 농담 하나와 예상치 못한 말 한마디에 긴장이 잠시 풀렸습니다. 그 웃음 덕분에 마음이 조금 느슨해졌고, 하루를 너무 무겁게만 붙들지 않아도 된다는 여유를 얻었습니다. 그 짧은 순간을 허락하신 은혜를 감사드립니다.

관계를 부드럽게 하신 하나님, 하루 중 함께 있던 사람과 나눈 웃음 속에서 거리감이 조금 줄어드는 것을 느꼈습니다. 그 웃음 덕분에 분위기가 누그러졌고, 서로를 조금 더 편하게 바라볼 수 있었습니다. 서로 마음이 이어질 수 있음을 알게 하시고, 관계가 거칠어지지 않도록 지켜주신 배려를 기억합니다.

하나님, 오늘의 작은 웃음이 제 마음에 남아 하루를 정리하는 데 도움을 주었음을 고백합니다. 모든 문제가 해결되지는 않았지만, 웃을 수 있었다는 사실만으로도 이 하루가 너무 무겁지 않게 남았습니다. 이 소소한 감사가 내일을 대하는 마음에도 이어지기를 바라며, 예수님의 이름으로 기도드립니다. 아멘.

6월 12일

비 오는 창가에서 마음을 가라앉힌 감사

소음 속에서도 중심을 지켜 주시는 하나님,

창밖으로 내리는 비를 바라보며 잠시 자리에 머물 수 있게 하
셔서 감사합니다. 빗소리가 일정한 리듬을 만들자 흩어졌던 생
각이 가라앉았고, 급히 판단하던 마음이 차분해졌습니다. 우산
과 일정만을 걱정하던 시선에서 벗어나, 멈추어 듣는 시간이 하
루의 균형을 회복시킨다는 사실을 깨닫게 하셔서 감사합니다.

마음을 정돈하도록 이끄시는 하나님, 비를 방해로만 여기며
서두르던 태도를 돌아봅니다. 계획이 흐트러질까 조급해졌을
때 실수가 늘었고, 속도를 낮추어 순서를 바꾸었을 때 오히려
일이 또렷해졌음을 보게 됩니다. 환경을 받아들이며 조정하는
태도가 책임이라는 오늘의 묵상을 마음에 새깁니다.

일상의 기준을 바로 세우시는 하나님, 앞으로는 변하는 조건
앞에서 속도를 조절하겠습니다. 날씨와 몸의 상태를 함께 고려
해 일정을 재배치하고, 잠깐의 멈춤을 두려워하지 않겠습니다.
차분한 선택이 일과 관계의 신뢰로 이어지게 하시기를 바라며
예수님의 이름으로 기도드립니다. 아멘.

6월 13일
작은 성취가 마음을 일으킨 감사

성취를 기쁨으로 주시는 하나님,

오늘 손에 잡히지 않을 것만 같던 일이 조금씩 진전되어 작은 결과를 보게 하시니 감사드립니다. 오래 붙잡고 망설였던 부분이 마침내 움직이기 시작했고, 노력의 방향이 틀리지 않았음을 확인하는 순간 마음이 살아났습니다. 작은 한 걸음이 이렇게 큰 위로가 될 줄 몰랐습니다.

일의 흐름을 열어주시는 하나님, 중간중간 멈추고 싶던 마음도 있었지만 잠시 창문을 열어 숨을 고를 때, 밝은 햇빛과 잔잔한 공기가 다시 집중할 힘을 주었습니다. 다시 책상 앞에 앉았을 때 마음은 이전보다 더 견고했고, 작은 진전이 가져온 기대가 오늘을 밝게 비추었습니다. 문제의 크기가 아니라 마음의 방향을 붙들어 주신 하나님께 깊이 감사드립니다.

희망을 심어주시는 하나님, 오늘 이루어낸 이 작은 성취가 내일의 발걸음을 더 넉넉하게 하고 감사의 고백을 잊지 않게 하소서. 예수님의 이름으로 진심을 담아 기도드립니다. 아멘.

6월 14일

함께 먹는 저녁이 관계를 살린 감사

관계를 이어 주시는 하나님,

가족과 함께 식탁에 둘러앉아 같은 음식을 나누며 하루의 간격이 좁혀지게 하셔서 감사합니다. 각자의 일정으로 흩어졌던 시간이 접시에 담긴 온기로 다시 이어졌고, 질문과 대답 사이에서 안부가 자연스럽게 오갔습니다. 서두르지 않고 앉아 있는 선택이 말의 온도를 낮추고 마음을 열게 한다는 사실을 깨닫게 하셔서 감사합니다.

말을 경청하게 하시는 하나님, 조언을 앞세워 대화를 끊어 버리던 태도를 돌아봅니다. 결론을 재촉했을 때 표정이 굳었고, 끝까지 들었을 때 이해가 깊어졌음을 보게 됩니다. 침묵을 허락하고 상대의 속도에 맞추는 것이 존중이라는 오늘의 묵상을 마음에 새깁니다.

일상의 우선을 세워 주시는 하나님, 앞으로는 함께하는 식사 시간을 지키겠습니다. 화면을 내려놓고 질문을 준비하며, 비판보다 공감을 선택하겠습니다. 식탁에서 배운 경청이 가정과 일터의 관계로 이어지게 하시기를 바라며 예수님의 이름으로 기도드립니다. 아멘.

6월 15일

마음에 남은 피로가 조금씩 풀린 감사

피로를 덜어내시는 하나님,

오늘 하루 내내 쌓여 있던 몸과 마음의 피로가 조금씩 풀어지며 숨을 깊이 들이마실 수 있게 하시니 감사드립니다. 무거움이 완전히 사라진 것은 아니어도, 이전보다 가벼워진 마음이 하루의 끝을 견고하게 붙들어 주었습니다. 그 작은 회복이 은혜임을 분명히 느낍니다.

쉼을 허락하시는 하나님, 따뜻한 물에 손을 담그고 천천히 어깨를 돌려보는 짧은 시간 동안, 감정의 긴장이 함께 풀려 나갔습니다. 남겨 두었던 피곤함이 천천히 녹아내리며 마음이 펼쳐졌고, 일상 속 작은 행동 하나에도 회복의 숨결이 담겨 있음을 깨달았습니다. 이러한 세심한 돌봄을 허락하시는 하나님께 감사가 깊어졌습니다.

새 힘을 채우시는 하나님, 오늘 풀린 이 피로가 내일의 새로운 힘으로 변하여 감사의 걸음을 잃지 않게 하소서. 예수님의 이름으로 조용히 기도드립니다. 아멘.

6월 16일

함께 완성하는 과정의 가치를 알게 하신 감사

협력을 일으키시는 하나님,

오늘 하루를 지나며 혼자서는 닿기 어려웠을 결과가 함께였기에 가능했음을 돌아봅니다. 역할이 나뉘고 의견이 오가며 속도가 달라질 때도 있었지만, 방향을 맞추는 대화가 이어졌습니다. 각자의 몫을 성실히 감당한 시간이 모여 하나의 성과로 이어졌음을 보게 하시니 감사드립니다.

신뢰를 쌓게 하시는 하나님, 과정 중에 생긴 오해와 차이를 즉시 단정하지 않고 확인과 조율로 풀어갈 수 있었습니다. 말의 톤을 낮추고 기준을 다시 세우는 선택들이 관계를 지켰습니다. 빠른 결론보다 합의의 시간을 택하게 하시고, 신뢰가 결과의 질을 높인다는 사실을 경험하게 하셔서 감사합니다.

다음을 준비하게 하시는 하나님, 오늘의 협업이 소모로 끝나지 않게 하옵소서. 잘된 점은 나누고 부족한 점은 배움으로 남기게 하시며, 함께 일하는 기쁨이 다음 도전을 여는 힘이 되게 하옵소서. 이 완성의 기쁨을 예수님의 이름으로 기도드립니다. 아멘.

6월 17일

생각을 정리할 기회를 주신 감사

생각을 모아주시는 하나님,

오늘 머릿속에 복잡하게 얽혀 있던 계획들이 하나씩 정리되며 마음이 꽤 가벼워지게 하시니 감사드립니다. 하고 싶은 일도, 해야 할 일도 많았지만 무엇을 우선해야 할지 방향을 세우는 동안 마음속 혼란이 천천히 가라앉았습니다. 질서가 세워지는 은혜를 경험했습니다.

내일의 길을 보여주시는 하나님, 종이에 생각을 적어 내려가며 마음속 무게를 밖으로 내어놓으니, 문제의 크기가 줄어들고 해결할 수 있다는 믿음이 생겼습니다. 정리하고 나니 보이지 않던 길이 조금은 선명해졌고, 오늘 해야 할 것과 내일로 남겨둘 것을 구별할 줄 알게 되었습니다. 이 여유가 참 소중하게 느껴졌습니다.

통찰을 허락하시는 하나님, 오늘 정돈된 마음이 앞으로의 선택에도 이어져 감사와 지혜가 함께 흐르는 삶을 살아가게 하소서. 예수님의 이름으로 마음을 모아 기도드립니다. 아멘.

6월 18일

계절의 변화를 몸으로 느끼게 하신 감사

자연의 흐름을 깨닫게 하시는 하나님,

오늘 하루를 보내며 햇볕의 강도와 공기의 무게가 달라졌음을 몸으로 느낍니다. 옷차림을 바꾸고 생활의 리듬을 조정하며 계절이 전환되고 있음을 받아들입니다. 자연의 신호를 무시하지 않고 삶의 방식을 조금씩 바꾸게 하신 이 깨달음을 은혜로 감사드립니다.

환경을 살피게 하시는 하나님, 더위와 비, 바람의 변화가 개인의 불편을 넘어 사회의 준비와 책임으로 이어져야 함을 생각하게 됩니다. 냉방과 에너지 사용, 농사와 노동의 조건이 서로 얽혀 있음을 봅니다. 계절의 부담이 특정한 이들에게 과도하게 쏠리지 않도록 기준을 세우게 하셔서 감사합니다.

공존을 이끄시는 하나님, 오늘의 적응이 소모가 아니라 지혜가 되게 하옵소서. 자연을 정복의 대상으로 대하지 않게 하시고, 함께 살아갈 조건으로 존중하게 하시며, 작은 절제와 배려가 여름을 안전하게 건너는 힘이 되게 하옵소서. 이 계절의 삶을 예수님의 이름으로 기도드립니다. 아멘.

6월 19일

한 박자 늦출 수 있었던 은혜

서두르지 않게 하신 하나님,

오늘 하루를 돌아보며 바로 반응하지 않아도 되었던 순간들이 있었음을 떠올립니다. 급하게 답을 내리려다 잠시 멈추었고, 즉각 말하지 않아도 상황이 흘러갈 수 있음을 보았습니다. 그 짧은 멈춤 덕분에 일이 더 복잡해지지 않았고, 제 마음도 불필요하게 소모되지 않았습니다. 서두르지 않아도 괜찮다는 여지를 주신 은혜를 감사드립니다.

판단을 지켜주신 하나님, 일정이 어긋나고 요청이 겹쳤을 때 마음이 앞서 흔들렸지만, 우선순위를 다시 세울 수 있었습니다. 다 해결하지 못해도 지금 할 수 있는 것부터 처리하며 흐름을 유지할 수 있었고, 무리한 선택을 피할 수 있었습니다. 완벽한 대응은 아니었지만, 더 나빠지지 않도록 지켜주신 보호를 기억합니다.

하나님, 이제 남은 생각과 피로를 내려놓고 오늘을 마무리하게 하옵소서. 다 하지 못한 일보다 지켜낸 균형을 먼저 보게 하시고, 이 하루가 차분함으로 남게 하옵소서. 이 시간을 주님께 맡기며, 예수님의 이름으로 기도드립니다. 아멘.

6월 20일

기다림 속에 숨은 은혜를 깨닫게 하신 감사

인내를 배우게 하시는 하나님,

오늘 계획했던 일이 생각만큼 빠르게 풀리지 않아 조급함이 올라왔지만, 기다림 속에서 은혜를 발견하게 하시니 감사드립니다. 서둘러 결과를 요구하던 마음을 잠시 내려놓자, 오히려 상황을 더 넓게 바라보게 되었고 지나치려 했던 세밀한 부분들을 다시 살펴보게 되었습니다.

시간을 다루시는 하나님, 기다림의 순간은 쉽지 않았지만 그 안에서 제 마음의 욕심을 보았고, 성급함이 은근히 지나가는 것을 느꼈습니다. 마음을 다잡으며 차분히 준비하는 동안 할 수 있는 일들이 보이기 시작했고, 아직 얻지 못한 것보다 이미 주신 은혜가 더 크다는 사실을 깨닫게 되었습니다. 때문에 기다림조차 감사의 수업이 되었습니다.

소망을 품게 하시는 하나님, 오늘 배운 이 기다림의 은혜가 내일을 준비하는 마음에도 이어져 믿음과 감사로 길을 걷게 하소서. 예수님의 이름으로 진심을 담아 기도드립니다. 아멘.

6월 21일

마음의 어두운 부분을 마주하게 하신 감사

진실을 비춰주시는 하나님,

오늘 내면 깊은 곳에 숨겨두었던 불만과 두려움, 비교의 마음을 바라보게 하시니 감사드립니다. 외면하고 싶었던 감정이었지만, 하나님 앞에 솔직히 내어놓는 순간 마음의 무게가 조금씩 가벼워졌습니다. 있는 그대로의 나를 마주하게 하신 것이 은혜였습니다.

치유를 시작하시는 하나님, 감정을 덮어두는 대신 이름을 붙이고 고백하니, 해결의 실마리가 보이기 시작했습니다. 나약한 부분과 부족함을 인정하는 것이 부끄럽기만 했던 예전과 달리, 오늘은 돌봄의 자리로 나아갈 용기가 생겼습니다. 상처와 불안을 숨기지 않아도 괜찮다고 말씀하시는 하나님, 그 음성 앞에 감사가 스며들었습니다.

회복으로 이끄시는 하나님, 오늘 직면한 마음이 치유의 길로 이어져 감사가 더 깊어지고, 내일은 더 가볍고 정직하게 살아가게 하소서. 예수님의 이름으로 조용히 기도드립니다. 아멘.

감사의 이유가 많다는 것을 깨달은 감사

감사를 일깨우시는 하나님,

오늘 별다른 사건 없이 흘러간 하루였지만, 돌아보니 감사할 줄거리가 곳곳에 숨어 있었음을 깨닫게 하시니 감사드립니다. 숨 쉬는 일, 걸을 수 있는 몸, 밥을 먹을 수 있는 평안한 자리, 연락을 주고받을 사람이 있다는 사실조차 큰 은혜였습니다. 마음이 깨어지지 않았다면 지나쳤을 기쁨이 오늘은 선명히 보였습니다.

눈을 열어주시는 하나님, 감사 제목을 하나씩 떠올리다 보니 적을수록 더 많아졌고, 작게 생각했던 것들이 사실은 삶을 지탱해 주는 중요한 선물임을 깨달았습니다. 감사는 상황이 만들기보다 마음이 발견한다는 사실을 배웠습니다. 오늘을 살아내는 숨과 걸음 속에서 이미 주신 은혜를 확인하니 마음이 따뜻해졌습니다.

감사를 이어가게 하시는 하나님, 오늘 발견한 감사의 마음이 흐르지 않게 붙들어 주시고 내일도 주어진 하루에서 은혜를 먼저 찾는 눈을 갖게 하소서. 예수님의 이름으로 진심을 담아 기도드립니다. 아멘.

지켜 전해지는 가치로 오늘을 살게 하신 감사

기억을 보듬으시는 하나님,

오늘 하루를 지나며 오래된 건물과 기록, 노래와 언어 같은 문화의 흔적들이 우리의 일상에 조용히 숨 쉬고 있음을 떠올립니다. 빠르게 바뀌는 시대 속에서도 지켜온 것들이 있어 우리가 어디서 왔는지 잊지 않게 됩니다. 당장의 효율보다 시간을 견딘 가치를 알아보게 하시고, 오늘의 삶을 뿌리 위에 놓이게 하신 은혜를 감사드립니다.

공공의 기억을 살피시는 하나님, 문화재를 보존하고 기록을 정리하며 이야기를 전하는 이들의 꾸준한 수고를 생각합니다. 눈에 띄지 않아도 기준을 지키고 사실을 남기는 작업이 공동체의 정체성을 지켜 줍니다. 파괴보다 보존을, 왜곡보다 정확을 선택하는 태도가 사회의 신뢰를 만든다는 사실을 깨닫게 하셔서 감사합니다.

다음 세대를 준비하시는 하나님, 오늘의 보호가 과거에 머무르지 않게 하옵소서. 전통을 박제하지 않되 함부로 소모하지 않게 하시고, 새로움과 계승이 균형을 이루게 하옵소서. 이 문화의 책임을 주님께 맡기며, 예수님의 이름으로 기도드립니다. 아멘.

6월 24일

갈등의 온도를 낮추는 선택을 허락하신 감사

마음을 가라앉히시는 하나님,

오늘 하루를 지나며 작은 오해와 날 선 말이 갈등으로 번질 수 있었던 순간들을 떠올립니다. 즉각 반박하기보다 한 박자 늦추어 듣는 선택을 할 수 있었고, 감정이 앞서기 전에 상황을 정리할 여지가 있었습니다. 문제를 키우지 않고 낮추는 길을 택하게 하신 이 여백을 은혜로 감사드립니다.

중재의 길을 보여주시는 하나님, 관계의 경계에서 말의 수위를 조절하고 기준을 확인하는 과정이 필요했음을 배웁니다. 옳고 그름을 가르는 싸움보다 서로의 입장을 분리해 살피는 태도가 상황을 풀어 주었습니다. 타협이 원칙을 버리는 일이 아니라, 공동의 안전을 지키는 선택이 될 수 있음을 깨닫게 하셔서 감사합니다.

화해를 가능하게 하시는 하나님, 오늘의 조정이 임시 봉합으로 끝나지 않게 하옵소서. 필요한 사과와 설명이 이어지게 하시고, 다시 만날 수 있는 신뢰의 바닥을 남기게 하시며, 갈등을 통해 더 성숙한 규칙을 세우게 하옵소서. 이 관계의 회복을 예수님의 이름으로 기도드립니다. 아멘.

6월 25일

작은 친절에 마음이 따뜻해진 감사

선함을 심으시는 하나님,

오늘 예상치 못한 순간에 작은 친절을 받게 하시니 감사드립니다. 문을 잡아주던 손길, 미소로 건네던 인사, 잠시 자리를 양보해 준 모습 하나가 마음의 온도를 높였습니다. 사소한 배려에도 감사가 흐르는 하루였습니다.

따뜻함을 나누게 하시는 하나님, 이 작은 친절은 오래 남아 저를 부드럽게 만들었고, 저 역시 누군가에게 따뜻하게 대하고 싶다는 마음을 품게 했습니다. 친절은 큰 행동이 아니라 마음의 방향임을 배우며, 작은 표현도 누군가에게 큰 위로가 될 수 있음을 느꼈습니다. 하나님께서 사람 사이에 온기를 흘려보내셨습니다.

사랑을 이어가게 하시는 하나님, 오늘 받은 이 따뜻함이 내일 누군가에게 흘러가게 하시고, 감사로 채워진 마음이 관계 속에서 열매 맺게 하소서. 예수님의 이름으로 진심을 담아 기도드립니다. 아멘.

6월 26일

몸의 살핌으로 일상을 지켜주신 감사

몸의 신호를 알아차리게 하시는 하나님,

오늘 하루를 지나며 사소해 보였던 증상과 컨디션의 변화에 귀 기울이게 되었습니다. 미루지 않고 점검하고, 필요할 때 도움을 구하는 선택이 하루를 안전하게 만들었습니다. 괜찮다고 넘기기보다 살피는 쪽을 택하게 하시고, 예방이 가장 현실적인 돌봄임을 알게 하신 은혜를 감사드립니다.

치유의 현장을 세우시는 하나님, 병원과 약국, 검진실에서 정확을 지키려는 손길들이 이어지고 있음을 떠올립니다. 설명 한 문장과 결과 한 줄에 책임을 담는 성실함이 신뢰를 만들었습니다. 바쁜 환경 속에서도 기준을 놓치지 않게 하시고, 환자를 숫자가 아니라 사람으로 대하게 하셔서 감사합니다.

회복의 길을 여시는 하나님, 오늘의 관리가 불안으로 흐르지 않게 하옵소서. 필요한 조치를 꾸준히 이어가되 과도한 걱정에 머물지 않게 하시고, 일상의 리듬을 지키며 몸과 마음을 함께 돌보게 하옵소서. 이 삶의 건강을 주님께 맡기며, 예수님의 이름으로 기도드립니다. 아멘.

6월 27일

천천히 읽은 페이지가 하루를 가라앉힌 감사

집중의 방향을 가다듬으시는 하나님,

업무를 마친 뒤 책을 펼쳐 몇 쪽을 천천히 읽으며 마음의 속도가 내려가게 하셔서 감사합니다. 표시해 둔 문장을 다시 따라가자 이해가 깊어졌고, 급히 넘기지 않으니 질문이 또렷해졌습니다. 많이 읽지 않아도 충분히 남는 시간이 하루의 마무리를 안정시킨다는 사실을 알게 하셔서 감사합니다.

생각을 정돈하게 하시는 하나님, 성과를 이유로 독서를 서둘렀던 태도를 돌아봅니다. 요약만 남겼을 때 기억이 흐려졌고, 문맥을 따라 멈추었을 때 판단이 차분해졌음을 보게 됩니다. 읽기의 속도를 낮추는 선택이 사고의 균형을 회복하게 한다는 오늘의 묵상을 마음에 새깁니다.

생활의 기준을 세워 주시는 하나님, 앞으로는 읽기의 양보다 깊이를 우선하겠습니다. 필요한 곳에서 멈추고 기록을 남기며, 배운 내용을 말과 행동으로 조용히 옮기겠습니다. 차분한 독서의 태도가 일과 관계의 신뢰로 이어지게 하시기를 바라며 예수님의 이름으로 기도드립니다. 아멘.

6월 28일

창문을 열며 하루의 공기를 바꾼 감사

생활의 숨결을 새롭게 하시는 하나님,

아침에 창문을 열어 바람을 들이며 공간의 공기가 달라지는 변화를 느끼게 하셔서 감사합니다. 밤새 쌓였던 답답함이 빠져나가자 생각도 함께 정리되었고, 환기가 집중과 기분에 직접적인 영향을 준다는 사실을 몸으로 알게 되었습니다. 작은 행동 하나가 하루의 컨디션을 좌우한다는 깨달음을 주셔서 감사합니다.

시선을 현재로 돌리시는 하나님, 익숙함에 기대어 환경을 점검하지 않던 태도를 돌아봅니다. 환기를 미뤘을 때 머리가 무거웠고, 잠깐의 정비로 업무의 정확성이 높아졌음을 보게 됩니다. 공간을 돌보는 일이 마음을 돌보는 일과 맞닿아 있다는 오늘의 묵상을 마음에 새깁니다.

일상의 기준을 세워 주시는 하나님, 앞으로는 하루의 시작에 환경을 점검하겠습니다. 공기와 빛, 소음을 살피며 집중에 방해가 되는 요소를 정리하겠습니다. 정돈된 공간이 말과 행동의 안정으로 이어지게 하시기를 바라며 예수님의 이름으로 기도드립니다. 아멘.

6월 29일

하루를 마주할 용기를 주신 은혜

자리를 떠나지 않게 하신 하나님,

오늘 하루를 돌아보며 피하고 싶었던 장면 앞에서도 완전히 등을 돌리지는 않았음을 기억합니다. 마음이 내키지 않아도 해야 할 대화에 응했고, 미뤄 두었던 일 하나를 다시 꺼내 손에 올릴 수 있었습니다. 잘 해냈다고 말하기는 어렵지만, 도망치지 않았다는 사실 하나가 오늘을 지나오게 한 힘이었음을 감사드립니다.

하나님, 하루 중 마음이 불편해지는 말과 예상하지 못한 분위기도 지나갔습니다. 즉시 해결되지는 않았고, 속이 개운해지지도 않았지만, 감정을 키우지 않고 상황을 넘길 수 있었습니다. 말 한마디를 줄이고, 반응을 늦췄던 그 선택 덕분에 일이 더 복잡해지지 않았음을 돌아보며 지켜주신 은혜를 기억합니다.

하루를 내려놓게 하신 하나님, 이제 오늘의 미진함과 피로를 더 붙들지 않게 하옵소서. 잘 풀리지 않은 장면보다 끝까지 자리를 지켰다는 사실을 먼저 보게 하시고, 이 하루가 헛되지 않았음을 마음으로 받아들이게 하옵소서. 이 시간을 주님께 맡기며, 예수님의 이름으로 기도드립니다. 아멘.

6월 30일

한 달을 은혜롭게 마무리하게 하신 감사

끝맺음을 인도하시는 하나님,

오늘로 6월을 무사히 마무리하게 하시니 감사드립니다. 때로는 서두르고 흔들리던 순간도 있었지만 하나님께서 하루하루를 붙들어 주셨기에 이 달을 넘어올 수 있었습니다. 지난 날을 떠올릴 때, 크고 작은 감사의 흔적들이 마음에 한 겹씩 쌓여 따뜻한 여운을 남깁니다.

기억을 새겨주시는 하나님, 완벽하지 않은 날도 있었지만 그 가운데 주셨던 깨달음, 위로, 작은 휴식, 미소 하나까지 모두 은혜였습니다. 놓칠 뻔한 감사와 잊힌 순간들을 다시 떠올리자 한 달이 선물처럼 느껴졌고, 모든 과정이 성장의 자리가 되었음을 고백합니다.

다음 걸음을 준비시키시는 하나님, 오늘의 감사가 7월의 첫걸음을 밝히는 빛이 되어 새로운 달에도 은혜를 발견하는 삶을 살아가게 하소서. 예수님의 이름으로 진심을 담아 기도드립니다. 아멘.

또 너희가 기도할 때에
이루어질 것을 믿으면서 구하는 것은
무엇이든지 다 받을 것이다
(새번역, 마태복음 21:22)

햇살처럼
감사가 번져가는 계절

7월 1일

새로운 달을 맞게 하신 감사

새 시작을 허락하시는 하나님,

오늘 첫 페이지를 여는 마음으로 7월의 문을 지나게 하시니 감사드립니다. 달력이 바뀐다는 사실만으로도 마음에 새 바람이 스며들고, 다시 걸음을 단단히 고쳐 디디는 용기가 생겼습니다. 미처 정리하지 못한 지난달의 흔적을 뒤로하고 새로운 기대를 품게 하신 은혜가 따뜻하게 다가옵니다.

기대를 심으시는 하나님, 문득 걷는 길가의 나무잎도 더 짙어진 색을 띠고, 짧은 바람조차 여름의 냄새를 품고 있어 계절이 바뀌었음을 알았습니다. 시간의 변화 속에서 마음도 새롭게 하고, 감사의 이유를 더 깊이 찾고 싶어졌습니다. 새로운 달은 그 자체로 주신 선물임을 고백합니다.

한 달을 인도하실 하나님, 오늘의 이 첫 기도가 7월의 모든 날을 감사로 채우는 시작이 되게 하소서. 예수님의 이름으로 고백하며 기도드립니다. 아멘.

7월 2일

바람결 속에서 위로를 느낀 감사

위로를 건네주시는 하나님,

오늘 뜨거운 날씨 속에서도 갑작스레 스친 시원한 바람이 마음까지 식혀 주니 감사했습니다. 숨이 턱 막히던 순간 잠시 멈춰 서자, 바람 한 줄기만으로도 생각이 정리되고, 머릿속의 무게가 가라앉는 것을 느꼈습니다. 작은 바람임에도 제 마음은 뜻밖의 위로를 받았습니다.

자연을 통해 말씀하시는 하나님, 나뭇잎이 바람을 따라 흔들릴 때 잔잔한 소리가 마치 위로의 속삭임처럼 들렸습니다. 아무 말 없이도 마음이 부드러워지고, 걱정이 서서히 정리되었습니다. 답을 찾지 못했던 상황 속에서도 하나님께서 제 곁을 지키고 계심을 알게 하셨습니다.

평안을 심어주시는 하나님, 오늘 제게 머물렀던 이 바람 같은 위로가 내일에도 계속되어 감사의 고백이 흐르게 하소서. 예수님의 이름으로 조용히 기도드립니다. 아멘.

7월 3일

이른 준비가 하루를 지켜 준 감사

앞날을 미리 살피시는 하나님,

아침에 일정과 준비물을 점검하며 서두름을 줄이게 하셔서 감사합니다. 전날에 챙겨 둔 가방과 확인해 둔 동선 덕분에 이동이 한결 수월했고, 작은 준비가 마음의 여유를 만들었습니다. 급하게 뛰어들지 않아도 하루가 충분히 흘러간다는 사실을 몸으로 알게 하셔서 감사합니다.

판단을 안정으로 이끄시는 하나님, 늘 상황에 맞닥뜨린 뒤에야 대응하려 했던 태도를 돌아봅니다. 준비가 없을 때는 불안이 앞섰고, 미리 점검했을 때는 선택이 단순해졌음을 보게 됩니다. 예상하고 대비하는 일이 걱정을 키우는 것이 아니라 책임을 가볍게 한다는 오늘의 묵상을 마음에 새깁니다.

일상의 기준을 세워 주시는 하나님, 앞으로는 하루의 시작 전에 점검을 습관으로 삼겠습니다. 일정과 준비물을 확인하고 여유를 남기며, 돌발 상황에도 차분히 대응하겠습니다. 준비에서 배운 태도가 일과 관계의 신뢰로 이어지게 하시기를 바라며 예수님의 이름으로 기도드립니다. 아멘.

7월 4일

비를 대비한 준비가 마음을 지켜 준 감사

일상의 안전을 미리 살피시는 하나님,

갑작스러운 비 소식에 우산을 챙기고 신발을 바꾸는 준비로 이동이 한결 수월해지게 하셔서 감사합니다. 젖은 바닥을 고려해 보폭을 줄이자 사고의 위험이 낮아졌고, 일정에 여유를 두는 선택이 마음의 긴장을 풀어 주었습니다. 대비가 불안을 키우는 것이 아니라 오히려 평정을 지킨다는 사실을 경험하게 하셔서 감사합니다.

판단을 차분히 세우시는 하나님, 상황이 닥친 뒤에야 움직이려 했던 습관을 돌아봅니다. 예보를 흘려보냈을 때 번거로움이 커졌고, 미리 점검했을 때 흐름이 안정되었음을 보게 됩니다. 작은 준비가 하루의 질서를 만든다는 오늘의 묵상을 마음에 새깁니다.

생활의 기준을 단단히 하시는 하나님, 앞으로는 변화를 예상하며 준비하겠습니다. 날씨와 일정, 몸의 상태를 함께 고려해 여유를 남기고, 안전과 배려를 우선하겠습니다. 준비에서 배운 태도가 일과 관계의 신뢰로 이어지게 하시기를 바라며 예수님의 이름으로 기도드립니다. 아멘.

7월 5일

세탁을 마치며 일상의 기준을 다시 세운 감사

생활의 세세한 부분을 돌보시는 하나님,

쌓아 두었던 빨래를 분류하고 세탁을 마치며 미뤄 둔 일들이 정리되는 경험을 하게 하셔서 감사합니다. 색과 재질을 나누고 시간을 지키는 과정에서 작은 부주의가 번거로움을 키운다는 사실을 다시 배우게 되었습니다. 당장 눈에 띄지 않는 일이라도 제때 처리할 때 공간과 마음이 함께 가벼워진다는 깨달음을 주셔서 감사합니다.

질서의 가치를 가르치시는 하나님, 바쁘다는 이유로 기본을 뒤로 미루던 태도를 돌아봅니다. 한꺼번에 처리하려다 오히려 시간이 더 걸렸고, 순서를 지켰을 때 일이 수월해졌음을 보게 됩니다. 생활의 기본을 존중하는 태도가 피로를 줄이고 하루의 흐름을 안정시킨다는 묵상을 마음에 새깁니다.

일상의 습관을 다듬어 주시는 하나님, 앞으로는 미루기보다 나누어 처리하겠습니다. 작은 정리를 그때그때 실천하며, 보이지 않는 관리에도 책임을 기울이겠습니다. 생활의 기본을 지키는 성실함이 삶 전반의 신뢰로 이어지게 하시기를 바라며 예수님의 이름으로 기도드립니다. 아멘.

7월 6일

예술의 숨결로 마음을 쉬게 하신 감사

감각을 깨우시는 하나님,

오늘 하루를 지나며 음악 한 곡과 장면 하나가 마음의 결을 바꾸는 경험을 했습니다. 길을 걷다 들린 선율, 잠시 멈춰 바라본 그림과 문장이 생각의 속도를 늦춰 주었습니다. 거창하지 않아도 감각을 쉬게 하는 시간이 필요하다는 사실을 알게 하시고, 그 여백을 허락하신 은혜를 감사드립니다.

표현을 열어주시는 하나님, 말로 다 담기 어려운 감정이 예술의 언어를 통해 정리되는 순간을 보았습니다. 웃음과 울림, 공감과 위로가 동시에 찾아와 하루의 무게가 가벼워졌습니다. 소비로 지나치지 않고, 느끼고 남기는 태도를 선택하게 하셔서 감사합니다.

일상으로 돌려보내시는 하나님, 오늘의 울림이 현실을 피하는 이유가 되지 않게 하옵소서. 예술이 준 쉼이 다시 책임과 관계로 이어지게 하시고, 마음이 회복된 만큼 주변을 더 섬기게 하옵소서. 이 감사의 시간을 예수님의 이름으로 기도드립니다. 아멘.

7월 7일

장바구니를 채우며 절제를 배운 감사

필요를 분별하게 하시는 하나님,

마트에서 장을 보며 목록을 확인하고 필요한 것만 고르게 하셔서 감사합니다. 진열대의 유혹 앞에서도 계획을 떠올리자 지출이 단순해졌고, 제철 식재료를 고르는 선택이 식탁의 질을 높였습니다. 과하지 않은 준비가 냉장고와 마음을 함께 가볍게 한다는 사실을 깨닫게 하셔서 감사합니다.

판단을 차분히 세우시는 하나님, 할인과 편리함에 이끌려 목적을 잊던 태도를 돌아봅니다. 즉흥적으로 담았을 때 남김이 늘었고, 목록을 따랐을 때 낭비가 줄었음을 보게 됩니다. 선택의 기준을 세우는 일이 자유를 제한하는 것이 아니라 생활을 보호한다는 오늘의 묵상을 마음에 새깁니다.

생활의 기준을 단단히 하시는 하나님, 앞으로는 장보기를 계획으로 진행하겠습니다. 필요한 양과 사용 순서를 고려해 고르고, 남기지 않으며, 함께 먹는 이들의 건강을 먼저 생각하겠습니다. 절제의 습관이 가정과 일상의 신뢰로 이어지게 하시기를 바라며 예수님의 이름으로 기도드립니다. 아멘.

7월 8일

마음의 방향을 조용히 가다듬게 하신 감사

생각을 바로 세우시는 하나님,

오늘 어수선했던 마음이 하루의 흐름 속에서 조금씩 가라앉고, 방향이 다시 정돈되게 하시니 감사드립니다. 해야 할 일들이 뒤엉켜 보였지만, 잠시 멈추어 숨을 고르자 무엇을 먼저 해야 할지 천천히 보이기 시작했습니다. 마음의 중심을 잃지 않도록 붙들어주신 은혜를 고백합니다.

분별을 주시는 하나님, 작은 일부터 차근히 정리하며 나아가자 마음이 복잡하던 이유도 선명하게 드러났고, 해결해야 할 부분이 하나씩 정리되었습니다. 억지로 밀어붙이기보다 차분히 바라보게 하셨고, 그 과정 속에서 감사가 다시 살아났습니다. 생각이 흐르는 자리마다 하나님께서 함께하심을 느끼니 마음이 한층 가벼워졌습니다.

평온을 허락하시는 하나님, 오늘 세워진 이 마음의 방향이 내일의 걸음에도 이어져 감사가 기준이 되는 삶을 살아가게 하소서. 예수님의 이름으로 고백하며 기도드립니다. 아멘.

7월 9일

작은 친절을 베풀 기회를 주신 감사

마음을 열어주신 하나님,

오늘 하루를 지나며 굳이 나서지 않아도 되었을 순간에 한 번 더 생각하게 하시니 감사합니다. 바쁜 흐름 속에서도 먼저 문을 잡아주고, 짧은 말 한마디로 상황을 부드럽게 할 수 있었던 장면이 있었습니다. 대단한 선행은 아니었지만, 그냥 지나칠 수도 있었던 순간에 멈출 수 있었던 그 마음의 여유가 오늘 제게 주어진 은혜였음을 고백합니다.

관계를 잇게 하신 하나님, 작은 친절 하나로 분위기가 달라지는 것을 보았습니다. 표정이 풀리고, 말의 톤이 누그러지며, 서로를 조금 덜 경계하게 되는 변화가 있었습니다. 큰 설명이나 긴 대화 없이도 관계의 결이 부드러워질 수 있음을 알게 하시고, 그 짧은 순간에 제가 쓰임받게 하신 배려를 기억합니다.

삶의 방향을 가르치신 하나님, 오늘의 작은 친절이 제 마음에도 남아 하루를 정리하는 데 힘이 되었음을 감사드립니다. 거창하지 않아도 누군가에게 도움이 될 수 있다는 경험을 잊지 않게 하시고, 이런 선택이 내일의 태도로 이어지게 하옵소서. 이 하루를 주님께 맡기며, 예수님의 이름으로 기도드립니다. 아멘.

7월 10일

감정을 솔직히 내려놓게 하신 감사

마음을 비추어 보게 하신 하나님,

하루를 지나며 애써 눌러 두었던 감정이 제 안에 쌓여 있었음을 알아차리게 하시니 감사합니다. 괜찮은 척 넘겼던 서운함과 말하지 못했던 답답함이 마음을 무겁게 했지만, 그것을 부정하지 않고 바라볼 수 있었습니다. 숨기지 않아도 된다는 사실을 깨닫게 하시고, 스스로를 속이지 않게 하신 은혜를 감사드립니다.

속을 아시는 하나님, 감정을 정리하지 못한 채 버티던 순간에 주님 앞에서는 솔직해질 수 있었습니다. 말로 다 설명하지 못해도 마음을 내려놓을 수 있었고, 감정을 정리하려 애쓰기보다 잠시 멈춰 둘 수 있었습니다. 다 해결되지는 않았지만, 더 이상 쥐고 있지 않아도 된다는 안도가 제 마음을 가볍게 했음을 기억합니다.

짐을 덜어주시는 하나님, 오늘은 감정을 억지로 다스리기보다 내려놓는 선택을 하게 하시니 감사합니다. 솔직함이 약함이 아니라 쉼이 될 수 있음을 잊지 않게 하시고, 이렇게 비워낸 마음으로 내일을 맞이하게 하옵소서. 이 하루의 고백을 주님께 맡기며, 예수님의 이름으로 기도드립니다. 아멘.

7월 11일

뜻밖의 배움을 얻은 감사

배움을 열어주시는 하나님,

오늘은 평범한 날처럼 보였지만 생각지 못한 순간에 새로운 배움을 얻게 하시니 감사드립니다. 스쳐 지나갈 수 있었던 이야기 속에서, 혹은 짧은 문장 하나에서 오래 묵혀둔 고민의 실마리를 발견하게 하셨습니다. 하찮게 여겼던 대화가 지혜가 되어 다가왔고, 오늘이 어제와 다른 속도로 마음에 스며들었습니다. 제 생각보다 넓고 깊게 일하시는 하나님을 다시 경험했습니다.

깨달음을 자라게 하시는 하나님, 배우고 깨닫는 일은 항상 특별한 자리에서만 일어나는 것이 아니라는 것을 알게 되었습니다. 일상 속 사소한 순간이라도 마음만 열려 있다면 은혜는 언제든 찾아온다는 사실을 느꼈습니다. 오늘 들은 말, 보았던 장면, 문득 떠오른 생각 하나가 어둡던 마음을 밝히고 시야를 새롭게 했습니다. 배우는 기쁨이 이렇게 잔잔한 감사가 되리라 생각지 못했습니다.

생각을 넓히시는 하나님, 오늘 얻은 이 배움이 내일의 선택과 행동에도 살아 움직여 감사의 깊이를 더하게 하소서. 예수님의 이름으로 진심을 다해 기도드립니다. 아멘.

7월 12일
불편했던 마음이 부드러워진 감사

굳은 마음을 녹여주시는 하나님,

오늘 아침엔 사소한 일로 마음이 불편하고 예민해졌지만, 시간이 지나며 감정이 가라앉고 다시 온화함을 회복하게 하시니 감사드립니다. 마음이 불편할 때엔 작은 일도 크게 느껴지고 누군가의 말조차 날카롭게 들렸지만, 하나님께 제 마음을 잠시 올려드리는 동안 감정의 모서리가 천천히 둥글어졌습니다. 억지로 해결하려던 태도가 내려가고, 조용한 기도가 저를 다독였습니다.

평안을 채워주시는 하나님, 잠시 자리를 비우고 바람을 쐬며 하늘을 바라보았을 때 마음 한편에 놓였던 긴장이 천천히 흘러내렸습니다. 누군가가 건넨 가벼운 미소와 짧은 안부도 위로가 되었고, 말하지 않아도 괜찮다는 그 온기가 감정의 매듭을 풀어주었습니다. 불편함을 외면하지 않고 마주할 수 있었음에, 그리고 그 속에서 감사의 이유를 발견하게 하셨음에 감사합니다.

마음을 새롭게 하시는 하나님, 오늘 부드러워진 마음이 내일의 관계에도 이어져 더 관대하게, 더 감사하게 반응하게 하소서. 예수님의 이름으로 고백하며 기도드립니다. 아멘.

7월 13일

서로를 살피는 여름을 살게 하신 감사

일상의 체온을 돌보시는 하나님,

오늘 하루를 보내며 햇볕이 길게 머무는 시간 속에서도 물을 챙기고 그늘을 찾는 작은 선택들이 하루를 지켜 주었음을 떠올립니다. 냉수 한 잔과 짧은 휴식이 몸의 균형을 되돌려 주었습니다. 무리하지 않고 신호에 반응하게 하시며, 평범한 관리가 가장 현실적인 보호임을 알게 하신 은혜를 감사드립니다.

이웃을 생각나게 하시는 하나님, 더위에 취약한 어르신과 아이들, 현장에서 일하는 사람들의 얼굴이 마음에 스쳤습니다. 안부를 묻고 문을 열어두며 냉방을 나누는 선택이 관계의 온도를 낮추었습니다. 개인의 편의를 넘어 서로의 안전을 먼저 두는 판단이 공동체를 살린다는 사실을 깨닫게 하셔서 감사합니다.

공공의 책임을 일깨우시는 하나님, 오늘의 배려가 일회성 친절로 끝나지 않게 하옵소서. 폭염 대응의 기준과 지원이 지속되게 하시고, 취약한 자리부터 살피는 우선순위를 지키게 하시며, 이 여름을 함께 건너는 힘을 모으게 하옵소서. 이 계절의 삶을 예수님의 이름으로 기도드립니다. 아멘.

7월 14일

마음에 남은 작은 상처를 어루만지신 감사

치유의 터치를 주시는 하나님,

오늘 문득 오래된 기억이 떠올라 마음이 아리게 했지만, 그 상처 위에 조용히 위로를 얹어 주시니 감사드립니다. 잊은 줄 알았던 감정이 되살아났음에도, 예전과 달리 흔들리지 않고 바라볼 수 있었던 것은 하나님께서 마음을 지켜주셨기 때문입니다. 상처를 외면하는 것이 아니라 인정하고 품을 수 있게 하신 은혜를 기억합니다.

새살을 돋게 하시는 하나님, 상한 마음을 기도 속에 천천히 내려놓는 동안 눈가가 조금 뜨거워졌지만, 그 눈물 뒤에 평안이 찾아왔습니다. 예전 같으면 원망이나 두려움으로 가득찼을 자리였으나, 오늘은 감사로 마무리될 수 있었습니다. 상처는 사라지지 않았지만, 그 위에 쌓인 은혜가 더 크게 느껴졌습니다.

회복의 길로 이끄시는 하나님, 오늘 만져주신 이 마음이 내일 더 단단해지고 부드러워져 감사의 사람으로 살아가게 하소서. 예수님의 이름으로 고백하며 기도드립니다. 아멘.

7월 15일

정비의 손길로 하루를 바로 세운 감사

생활의 균형을 살피시는 하나님,

자전거를 점검하며 공기압과 브레이크를 확인하는 시간을 통해 안전의 기본을 다시 배우게 하서서 감사합니다. 작은 소음과 흔들림을 그냥 넘기지 않고 손을 보태자 움직임이 한결 부드러워졌고, 미리 손보는 선택이 사고를 막는다는 사실을 몸으로 알게 되었습니다. 보이지 않는 준비가 일상의 신뢰를 지킨다는 깨달음을 주서서 감사합니다.

판단을 차분히 세우시는 하나님, 바쁘다는 이유로 점검을 미루던 태도를 돌아봅니다. 문제가 커진 뒤에야 대응했을 때 수고가 늘었고, 초기에 살폈을 때 부담이 줄어들었음을 보게 됩니다. 기본을 지키는 반복이 속도를 늦추지 않는다는 오늘의 묵상을 마음에 새깁니다.

일상의 기준을 단단히 하시는 하나님, 앞으로는 사용 전 점검을 습관으로 삼겠습니다. 안전과 질서를 먼저 고려하고, 작은 이상에도 즉시 조치하며, 함께 사용하는 이들을 배려하겠습니다. 정비에서 배운 성실함이 일과 관계의 신뢰로 이어지게 하시기를 바라며 예수님의 이름으로 기도드립니다. 아멘.

7월 16일

물가에서 여름을 건너는 법을 배운 감사

몸의 안전을 먼저 살피시는 하나님,

무더운 날씨 속에서 물가를 찾으며 준비와 규칙을 점검하게 하셔서 감사합니다. 수분을 충분히 챙기고 그늘에서 쉬는 시간을 배치하자 몸의 부담이 줄었고, 안내 표지와 안전 수칙을 따르는 선택이 마음의 긴장을 낮추었습니다. 즐거움보다 안전을 앞세우는 태도가 여름을 지혜롭게 건너게 한다는 사실을 경험하게 하셔서 감사합니다.

판단을 차분히 세워 주시는 하나님, 순간의 흥분에 이끌려 경계를 낮추려 했던 태도를 돌아봅니다. 주변의 신호를 무시했을 때 위험이 커졌고, 규칙을 지켰을 때 모두가 편안해졌음을 보게 됩니다. 자유는 책임 위에서 유지된다는 오늘의 묵상을 마음에 새깁니다.

일상의 기준을 단단히 하시는 하나님, 앞으로는 여가의 자리에서도 준비와 절제를 지키겠습니다. 몸의 상태를 살피고 휴식을 계획에 포함하며, 함께하는 이들의 안전을 먼저 고려하겠습니다. 배려와 절제가 즐거움을 오래 지키게 하시기를 바라며 예수님의 이름으로 기도드립니다. 아멘.

7월 17일

뜻밖의 격려를 받게 하신 감사

마음을 일으켜 세우신 하나님,

하루를 보내며 전혀 예상하지 못했던 말 한마디가 제 마음에 오래 남았습니다. 특별한 설명도, 길게 이어진 대화도 아니었지만, 그 짧은 격려 덕분에 스스로를 조금 덜 몰아세울 수 있었습니다. 지쳐 있던 마음이 잠시 멈추어 숨을 고를 수 있었고, 오늘을 괜히 버텨온 것이 아니라는 생각이 들었습니다. 그 순간을 허락하신 은혜를 감사드립니다.

사람을 통해 위로하신 하나님, 격려의 말이 꼭 거창할 필요는 없다는 것을 오늘 알게 하셨습니다. 누군가의 인정이나 공감이 이렇게 직접적으로 힘이 될 수 있음을 경험하게 하시고, 제 마음이 굳어지지 않도록 풀어주셨습니다. 혼자 감당하고 있다고 느끼던 시간 속에서도 제 곁을 살피고 계셨음을 그 말을 통해 깨닫게 하시니 감사합니다.

하나님, 오늘 받은 격려를 마음에만 머물게 하지 않게 하옵소서. 이 힘을 붙들고 다시 하루를 살아갈 수 있게 하시고, 언젠가는 저도 누군가에게 같은 격려를 건넬 수 있는 사람이 되게 하옵소서. 예수님의 이름으로 기도드립니다. 아멘.

7월 18일

말을 아낄 수 있었던 감사

입술을 지켜주신 하나님,

하루를 보내며 굳이 말하지 않아도 되었던 순간에 멈출 수 있었음을 돌아봅니다. 즉각 반응했다면 더 복잡해졌을 상황에서 한 박자 늦추었고, 짧은 침묵으로 흐름이 지나가게 둘 수 있었습니다. 말을 줄였을 뿐인데 마음의 소모가 적어졌고, 불필요한 오해도 피할 수 있었습니다. 그 선택의 여지를 허락하신 은혜를 감사드립니다.

상황을 읽게 하신 하나님, 대화의 온도가 올라갈 때 끝까지 설명하려 하기보다 듣는 쪽을 택할 수 있었습니다. 모든 뜻이 맞아떨어지지는 않았지만, 관계가 더 거칠어지지 않도록 선을 지킬 수 있었습니다. 말보다 태도가 먼저 전해지는 순간이 있음을 알게 하시고, 그 균형을 지켜주신 보호를 기억합니다.

하루를 정돈하게 하신 하나님, 오늘의 침묵이 미뤄짐이 아니라 선택이었음을 받아들이게 하옵소서. 덜 말했기에 남겨진 여유를 귀하게 여기고, 이 경험이 내일의 대화를 더 신중하게 이끌게 하옵소서. 이 하루의 감사를 주님께 맡기며, 예수님의 이름으로 기도드립니다. 아멘.

7월 19일

일상의 소음을 잠잠하게 하신 감사

고요를 부어주시는 하나님,

오늘은 마음속이 유난히 시끄럽고 생각이 앞서가려 했지만, 하나님께서 조용히 마음을 가라앉혀 주시니 감사드립니다. 분주한 일과 말들 사이에서 잠시 멈추고 숨을 고르는 동안 내면의 소음이 잦아들었고, 복잡했던 머릿속이 조금씩 정돈되었습니다. 고요함이 스며드는 순간이 은혜였습니다.

평안을 주시는 하나님, 사람들의 이야기 속에서도 필요한 말과 그렇지 않은 말을 구분할 지혜를 주셨고, 불필요한 걱정에서 거리를 두게 하셨습니다. 음악을 끄고 조용한 방에 앉아 있으니 들리지 않던 마음의 목소리가 다시 들렸고, 하나님께 감사하는 마음도 되살아났습니다. 소음을 멀리는 것이 아니라 고요를 선택할 수 있도록 이끄셨습니다.

쉼을 주시는 하나님, 오늘 찾은 이 고요함이 내일의 걸음에도 이어져 마음이 흔들릴 때마다 감사로 다시 중심을 잡게 하소서. 예수님의 이름으로 진심을 담아 기도드립니다. 아멘.

7월 20일

주일의 리듬이 마음을 바로 세운 감사

쉼과 예배의 질서를 세워 주시는 하나님,

주일의 아침을 분주함이 아니라 정돈된 마음으로 맞이하게 하셔서 감사합니다. 예배의 순서에 몸을 맡기자 한 주 동안 쌓였던 피로와 산만함이 가라앉았고, 정해진 시간과 자리에 머무는 선택이 생각의 중심을 되찾게 했습니다. 멈춤과 집중이 함께 갈 때 삶의 방향이 또렷해진다는 사실을 경험하게 하셔서 감사합니다.

말씀을 통해 삶을 비추시는 하나님, 예배를 의무처럼 지나치려 했던 태도를 돌아봅니다. 듣는 데서 멈추었을 때 변화는 얕았고, 되새기며 기록했을 때 기준이 분명해졌음을 보게 됩니다. 반복되는 순서 속에서 오늘을 향한 질문을 발견하는 것이 신앙의 성실함이라는 오늘의 묵상을 마음에 새깁니다.

한 주의 걸음을 준비하게 하시는 하나님, 앞으로는 주일의 리듬을 지키겠습니다. 예배 후 여백을 남겨 말씀을 정리하고, 관계와 일터에서 한 가지 실천을 선택하겠습니다. 주일의 배움이 평일의 선택으로 이어지게 하시기를 바라며 예수님의 이름으로 기도드립니다. 아멘.

7월 21일
기대하지 않았던 도움을 경험한 감사

은혜를 보내주시는 하나님,

오늘 혼자 감당하기 어렵다 여겼던 일이 누군가의 도움으로 수월하게 풀리게 하시니 감사드립니다. 말로 부탁하지 않아도 먼저 손을 내밀어 준 모습 속에서 하나님의 섭리가 느껴졌고, 마음속의 무게가 훨씬 가벼워졌습니다. 예상치 못한 도움은 오늘의 가장 큰 선물이었습니다.

관계를 사용하시는 하나님, 작은 손길 하나가 큰 위로가 되었고, 그 친절 속에 제 마음도 넓어졌습니다. 도움을 받는다는 것이 부끄러운 일이 아니라 은혜를 경험하는 통로임을 다시 배웠습니다. 돕는 이의 기쁨과 받는 이의 감사가 함께 흐르는 순간, 하나님이 사람 사이를 잇고 계심이 선명하게 보였습니다.

나눔을 가르치시는 하나님, 오늘 받은 이 도움을 기억하며 저 또한 누군가에게 같은 은혜를 흘려보내게 하시고 감사의 마음으로 살아가게 하소서. 예수님의 이름으로 진심을 담아 기도드립니다. 아멘.

7월 22일

작은 친절을 내가 먼저 실천하게 하신 감사

선함을 일깨우시는 하나님,

오늘 누군가에게 먼저 인사하고 자리를 양보하며 작은 친절을 베풀 수 있었음에 감사드립니다. 손해 보지 않으려는 마음 대신 기꺼이 내어줄 수 있는 마음이 들었고, 그 순간 제 안에 가벼운 기쁨이 피어올랐습니다. 선하게 선택하는 것은 큰 결심이 아니라 작은 실천에서 시작됨을 배웠습니다.

사랑을 실천하게 하시는 하나님, 상대가 미소로 화답하는 모습을 보며 제 마음도 함께 따뜻해졌습니다. 내가 흘려보낸 작은 친절이 누군가의 하루를 밝힐 수 있다는 생각에 가슴이 환해졌습니다. 오늘 흘린 사랑의 씨앗이 또 다른 감사의 열매로 자라나길 바라는 마음이 생겼습니다.

나눔을 넓히시는 하나님, 오늘 실천한 이 작은 선함이 내일의 삶에도 이어져 감사가 행동으로 흐르는 사람이 되게 하소서. 예수님의 이름으로 고백하며 기도드립니다. 아멘.

길 위의 만남을 안전하게 이어주신 감사

길을 열어주시는 하나님,

오늘 하루를 지나며 출근길과 약속의 이동, 귀가의 여정이 무사히 이어졌음을 돌아봅니다. 신호를 기다리고 시간을 맞추며, 서로의 속도를 존중하는 선택들이 하루를 안전하게 만들었습니다. 예상보다 늦어도 마음을 조급하게 몰아붙이지 않게 하시고, 이동의 과정 자체를 삶의 일부로 받아들이게 하신 은혜를 감사드립니다.

만남을 엮어주시는 하나님, 길 위에서 스친 인사와 도착지에서의 대화가 하루의 표정을 바꾸었습니다. 일정이 빽빽해도 약속을 지키려는 성실함과, 사정이 생겼을 때 이해로 응답하는 태도가 관계를 지켰습니다. 이동이 단절이 아니라 연결이 되게 하셔서 감사합니다.

귀가를 품어주시는 하나님, 오늘의 왕복이 소모로 끝나지 않게 하옵소서. 길 위의 배려가 내일의 신뢰로 이어지게 하시고, 이동의 안전을 당연하게 여기지 않으며 서로를 살피는 문화가 자리 잡게 하옵소서. 이 하루의 여정을 예수님의 이름으로 기도드립니다. 아멘.

7월 24일
작은 기도에도 응답하신 감사

기도에 응답하시는 하나님,

오늘 아침 조용히 올려드린 작은 기도가 예상보다 빠르게 응답되었음을 깨닫게 하시니 감사드립니다. 아무도 모를 작은 바람이었지만, 상황이 자연스럽게 풀어지며 마음속에 확신이 자리했습니다. 하나님께서 듣고 계셨다는 사실이 오늘 가장 큰 위로였습니다.

세밀하게 일하시는 하나님, 우연이라 넘겨버릴 수도 있었지만, 시간과 상황이 맞물리는 것을 보며 이것이 은혜임을 알 수 있었습니다. 계획보다 더 좋은 길로 인도하셨고, 마음속 감사를 더 크게 부풀리셨습니다. 작은 기도에도 귀 기울이시는 주님을 경험하니 믿음이 새롭게 숨을 쉬었습니다.

확신을 주시는 하나님, 오늘 들려주신 응답을 잊지 않고 내일의 기도에도 기대와 감사로 나아가게 하소서. 예수님의 이름으로 온전히 기도드립니다. 아멘.

7월 25일

늦은 저녁의 기록이 마음을 정돈한 감사

생각의 결을 가만히 맞추어 주시는 하나님,

하루를 마치고 노트를 펼쳐 짧은 기록을 남기며 흩어진 마음이 가라앉게 하셔서 감사합니다. 기억에 의존하지 않고 문장으로 옮기자 놓쳤던 감정과 사실이 분명해졌고, 과장되었던 판단이 제자리를 찾았습니다. 몇 줄의 기록이 하루의 무게를 정리하고 내일을 준비하게 한다는 사실을 알게 하셔서 감사합니다.

분별을 차분히 세워 주시는 하나님, 말로만 정리하려다 혼란을 키웠던 태도를 돌아봅니다. 적지 않았을 때는 같은 생각을 반복했고, 적었을 때는 우선과제가 또렷해졌음을 보게 됩니다. 기록이 기억을 대신하는 도구가 아니라 판단을 성숙하게 하는 과정이라는 오늘의 묵상을 마음에 새깁니다.

생활의 기준을 단단히 하시는 하나님, 앞으로는 하루의 끝에 기록을 남기겠습니다. 사실과 해석을 구분해 적고, 필요한 수정은 다음 날로 미루며, 감정에 휩쓸리지 않겠습니다. 기록에서 배운 절제가 일과 관계의 신뢰로 이어지게 하시기를 바라며 예수님의 이름으로 기도드립니다. 아멘.

7월 26일

우연처럼 다가온 말 한마디가 위로가 된 감사

위로를 건네시는 하나님,

오늘 예상하지 못했던 순간에 들은 말 한마디가 마음을 따뜻하게 적셨습니다. 무거운 마음으로 하루를 시작했지만, 누군가 건넨 짧은 인사와 사려 깊은 말이 제 속에 쌓여 있던 긴장을 풀어주었고, 혼자라고 느끼던 마음 위에 다시 온기가 내려앉았습니다. 우연처럼 보이지만 하나님께서 예비해 두신 위로였음을 깨닫습니다.

사람을 사용하시는 하나님, 걱정으로 흐려졌던 마음에 빛이 비치고, 타인의 진심이 작은 배려의 형태로 제게 닿았습니다. 말은 짧았으나 의미는 컸고, 하루 진체의 분위기를 바꾸어 주었습니다. 사랑은 큰 행동보다 작은 관심과 온기에서 시작된다는 사실을 배우니 감사가 자연스레 올라왔습니다.

온기를 남기시는 하나님, 내가 받은 이 위로처럼 저 역시 내일 누군가에게 따뜻한 한마디를 건네는 사람이 되게 하소서. 예수님의 이름으로 정성을 다해 기도드립니다. 아멘.

7월 27일

마음이 깊어지는 대화를 나누게 하신 감사

대화의 문을 여시는 하나님,

오늘 누군가와 나누었던 진중한 대화 속에서 마음이 열리고 생각의 폭이 넓어지게 하시니 감사드립니다. 의례적인 말이 아닌, 서로의 마음을 깊이 들여다보는 교류 속에서 오래 남을 잔잔한 깨달음을 얻었습니다. 대화는 단순한 정보의 교환이 아니라 마음과 마음이 닿는 은혜라는 사실을 다시 확인합니다.

관계를 단단하게 하시는 하나님, 서로의 이야기를 천천히 듣고 나누는 동안 마음의 벽이 낮아졌고, 이해와 공감이 그 자리를 채웠습니다. 나만의 고민처럼 보였던 문제도 대화를 통해 새로운 각도로 보이기 시작했고, 상대의 말 속에서 하나님께서 주시는 지혜를 발견했습니다. 서로의 영혼이 조금 더 가까워진 시간이었습니다.

소통의 기쁨을 주시는 하나님, 오늘 깊어진 대화가 감사와 사랑의 다리가 되어 내일의 관계에도 따뜻한 열매를 맺게 하소서. 예수님의 이름으로 차분히 기도드립니다. 아멘.

작은 용기가 큰 변화를 만든 감사

용기를 일으키시는 하나님,

오늘은 오래 주저하던 일을 용기 내어 시도하게 하시니 감사드립니다. 불안과 망설임이 있었지만 마음 한쪽에서 일어난 작은 결심이 저를 움직였고, 행동하는 순간 걱정보다 자유가 먼저 찾아왔습니다. 실패할 수도 있다는 생각은 있었지만, 시작했다는 사실만으로 마음에 빛이 들어왔습니다.

걸음을 내딛게 하시는 하나님, 작게 보였던 선택 하나가 마음의 방향을 바꾸어 주었고, 생각보다 쉽게 진행되는 상황에 놀라기도 했습니다. 완벽하지 않아도 괜찮았고, 조금씩 앞으로 나아가는 그 과정이 축복이었습니다. 용기는 두려움이 없는 상태가 아니라, 두려움 속에서도 발을 내딛는 것이라는 사실을 오늘 새롭게 배웠습니다.

변화를 열어가시는 하나님, 오늘의 작은 용기가 내일의 큰 감사가 되게 하시고, 앞으로도 멈추지 않고 성장의 길을 걸어가게 하소서. 예수님의 이름으로 깊이 기도드립니다. 아멘.

7월 29일
감정의 방향을 부드럽게 돌려주신 감사

마음을 다스리시는 하나님,

오늘 아침 순간적으로 올라온 짜증과 불편한 감정이 기도와 호흡 속에서 조용히 가라앉게 하시니 감사드립니다. 감정이 앞설수록 말과 행동이 거칠어질 수 있었지만, 잠시 멈춰 하나님께 시선을 두자 마음 한쪽의 모서리가 서서히 둥글어졌습니다. 감정을 억누른 것이 아니라, 은혜로 방향을 바꾸신 손길이 느껴졌습니다.

평온을 회복시키시는 하나님, 대화 속에서 내가 놓쳤던 마음을 돌아보게 하셨고, 나보다 상대를 먼저 생각하게 하셨습니다. 상황은 같아도 감정이 다르면 결과가 달라진다는 것을 배웠습니다. 말 한마디를 삼키고 대신 감사의 생각을 떠올리자 분위기가 부드러워졌고, 마음의 평안은 다시 자리를 찾았습니다.

화평을 이루시는 하나님, 오늘 감정이 다루어지는 경험이 내일에도 이어져 기도와 감사로 반응하는 사람이 되게 하소서. 예수님의 이름으로 고백하며 기도드립니다. 아멘.

살림의 균형을 배우게 하신 감사

필요를 헤아리시는 하나님,

오늘 하루를 지나며 지출과 예산을 점검하고 우선순위를 다시 세웠습니다. 크지 않은 금액이라도 반복되면 부담이 된다는 사실을 체감했고, 반대로 작은 절제가 여유를 남긴다는 것도 배웠습니다. 당장의 만족보다 내일의 안정을 떠올리게 하시고, 생활의 균형을 배우게 하신 은혜를 감사드립니다.

현실을 비추시는 하나님, 월급과 고정비, 예기치 않은 비용 사이에서 선택의 기준을 분명히 하려 애썼습니다. 비교와 불안을 키우는 소비를 멈추고, 필요한 곳에만 쓰는 판단이 마음을 가볍게 했습니다. 숫자를 외면하지 않고 마주하게 하셔서 감사합니다.

지속을 이끄시는 하나님, 오늘의 관리가 인색함으로 흐르지 않게 하옵소서. 베풀 자리를 남겨 두되 무리하지 않게 하시고, 절제가 자유로 이어지는 경험을 쌓게 하옵소서. 이 살림의 길을 예수님의 이름으로 기도드립니다. 아멘.

7월 31일

한 달을 돌아보며 감사의 흔적을 발견한 감사

발걸음을 돌아보게 하시는 하나님,

7월의 마지막 날을 맞으며 한 달을 천천히 되돌아볼 기회를 주시니 감사드립니다. 좋았던 날과 힘들었던 날이 섞여 있었지만, 지나온 시간을 찬찬히 살펴보니 그 모든 순간 속에 하나님의 인도하심이 포개져 있었음을 깨닫습니다. 감사의 조각들이 마음에 차곡히 쌓였습니다.

기억을 밝혀주시는 하나님, 어떤 날은 눈에 띄는 기쁨으로, 어떤 날은 조용한 위로로 다가오셨고, 때로는 도전과 기다림으로 제 마음을 자라게 하셨습니다. 복잡했던 감정 속에도 하나님께서 붙드신 흔적이 남아 있으며, 그 결과 저는 더 단단해지고 넓어진 마음으로 이 자리에 서 있습니다.

새 달을 준비시키시는 하나님, 오늘의 감사가 다음 달을 시작하는 믿음의 기반이 되게 하시고, 매일의 삶 속에서 은혜를 기억하는 사람으로 살아가게 하소서. 예수님의 이름으로 고백하며 기도드립니다. 아멘.

조용히 익어가는
감사의 달

8월 1일

새 계절 같은 마음을 다시 열게 하신 감사

새롭게 하시는 하나님,

8월의 문턱에 서며 마음을 새롭게 펼칠 수 있게 하시니 감사드립니다. 뜨거웠던 날씨 속에서도 계절이 바뀌는 감각이 느껴지고, 지쳐 있던 마음에 신선함이 다시 스며듭니다. 시간이 바뀐다는 것만으로도 기대가 생기고 기도는 다시 숨을 쉽니다.

소망을 일으키시는 하나님, 낯설지만 설레는 첫 페이지 앞에서, 이 달에도 하나님이 인도하실 것이라는 믿음이 제 마음을 고르게 합니다. 휴식도, 도전도, 배움도 허락하실 줄 믿으며 하루를 열었습니다. 새로운 목표를 세우고 싶은 마음이 생긴 것도 은혜입니다.

앞날을 비추시는 하나님, 오늘의 첫 감사가 한 달을 채워갈 감사의 씨앗이 되게 하시고, 걸음마다 은혜를 발견하며 살아가게 하소서. 예수님의 이름으로 마음을 모아 기도드립니다. 아멘.

8월 2일

그늘을 선택하며 하루를 지킨 감사

여름의 무게를 세심히 헤아리시는 하나님,

강한 햇볕을 피해 그늘을 선택하며 이동하게 하셔서 감사합니다. 모자를 챙기고 보폭을 줄이자 체력이 오래 유지되었고, 잠깐의 휴식이 오후의 판단을 또렷하게 했습니다. 무리하지 않는 선택이 하루의 안전과 집중을 함께 지킨다는 사실을 몸으로 알게 하셔서 감사합니다.

분별을 차분히 가르치시는 하나님, 더위를 대수롭지 않게 여기며 일정을 밀어붙이던 태도를 돌아봅니다. 신호를 무시했을 때 피로가 빨리 왔고, 환경에 맞춰 속도를 조절했을 때 흐름이 안정되었음을 보게 됩니다. 조건을 고려해 선택을 비꾸는 지혜가 책임이라는 오늘의 묵상을 마음에 새깁니다.

생활의 기준을 단단히 세우시는 하나님, 앞으로는 계절에 맞춘 준비와 휴식을 계획에 포함하겠습니다. 수분과 그늘을 먼저 확보하고, 몸의 반응에 즉시 응답하며, 함께하는 이들의 컨디션도 살피겠습니다. 배려의 선택이 일과 관계의 신뢰로 이어지게 하시기를 바라며 예수님의 이름으로 기도드립니다. 아멘.

쉼과 책임을 함께 누리게 하신 감사

여유의 시간을 허락하시는 하나님,

오늘 하루를 지나며 바쁜 흐름에서 한 발 물러나 쉬어도 괜찮다는 신호를 받았습니다. 일정의 속도를 낮추고 잠시 멈춰 숨을 고르는 선택이 몸과 마음을 정돈해 주었습니다. 쉼이 게으름이 아니라 다시 살아갈 힘을 모으는 과정임을 알게 하시고, 그 시간을 허락하신 은혜를 감사드립니다.

안전을 먼저 생각하게 하시는 하나님, 휴가철의 이동과 만남 속에서 질서와 배려가 왜 필요한지 다시 떠올립니다. 서두르지 않고 규칙을 지키며, 서로의 휴식을 존중하는 태도가 즐거움을 오래 남깁니다. 나의 편의가 타인의 위험이 되지 않도록 판단하게 하셔서 감사합니다.

기쁨을 지혜로 이끄시는 하나님, 오늘의 즐거움이 소모로 끝나지 않게 하옵소서. 쉼으로 채워진 마음이 일상으로 돌아와 더 성실한 책임으로 이어지게 하시고, 함께한 기억들이 관계를 깊게 만드는 힘이 되게 하옵소서. 이 감사의 시간을 예수님의 이름으로 기도드립니다. 아멘.

8월 4일

그늘진 자리에서 집중을 지켜 준 감사

집중의 조건을 세심히 마련하시는 하나님,

한낮의 열기를 피해 그늘진 자리로 옮겨 앉아 일을 이어 가게 하셔서 감사합니다. 빛의 방향과 바람의 흐름을 조정하자 눈의 피로가 줄었고, 짧은 이동이 집중의 지속을 가능하게 했습니다. 환경을 바꾸는 작은 선택이 판단의 정확도를 높인다는 사실을 경험하게 하셔서 감사합니다.

생각을 차분히 모으시는 하나님, 불편함을 참고 버티면 효율이 오른다고 여겼던 태도를 돌아봅니다. 조건을 무시했을 때 산만함이 커졌고, 자리를 조정했을 때 흐름이 안정되었음을 보게 됩니다. 집중은 의지보다 준비에 달려 있다는 오늘의 묵상을 마음에 새깁니다.

일상의 기준을 바로 세우시는 하나님, 앞으로는 작업 전에 환경을 먼저 점검하겠습니다. 빛과 온도, 소음을 살피고 필요하면 과감히 이동하며, 몸의 신호에 맞춰 휴식을 배치하겠습니다. 준비의 성실함이 일과 관계의 신뢰로 이어지게 하시기를 바라며 예수님의 이름으로 기도드립니다. 아멘.

8월 5일

말 한마디의 무게를 배우게 하신 감사

말의 방향을 비추시는 하나님,

오늘 제가 무심코 던졌던 말이 누군가에게 생각보다 크게 다가갔음을 알게 하셨습니다. 가벼운 농담이라 여겼지만, 상대의 표정에서 잠시 머뭇거림을 보았을 때 말의 무게를 다시 느꼈습니다. 동시에 누군가가 건넨 짧은 칭찬 한마디가 제 마음을 환하게 밝히며, 말이 상처가 될 수도 기쁨이 될 수도 있음을 깨닫게 하셨습니다. 이 깨달음을 허락하신 하나님께 감사드립니다.

관계를 섬세하게 다듬으시는 하나님, 오늘 저는 말의 힘을 의식하며 조금 더 부드럽게 말하려고 노력했습니다. 대화를 천천히 하고, 마음을 담아 응답했을 때 상대의 눈빛이 달라졌습니다. 어색했던 분위기가 풀리고, 서로의 마음을 향한 문이 더 크게 열렸습니다. 말이라는 씨앗이 이해와 존중으로 자라날 수 있음을 경험하니 감사했습니다.

혀를 지혜롭게 사용하게 하시는 하나님, 내일도 말이 상처가 아니라 은혜의 通路가 되게 하시고, 제가 건네는 한 문장이 누군가의 하루에 따뜻한 빛이 되게 하소서. 예수님의 이름으로 진심을 담아 기도드립니다. 아멘.

8월 6일

더위 속에서 몸의 신호를 지킨 감사

여름의 무게를 헤아리시는 하나님,

폭염이 이어지는 날에 수분을 챙기고 그늘을 선택하며 몸의 부담을 줄이게 하셔서 감사합니다. 시원한 물 한 컵과 잠깐의 휴식이 어지럼을 막았고, 무리하지 않는 선택이 하루의 흐름을 지켰습니다. 체온과 호흡을 살피는 기본이 안전을 만든다는 사실을 몸으로 알게 하셔서 감사합니다.

분별을 가르치시는 하나님, 더위를 가볍게 여기며 일정을 밀어붙이던 태도를 돌아봅니다. 참고 넘겼을 때 집중이 흐려졌고, 신호를 존중했을 때 판단이 또렷해졌음을 보게 됩니다. 계절의 조건을 고려해 속도와 방법을 조정하는 지혜가 책임이라는 오늘의 묵상을 마음에 새깁니다.

일상의 기준을 세워 주시는 하나님, 앞으로는 더위에 맞춘 관리로 일정을 운영하겠습니다. 수분과 휴식을 계획에 포함하고, 야외 활동의 시간을 조절하며, 서로의 컨디션을 배려하겠습니다. 몸을 돌보는 선택이 관계와 일의 신뢰로 이어지게 하시기를 바라며 예수님의 이름으로 기도드립니다. 아멘.

내 생각을 비워 새 생각을 채우게 하신 감사

마음을 정돈케 하시는 하나님,

오늘 많은 생각들이 머릿속을 어지럽혔지만, 조용히 앉아 주님 앞에 마음을 내려놓자 혼란이 정리되고 생각이 줄을 맞춰 서기 시작했습니다. 비워내는 순간에도 감사가 스며들었고, 욕심을 내려놓자 여유와 평안이 마음에 들어왔습니다. 제 생각보다 하나님이 주시는 생각이 더 선명하고 안전함을 느낄 수 있었습니다.

새 길을 보여주시는 하나님, 오래 붙들고 있던 고민을 내려놓으니 예상치 못한 관점이 떠올랐습니다. 해결책이 갑자기 보인 것은 아니지만, 하나님의 시선으로 바라볼 수 있는 마음이 준비되었습니다. 더 채우기 위해 비워야 한다는 진리를 경험하며, 오늘의 마음 비움 또한 감사했습니다.

생각의 중심을 주께 두게 하시는 하나님, 내일도 제 시선이 하나님께 머물게 하시고, 마음이 가득차 산만해질 때마다 비우는 기도를 드릴 수 있도록 이끄소서. 예수님의 이름으로 진심 어린 고백을 담아 기도드립니다. 아멘.

8월 8일

필터를 닦으며 기본을 되새긴 감사

생활의 안전을 세심히 살피시는 하나님,

세탁기와 에어컨의 필터를 꺼내어 먼지를 털고 씻으며 보이지 않는 기본을 점검하게 하셔서 감사합니다. 겉으로는 멀쩡해 보여도 안쪽에 쌓인 먼지가 효율을 떨어뜨렸고, 간단한 관리만으로 소음과 냄새가 줄어드는 변화를 보았습니다. 눈에 띄지 않는 손질이 일상의 품질을 지킨다는 사실을 몸으로 알게 하셔서 감사합니다.

판단을 차분히 세워 주시는 하나님, 고장 나면 고치면 된다는 생각으로 점검을 미루던 태도를 돌아봅니다. 문제가 커진 뒤에는 수고가 배가 되었고, 제때 관리했을 때 시간과 비용이 아껴졌음을 보게 됩니다. 예방이 번거로움이 아니라 책임이라는 오늘의 묵상을 마음에 새깁니다.

생활의 기준을 단단히 하시는 하나님, 앞으로는 주기적인 점검을 습관으로 삼겠습니다. 사용 전후의 상태를 확인하고 기록을 남기며, 함께 사용하는 이들의 건강과 안전을 먼저 고려하겠습니다. 기본을 지키는 성실함이 일과 관계의 신뢰로 이어지게 하시기를 바라며 예수님의 이름으로 기도드립니다. 아멘.

기다림 속에서도 마음을 지켜주신 감사

시간을 맡아주신 하나님,

하루를 보내며 바로 답이 나오지 않는 상황 앞에 여러 번 서게 되었습니다. 기다려야 했고, 확인을 미뤄야 했으며, 결과를 재촉할 수 없는 순간도 있었습니다. 그럼에도 조급함에 휘둘리지 않고 자리를 지킬 수 있었고, 시간을 견디는 선택을 할 수 있었습니다. 서두르지 않아도 하루가 무너지지 않음을 알게 하신 은혜를 감사드립니다.

과정을 살펴주신 하나님, 기다림이 길어질수록 마음이 흔들릴 뻔했지만, 그 사이에 할 수 있는 일을 하나씩 이어갈 수 있었습니다. 결과가 보이지 않아도 손에 잡히는 일부터 처리하며 흐름을 놓지 않았고, 불안한 생각을 그대로 키우지 않을 여유도 있었습니다. 보이지 않는 동안에도 제 마음이 흩어지지 않도록 지켜주신 보호를 기억합니다.

하나님, 이제 오늘의 기다림을 더 붙들지 않게 하옵소서. 아직 정리되지 않은 일들은 주님께 맡기고, 오늘을 여기까지 살아냈다는 사실로 마음이 내려앉게 하옵소서. 이 하루의 시간을 감사로 올려드리며, 예수님의 이름으로 기도드립니다. 아멘.

8월 10일

부엌의 열기 속에서 질서를 배운 감사

식탁을 책임지시는 하나님,

한여름의 더운 부엌에서 식사를 준비하며 보이지 않는 수고의 가치를 다시 배우게 하셔서 감사합니다. 불 앞에 서는 시간이 길어질수록 땀이 맺혔고, 재료를 손질하고 순서를 지키는 과정에서 조급함이 잦아들었습니다. 간단한 한 끼라도 준비에는 시간과 마음이 필요하다는 사실을 몸으로 알게 하시고, 먹는 이의 편안함을 먼저 생각하게 하셔서 감사합니다.

마음을 낮추어 살피시는 하나님, 식사가 당연하다고 여기며 기다림을 가볍게 넘기던 태도를 돌아봅니다. 차려진 것만 보았을 때 감사는 얕았고, 준비의 과정을 떠올렸을 때 존중이 깊어졌음을 보게 됩니다. 누군가의 수고를 상상하는 일이 관계의 온도를 바꾼다는 오늘의 묵상을 마음에 새깁니다.

일상의 기준을 세워 주시는 하나님, 앞으로는 식탁 앞에서 감사의 방향을 분명히 하겠습니다. 준비한 이의 노고를 기억하고, 남기지 않으며, 함께 먹는 자리에서는 배려의 속도를 지키겠습니다. 부엌에서 배운 태도가 가정과 일터의 관계로 이어지게 하시기를 바라며 예수님의 이름으로 기도드립니다. 아멘.

8월 11일

편리함을 책임으로 누리게 하신 감사

생활의 도구를 맡기시는 하나님,

오늘 하루를 지나며 앱 하나, 기계 하나가 시간을 아껴 주고 일을 수월하게 했음을 돌아봅니다. 예약과 결제, 검색과 기록이 손안에서 이루어지며 선택의 폭이 넓어졌습니다. 편리함이 당연해 보이지만, 그 뒤에 설계와 유지의 수고가 있음을 잊지 않게 하시고 감사로 사용하게 하신 은혜를 고백합니다.

분별을 가르치시는 하나님, 속도와 자동화가 판단을 대신하려 할 때 멈춰 생각하게 하셨습니다. 정확을 확인하고 개인정보와 안전을 살피며, 편리함이 책임을 밀어내지 않도록 기준을 세웠습니다. 기술을 주인이 아니라 도구로 두는 태도를 배우게 하셔서 감사합니다.

사람을 중심에 두시는 하나님, 오늘의 기술이 관계를 얕게 만들지 않게 하옵소서. 효율을 얻되 존엄을 잃지 않게 하시고, 연결이 고립으로 바뀌지 않도록 사용의 균형을 지키게 하옵소서. 이 일상의 선택을 예수님의 이름으로 기도드립니다. 아멘.

8월 12일

다시 배우는 용기를 주신 감사

배움의 문을 다시 여시는 하나님,

오늘 하루를 지나며 익숙함에 머물지 않고 새로 배우려는 선택이 필요했음을 느낍니다. 낯선 개념을 다시 읽고, 방법을 바꾸어 시도하며 시간이 더 걸리기도 했지만 포기하지 않았습니다. 이미 안다고 여겼던 것을 내려놓고 기초부터 점검하게 하시며, 성장이 멈추지 않게 하신 은혜를 감사드립니다.

변화를 받아들이게 하시는 하나님, 일터와 사회의 속도가 달라지는 현실 앞에서 배움이 선택이 아니라 생존의 태도임을 깨닫습니다. 질문하는 용기와 도움을 구하는 겸손이 오늘의 한계를 넓혔습니다. 늦음이 실패가 아니라 준비의 다른 이름임을 안게 하셔서 감사합니다.

내일을 준비하게 하시는 하나님, 오늘의 학습이 조급함으로 흐르지 않게 하옵소서. 비교보다 지속을 택하게 하시고, 작은 진전들을 성실히 쌓아가게 하시며, 배움이 나와 이웃의 삶을 함께 살리는 방향으로 쓰이게 하옵소서. 이 성장의 길을 예수님의 이름으로 기도드립니다. 아멘.

8월 13일
샤워의 물줄기 아래서 긴장을 풀어 주신 감사

몸의 피로를 씻어 내리시는 하나님,

운동을 마친 뒤 샤워실에서 따뜻한 물을 맞으며 굳어 있던 근육과 생각이 함께 풀리게 하셔서 감사합니다. 호흡을 고르며 물의 온도를 조절하자 심장이 차분해졌고, 땀과 피로가 씻겨 나가며 하루의 무게가 가벼워졌습니다. 마무리를 성실히 지키는 선택이 회복의 시작이라는 사실을 몸으로 알게 하셔서 감사합니다.

리듬을 바로잡아 주시는 하나님, 성취만을 앞세워 회복을 건너뛰려 했던 태도를 돌아봅니다. 씻지 않고 바로 다음 일로 옮겼을 때 집중이 흐려졌고, 정리의 시간을 가졌을 때 판단이 또렷해졌음을 보게 됩니다. 준비와 마무리가 함께 갈 때 지속이 가능하다는 오늘의 묵상을 마음에 새깁니다.

생활의 기준을 세워 주시는 하나님, 앞으로는 운동 뒤의 회복을 계획에 포함하겠습니다. 물과 스트레칭, 휴식을 기본으로 지키며 몸의 신호에 귀 기울이겠습니다. 정돈된 마무리가 일과 관계의 안정으로 이어지게 하시기를 바라며 예수님의 이름으로 기도드립니다. 아멘.

8월 14일

서늘한 밤공기 속에서 하루를 정리한 감사

밤의 온도를 살피시는 하나님,

해가 지고 선선해진 공기 속에서 창가에 서서 하루를 돌아볼 여유를 주셔서 감사합니다. 낮의 열기가 가라앉자 생각도 함께 가벼워졌고, 환한 불빛을 줄이니 마음의 소음이 잦아들었습니다. 계절의 변화를 느끼며 생활의 속도를 조절하는 선택이 휴식의 질을 높인다는 사실을 알게 하셔서 감사합니다.

마음을 차분히 가다듬게 하시는 하나님, 밤까지 낮의 긴장을 끌고 가던 태도를 돌아봅니다. 일을 끝내지 못했다는 생각에 몸을 쉬게 하지 않았고, 그로 인해 다음 날의 집중이 흐려졌음을 보게 됩니다. 하루의 끝에 멈춤을 허락할 때 회복이 시작된다는 오늘의 묵상을 마음에 새깁니다.

일상의 리듬을 지켜 주시는 하나님, 앞으로는 잠들기 전 정리의 시간을 지키겠습니다. 불필요한 자극을 줄이고 몸의 신호에 맞춰 휴식을 선택하겠습니다. 밤의 평온이 다음 날의 안정으로 이어지게 하시기를 바라며 예수님의 이름으로 기도드립니다. 아멘.

8월 15일

마른 마음에 위로의 물을 부어주신 감사

메마른 속을 살피신 하나님,

하루를 지내며 마음이 쉽게 마르던 순간들이 떠오릅니다. 특별히 힘든 일이 없어도 기운이 빠지고, 이유 없이 지쳐 있던 시간 속에서 제 상태를 외면하지 않게 하시니 감사합니다. 억지로 괜찮아지려 애쓰지 않아도 되었고, 지금의 마음을 그대로 인정할 수 있었습니다. 그 솔직함 위에 쉼을 허락하신 은혜를 감사드립니다.

위로를 스며들게 하신 하나님, 뜻밖의 말 한마디와 조용한 시간 속에서 마음이 조금씩 풀리는 것을 느꼈습니다. 문제는 그대로였지만, 그 무게가 전부는 아니라는 생각이 들었고, 숨이 막히던 감정도 잠시 가라앉았습니다. 크게 드러나지 않아도 마음 깊은 곳에 스며든 위로가 오늘을 버티게 했음을 고백합니다.

다시 숨 쉬게 하신 하나님, 오늘 받은 이 위로를 서둘러 잊지 않게 하옵소서. 마른 마음이 다시 촉촉해졌다는 사실을 기억하게 하시고, 이 작은 회복이 내일을 향한 걸음으로 이어지게 하옵소서. 이 은혜를 마음에 담아 올려드리며, 예수님의 이름으로 기도드립니다. 아멘.

8월 16일

감사로 하루를 정돈하게 하신 감사

평안으로 다스리시는 하나님,

오늘 여러 감정이 교차하며 마음이 복잡했습니다. 작은 일에도 예민해지고, 사소한 말에도 마음이 흔들렸습니다. 그러나 잠시 조용히 앉아 하나님을 바라보며 감사의 이유를 떠올리자, 무겁던 마음이 천천히 밝아졌습니다. 제 안에 쌓인 긴장과 불안이 감사의 고백 앞에서 힘을 잃고 물러가는 것을 보았습니다. 한숨 대신 숨을 고를 수 있는 여유를 주셨으니 감사드립니다.

지혜의 하나님, 그렇게 마음을 다시 바라보니 오늘 만난 사람들과의 대화 속에도, 일과 과정 속에도 감사할 순간들이 있었습니다. 누군가 건넨 따뜻한 인사, 잠시 스쳐 지나간 미소, 생각보다 순조롭게 흘렀던 일 하나가 제 마음에 작은 힘이 되었습니다. 문제는 남아 있지만 그 속에서도 좋은 것이 보였고, 하나님이 제 삶 곳곳을 붙들고 계신다는 확신이 생겼습니다. 감사는 상황을 바꾸지 않아도 제 마음을 먼저 변화시킴을 배웠습니다.

인도하시는 하나님, 내일 또한 감정이 아닌 감사로 하루를 시작하게 하시고, 흔들리는 마음을 감사로 중심을 잡게 하소서. 예수님의 이름으로 기도드립니다. 아멘.

8월 17일
섬김의 마음을 배우게 하신 감사

섬기게 하시는 하나님,

오늘은 제 일을 먼저 챙기고 싶었지만, 누군가 도움이 필요해 보이는 장면을 보고 발걸음을 멈추게 되었습니다. 처음엔 여유가 없다는 생각에 머뭇거렸지만, 마음을 열어 작은 손길을 내밀자 상대의 얼굴이 환하게 밝아졌습니다. 제 시간이 조금 쓰였지만, 그 시간 속에 주님께서 주신 기쁨이 더 컸습니다. 섬김이 부담이 아니라 은혜의 기회임을 경험하게 하셨습니다.

사랑의 하나님, 제가 작은 도움을 주었을 뿐인데 제 마음이 오히려 더 채워졌습니다. 사람을 돕는 일은 주고 빼앗기는 일이 아니며, 오히려 주는 동안 하나님이 제 빈자리를 채워주신다는 사실을 느꼈습니다. 섬김을 통해 관계가 가까워지고, 마음이 넓어지는 은혜를 주셨으니 감사드립니다. 오늘의 친절이 누군가의 하루를 가볍게 했다면 그것으로도 충분합니다.

기쁨을 심어주시는 하나님, 내일도 작은 기회 앞에 머뭇거리지 않게 하시고, 사랑을 행동으로 옮기는 용기를 주옵소서. 감사가 담긴 섬김이 습관 되게 하시며, 예수님의 이름으로 기도드립니다. 아멘.

8월 18일

말씀 속에서 방향을 찾은 감사

말씀으로 깨우시는 하나님,

오늘 성경을 펼쳤을 때 오래 알고 있던 구절이 새롭게 마음에 들어왔습니다. 여러 고민이 얽혀 있었지만 말씀 한 줄이 그 복잡함 위에 빛을 비추었고, 무엇을 먼저 해야 하는지 방향이 선명해졌습니다. 말씀은 늘 같은 페이지에 있지만, 제 마음의 계절에 따라 새로운 의미로 다가온다는 것을 느꼈습니다. 그 은혜의 경험이 오늘의 감사가 되었습니다.

길을 밝혀주시는 하나님, 말씀 속에서 하나님이 어떤 분이신지 다시 확인하자 마음에 놓였던 무게가 줄고, 미뤄 두었던 순종의 걸음을 다시 내딛고 싶어졌습니다. 금세 모든 문제가 사라진 것은 아니지만, 하나님이 인도하시리라는 믿음이 마음을 견고하게 세웠습니다. 하나님을 아는 지식이 또 한 번 제 삶을 일으키며 감사할 이유를 더했습니다.

진리를 가까이 하게 하시는 하나님, 내일도 말씀을 사랑하게 하시고, 기도와 묵상 속에서 얻은 평안이 삶의 선택으로 이어지게 하소서. 주님의 음성에 순종하며 예수님의 이름으로 기도드립니다. 아멘.

급하게 흐르던 마음을 잠시 멈추게 하신 감사

멈추게 하시는 하나님,

오늘은 평소보다 더 분주하게 움직이던 제 마음이 작은 사건 하나로 멈춰 섰습니다. 해야 할 일만 바라보며 달리던 중 갑자기 핸드폰 알림이 멈추고, 컴퓨터가 느려지며 강제로 쉬어가는 시간이 찾아왔습니다. 처음엔 불편하고 초조했지만, 그 잠깐의 정적 속에서 제 마음도 고요해졌습니다. 멈춤이 불편함이 아니라 필요한 쉼이 될 수 있음을 느끼게 하시니 감사드립니다.

하나님, 창밖을 바라볼 여유가 생겨 오래 보지 못했던 하늘을 올려다보았습니다. 바람이 나뭇잎을 흔드는 소리, 멀리서 들려오는 사람들의 웃음소리, 햇빛이 사물에 부드럽게 내려앉는 모습을 보며 마음이 풀렸습니다. 세상은 여전히 분주하게 돌아가지만, 하나님은 제게 잠시 멈춰 감사의 이유를 돌아보라고 부르시는 듯했습니다. 은혜의 틈을 마련해 주셔서 감사드립니다.

걸음을 바르게 세우시는 하나님, 내일도 조급함에 휩쓸리지 않고, 숨 고를 자리를 잊지 않으며 감사로 마음의 중심을 지키게 하소서. 작은 멈춤 속에서도 하나님의 음성을 듣게 하시고, 은혜를 발견하며 예수님의 이름으로 기도드립니다. 아멘.

8월 20일

작은 일들 속에서 은혜를 발견하게 하신 감사

감사를 일깨우시는 하나님,

오늘은 특별한 일이 없었지만 일상 곳곳에서 작은 은혜들이 조용히 제 마음을 두드렸습니다. 아침 햇빛이 집 안을 부드럽게 비추는 순간, 식탁 위에서 김이 오르는 따뜻한 음식, 길을 걷다 마주친 익숙한 얼굴, 이런 흔한 장면들이 유난히 따뜻하게 느껴졌습니다. 소소한 순간 하나하나가 선물처럼 다가와 제 마음을 밝히고, 매일이 은혜로 이어져 있음을 깨닫게 하셨습니다.

하나님, 오늘 만난 사람들과의 짧은 대화 속에서도 위로가 들어 있었고, 바람이 스치는 감촉 속에서도 제 마음을 어루만지시는 주님의 손길이 느껴졌습니다. 일의 속도가 늦어져 잠시 멈춰 있을 때도 그 틈을 통해 제 숨을 고르게 하셨고, 조용한 묵상 속에서는 성경 속 주님의 음성이 떠올라 제 마음을 단단하게 붙들어 주었습니다. 감사는 멀리 있는 것이 아니라, 오늘의 조각들 속에서 하나님이 이미 준비하신 은혜의 흔적임을 깨달았습니다.

평안을 이루시는 하나님, 오늘 발견한 감사들이 내일의 걸음을 밝히는 빛이 되게 하시고, 일상의 순간에도 주님이 함께하심을 기억하게 하소서. 예수님의 이름으로 기도드립니다. 아멘.

내가 보지 못했던 배려를 깨닫게 하신 감사

깨닫게 하시는 하나님,

오늘 하루를 돌아보며, 평소 당연하게 지나치던 배려들이 사실은 깊은 사랑으로 제 곁을 지키고 있었다는 것을 느꼈습니다. 누군가 문을 잡아 주던 작은 손길, 바쁜 와중에도 제 말을 끝까지 들어주던 마음, 걱정 섞인 한 문장, 모두가 하나님이 사람을 통해 제 삶에 부어주신 은혜였습니다. 이런 섬세한 사랑을 알아차릴 수 있도록 마음의 눈을 열어주셨으니 감사드립니다.

하나님, 하루 동안 여러 상황 속에서 알게 모르게 주님이 막아주신 일들을 돌아보게 하셨습니다. 갑자기 취소된 한 약속이 오히려 제게 휴식을 주었고, 예상보다 늦어진 일정 속에서 뜻하지 않게 평안을 누렸습니다. 그러한 우연 속에서도 하나님께서 광야의 백성을 구름기둥과 불기둥으로 이끄셨던 것처럼 오늘도 저의 걸음을 조용히 보호하고 계심을 느꼈습니다.

은혜를 채우시는 하나님, 제가 놓친 사랑과 배려의 흔적을 더 자주 발견하게 하시고, 받은 은혜를 다시 흘려보내는 마음을 갖게 하소서. 오늘 제 삶을 따뜻하게 감싸주신 주님께 감사드리며 예수님의 이름으로 기도드립니다. 아멘.

8월 22일

손을 보탤 자리를 열어주신 감사

참여의 마음을 일으키시는 하나님,

오늘 하루를 지나며 누군가의 필요에 손을 보탤 수 있는 자리가 있다는 사실을 떠올립니다. 크지 않은 시간과 작은 수고가 현장을 움직이고, 도움이 필요한 곳에 실제 변화를 만들었습니다. 망설임 대신 한 걸음을 내딛게 하시고, 참여가 연민을 행동으로 바꾸는 통로임을 알게 하신 은혜를 감사드립니다.

연결을 이루시는 하나님, 봉사의 자리에서 서로 다른 배경의 사람들이 같은 목적을 향해 나란히 섰습니다. 역할을 나누고 질서를 지키며, 말보다 손으로 신뢰를 쌓는 시간이 이어졌습니다. 보이지 않게 이어진 협력 덕분에 일이 마무리되는 과정을 보게 하셔서 감사합니다.

지속을 이끄시는 하나님, 오늘의 섬김이 일회성으로 끝나지 않게 하옵소서. 무리하지 않되 꾸준히 참여하게 하시고, 도움을 주는 이와 받는 이의 경계가 낮아져 공동의 책임으로 이어지게 하옵소서. 이 섬김의 기쁨을 예수님의 이름으로 기도드립니다. 아멘.

8월 23일

바쁜 하루 속에서도 숨을 고르게 하신 감사

여유를 허락하시는 하나님,

오늘은 해야 할 일들이 연달아 이어져 마음이 조급해졌지만, 잠깐의 틈을 통해 숨을 고르게 하심에 감사드립니다. 엘리야가 광야에서 지쳐 쓰러졌을 때 돌보아 주신 주님처럼, 제게도 잠시 멈추어 호흡하는 시간을 주셨습니다. 그 짧은 순간이 마음의 무게를 덜어내고 다시 걸을 힘을 주었습니다.

생각을 정돈하게 하시는 하나님, 사람들과의 대화 속에서도 뜻밖의 따뜻한 한마디가 제 마음을 차분하게 만들어 주었습니다. 마음이 빨리 움직이려 할 때마다 조용히 "괜찮다"라고 말씀하시는 듯한 여유가 제 안에 자리했습니다. 햇빛이 비스듬히 책상 위에 내려앉던 순간에도, 바람이 얼굴을 스치는 순간에도 주님의 평안이 다가왔습니다.

걸음을 바로잡으시는 하나님, 내일도 쫓기듯 움직이지 않게 하시고, 작은 틈마다 주시는 은혜를 기억하며 감사로 하루를 채우게 하소서. 예수님의 이름으로 기도드립니다. 아멘.

8월 24일

예상치 못한 도움 속에서 느낀 감사

도우시는 하나님,

오늘 예상치 못한 순간에 누군가의 도움을 받으며 하나님의
세밀한 손길을 느꼈습니다. 혼자 감당하기 벅차던 부분이 있었
지만, 마침 그때 누군가가 적절한 말과 행동으로 제 부담을 나
누어 주었습니다. 제가 도움을 요청하지도 않았는데 필요한 때
에 필요한 사람이 다가온 것은 우연이 아니라 하나님께서 미리
준비하신 은혜임을 깨닫게 하셨습니다.

사랑을 흘려보내시는 하나님, 도움을 받는 순간 제 마음도 고
개를 들었습니다. 다른 사람의 친절 속에서 주님의 마음을 느꼈
고, 나 또한 누군가에게 이런 손길이 되고 싶다는 생각이 들었
습니다. 성경 속 사마리아인의 발걸음이 떠올랐고, 사랑은 생각
보다 가까운 곳에서 시작됨을 배웠습니다. 오늘의 도움은 단순
한 호의가 아니라 하나님께서 제 삶을 돌보고 계신다는 표처럼
느껴져 깊은 감사가 일어났습니다.

은혜로 채우시는 하나님, 내일도 누군가의 도움을 당연하게
여기지 않게 하시고, 받은 사랑을 지나치지 않고 감사로 기억하
게 하소서. 예수님의 이름으로 기도드립니다. 아멘.

도서관의 고요 속에서 집중을 회복한 감사

집중의 자리를 마련하시는 하나님,

도서관에 앉아 자료를 찾아 페이지를 넘기며 생각의 소음이 가라앉게 하셔서 감사합니다. 조용한 규칙과 일정한 리듬이 판단을 또렷하게 했고, 필요한 정보와 덜 중요한 내용을 구분하는 힘이 생겼습니다. 서두르지 않고 근거를 확인하는 태도가 결과의 정확도를 높인다는 사실을 경험하게 하셔서 감사합니다.

분별을 가르치시는 하나님, 빠른 요약에 의존하며 맥락을 건너뛰려 했던 태도를 돌아봅니다. 표제만 보고 결론을 앞당겼을 때 오류가 생겼고, 목차와 각주를 따라가며 확인했을 때 이해가 깊어졌음을 보게 됩니다. 고요를 지키는 환경이 성급함을 낮춘다는 오늘의 묵상을 마음에 새깁니다.

일의 기준을 정돈해 주시는 하나님, 앞으로는 자료를 다룰 때 확인과 기록을 기본으로 삼겠습니다. 출처를 명확히 하고 질문을 남기며, 충분한 시간을 배치하겠습니다. 도서관에서 배운 집중이 일과 관계의 신뢰로 이어지게 하시기를 바라며 예수님의 이름으로 기도드립니다. 아멘.

8월 26일

물 한 컵으로 몸의 균형을 살린 감사

몸의 상태를 세심히 돌보시는 하나님,

아침에 물 한 컵을 천천히 마시며 밤새 굳었던 몸이 풀리는 변화를 느끼게 하셔서 감사합니다. 급하게 커피부터 찾던 습관을 멈추자 속이 편안해졌고, 간단한 선택이 오전의 집중을 지킨다는 사실을 경험했습니다. 온도와 양을 살피는 기본이 하루의 컨디션을 좌우한다는 깨달음을 주셔서 감사합니다.

분별을 가르치시는 하나님, 갈증의 신호를 무시하고 속도를 앞세우던 태도를 돌아봅니다. 수분을 건너뛰었을 때 피로가 빨리 왔고, 제때 보충했을 때 판단이 또렷해졌음을 보게 됩니다. 몸의 신호에 즉시 응답하는 것이 효율이라는 오늘의 묵상을 마음에 새깁니다.

생활의 기준을 세워 주시는 하나님, 앞으로는 하루의 시작에 수분을 먼저 챙기겠습니다. 음료의 선택과 타이밍을 조절하고, 작은 기본을 꾸준히 지키겠습니다. 몸을 존중하는 습관이 일과 관계의 안정으로 이어지게 하시기를 바라며 예수님의 이름으로 기도드립니다. 아멘.

8월 27일

주어진 자리에서 배운 감사

깨닫게 하시는 하나님,

오늘 제게 맡겨진 일들이 크든 작든 의미가 있음을 다시 느끼게 하셨습니다. 반복되는 일상 속에서도 제가 해야 할 일이 누군가의 삶을 돕고, 작은 흐름 하나를 바로 세운다는 사실을 떠올리자 마음에 감사가 생겼습니다. 맡겨진 자리를 가벼이 보지 않게 하시고, 그 안에 담긴 주님의 뜻을 생각하게 하셨으니 감사합니다.

지혜를 주시는 하나님, 때로는 귀찮고 익숙해진 일들이었지만, 그 일들을 다시 바라보니 저를 성장시키고 다듬어 온 은혜의 과정이었습니다. 오늘도 주어진 일 속에서 책임을 지게 하셨고, 때로는 실수하며 배워가게 하셨으며, 누군가의 도움을 통해 겸손을 익히게 하셨습니다. 이렇게 하루를 통과하며 제 마음에 감사의 자리가 더 넓어졌습니다.

걸음을 이어가게 하시는 하나님, 내일도 맡겨진 자리에서 감사함을 잃지 않고, 맡은 일을 통해 주님의 선하심을 드러내는 사람이 되게 하소서. 예수님의 이름으로 기도드립니다. 아멘.

하루를 정리할 힘을 주신 감사

생각을 가라앉히신 하나님,

하루를 마주하며 마음이 복잡해질 때가 있었지만, 끝으로 갈수록 정리할 수 있는 여지를 주셔서 감사합니다. 해야 할 일과 내려놓아도 될 일을 구분할 수 있었고, 모든 것을 붙들지 않아도 괜찮다는 판단에 이르렀습니다. 정리되지 않은 채로 끌어안지 않게 하신 그 판단의 여백이 오늘의 은혜였음을 고백합니다.

과정을 보듬으신 하나님, 지나간 장면들 속에는 아쉬움도 남아 있었지만, 그것을 곱씹느라 오늘을 소모하지 않게 하셨습니다. 한 번 더 돌아보되 자책으로 이어지지 않게 하시고, 필요한 교훈만 남기게 하셨습니다. 덕분에 마음이 더 무거워지지 않았고, 다음 걸음을 준비할 수 있었습니다. 그 균형을 지켜주신 보호를 기억합니다.

마침을 편안히 허락하신 하나님, 이제 오늘의 생각을 내려놓고 쉬어도 되는 자리로 이끄심을 감사로 받게 하옵소서. 다 채우지 못한 목록보다 정리된 마음을 먼저 보게 하시고, 이 하루가 충분히 지나갔음을 받아들이게 하옵소서. 이 시간을 주님께 맡기며, 예수님의 이름으로 기도드립니다. 아멘.

8월 29일
도움의 손길을 내밀 용기를 주신 감사

용기를 주시는 하나님,

오늘은 평소라면 그냥 지나쳤을 상황에서 망설임을 이기고 누군가에게 먼저 손을 내밀 수 있었습니다. 작은 행동이었지만 마음속에서는 큰 결심처럼 느껴졌고, 그 용기를 일으키신 분이 하나님이심을 깨닫게 되었습니다. 누군가의 어려움에 가만히 서 있지 않고, 한 걸음 다가갈 수 있었던 것 자체가 감사한 은혜였습니다.

사랑을 일깨우시는 하나님, 도움을 건네는 순간 상대의 표정이 밝아지고 마음이 열리는 것을 보며 저도 깊은 위로를 받았습니다. 남을 돕는다는 것은 내 것을 내어주는 일이 아니라 하나님이 제 안에 넣어주신 사랑을 흘려보내는 일임을 배웠습니다. 성경 속의 여러 인물들이 주님의 마음으로 이웃을 품었듯이, 저도 그 사랑의 조각을 조금이나마 따라갈 수 있었음에 감사드립니다.

선한 길로 이끄시는 하나님, 내일도 두려움보다 사랑이 앞서게 하시고, 주님이 주시는 감동을 놓치지 않는 마음을 허락하소서. 예수님의 이름으로 기도드립니다. 아멘.

하나님의 인도하심을 다시 믿게 하신 감사

인도하시는 하나님,

오늘은 제 마음이 여러 갈래로 흔들렸지만, 그 속에서도 하나님께서 제 걸음을 붙들고 계심을 다시 깨닫게 하셨습니다. 제 생각이 앞서가면 불안해졌지만, 하나님이 앞서 걸으신다는 사실을 다시 고백하자 마음이 잔잔해졌습니다. 광야에서 백성을 인도하신 주님의 약속을 기억하며 오늘도 제 삶을 이끄심을 감사드립니다.

믿음을 새롭게 하시는 하나님, 기도하는 중에 걱정이 줄어들고, 말씀을 떠올리는 순간 두려움이 힘을 잃었습니다. 어제의 실패와 내일의 부담이 한꺼번에 밀려왔지만, 주님 안에 피할 그늘이 있음을 깨닫자 마음이 다시 숨을 쉬었습니다. 제 연약함 속에서도 하나님이 신실하게 일하고 계시다는 확신이 오늘의 감사였습니다.

소망을 주시는 하나님, 내일도 흔들림보다 믿음이 앞서게 하시고, 제 걸음을 주님의 약속에 맡기며 감사로 하루를 열게 하소서. 예수님의 이름으로 기도드립니다. 아멘.

8월 31일

하나님의 신실하심을 다시 경험한 감사

신실하신 하나님,

8월의 마지막 날을 맞으며 한 달을 돌아보니 제 힘으로 채운 날은 하나도 없었고, 모두 하나님께서 붙들어 주신 은혜의 연속이었습니다. 흔들렸던 순간에도 주님은 저를 놓지 않으셨고, 지친 날에도 조용히 제 옆에 머무르셨습니다. 제 마음이 미처 보지 못했던 자리마다 주님의 신실하심이 스며 있었다는 사실을 깨닫게 하시니 깊은 감사가 흘러나옵니다.

은혜의 하나님, 때로는 응답이 더디게 느껴졌고, 어떤 날은 기도가 막힌 듯했지만, 지나고 보니 모든 순간이 주님의 계획 안에 자리하고 있었습니다. 필요할 때 힘을 주시고, 무너질 때 위로를 주셨으며, 길을 잃을 때 말씀으로 이끄셨습니다. 이스라엘을 구름기둥과 불기둥으로 인도하신 것처럼 제 삶의 작은 걸음까지도 인도하신 주님을 기억하며 오늘의 감사를 올려드립니다.

앞날을 밝히시는 하나님, 지나간 한 달이 은혜였다면 새롭게 열릴 한 달 또한 주님의 손 안에 있음을 믿습니다. 내일을 두려워하지 않고 약속을 신뢰하며, 더 깊은 감사와 믿음으로 걸어가게 하소서. 예수님의 이름으로 기도드립니다. 아멘.

9월

익어가는 계절 속에서
감사의 마음을 배우는 시간

새 계절 앞에서 마음을 다시 세우게 하신 감사

새롭게 하시는 하나님,

9월의 첫날을 맞으며 제 마음도 조용히 새로워지는 것을 느꼈습니다. 계절이 조금씩 바뀌듯 제 영혼에도 새로운 바람이 스며들었고, 지난달의 무게를 내려놓고 다시 걸음을 고르게 하게 하셨습니다. 무엇보다도, 하나님께서 새로운 달을 주셨다는 사실만으로 마음에 작은 소망이 피어오르고 감사가 일어났습니다.

앞길을 밝히시는 하나님, 시간이 흐르는 것처럼 주님의 은혜도 제 삶에서 쉼 없이 흘러왔음을 떠올렸습니다. 지나온 날들이 온전히 제가 잘해서가 아니라 하나님이 붙들어 주셨기 때문임을 다시 고백합니다. 오늘 아침 말씀을 묵상하며 주님의 약속을 떠올렸을 때, 모든 시작마다 하나님이 앞서 계신다는 확신이 제 마음을 단단하게 붙들었습니다.

걸음을 인도하시는 하나님, 이 한 달 동안 제 마음이 감사로 더 깊어지게 하시고, 매일의 작은 선택 속에서 주님을 신뢰하는 믿음이 자라게 하소서. 예수님의 이름으로 기도드립니다. 아멘.

9월 2일
평범한 하루에 숨겨진 은혜를 보게 하신 감사

은혜를 일깨우시는 하나님,

오늘은 특별한 일이 없었지만, 조용한 하루 속에도 하나님께서 채워 주신 은혜가 곳곳에서 보였습니다. 눈을 뜨고 하루를 시작할 수 있었다는 것, 따뜻한 숨을 내쉴 수 있었다는 것, 묵상할 시간을 잠시라도 가질 수 있었다는 것—이 모든 것이 하나님께서 주신 선물임을 다시 느끼게 되었습니다. 평범함 안에서도 감사의 이유를 찾게 하시니 감사합니다.

마음을 살피시는 하나님, 오늘 만난 사람들과의 짧은 대화 속에서도 작은 배려와 친절이 마음을 밝게 했습니다. 제가 놓치고 지나가던 은혜의 흔적을 다시 바라보게 하셨고, 주님께서 일상의 순간마다 동행하고 계시다는 사실을 깨닫게 하셨습니다. 오늘의 잔잔한 하루가 제 마음을 부드럽게 풀어 주었고, 감사의 시선을 잃지 않게 하여 주셨습니다.

앞날을 준비하게 하시는 하나님, 내일도 일상의 순간마다 주님의 손길을 더 깊이 느끼게 하시고, 감사가 제 마음의 중심이 되게 하소서. 예수님의 이름으로 기도드립니다. 아멘.

맡겨진 역할을 성실로 감당하게 하신 감사

자리를 맡기시는 하나님,

오늘 하루를 지나며 각자에게 주어진 역할이 얼마나 많은 신뢰 위에 놓여 있는지 생각합니다. 보고서 한 장, 결정 하나, 응답의 속도와 정확함이 누군가의 다음 선택에 영향을 미쳤습니다. 보이지 않는 책임까지 포함해 맡겨진 몫을 외면하지 않게 하시고, 평범한 업무가 공동의 신뢰를 만든다는 사실을 깨닫게 하신 은혜를 감사드립니다.

기준을 세워주시는 하나님, 성과의 압박 속에서도 편법을 피하고 확인을 거치는 선택이 필요했음을 배웁니다. 급하게 끝내기보다 정확을 택하고, 말의 온도와 기록의 기준을 지키려 애썼습니다. 직업적 윤리가 이상이 아니라 일상을 지키는 실천임을 알게 하셔서 감사합니다.

지속을 허락하시는 하나님, 오늘의 성실이 소진으로 바뀌지 않게 하옵소서. 필요한 도움을 요청할 줄 알게 하시고, 협업의 질서를 존중하게 하시며, 신뢰가 쌓이는 방향으로 내일의 일을 이어가게 하옵소서. 이 일터의 하루를 예수님의 이름으로 기도드립니다. 아멘.

9월 4일
공동의 공간을 책임 있게 사용하게 하신 감사

질서를 맡기시는 하나님,

오늘 하루를 살아내며 내가 사용하는 공간이 결코 나만의 것이 아님을 여러 순간에서 깨닫게 됩니다. 엘리베이터 안의 짧은 기다림, 공용 공간에 남긴 작은 흔적, 다음 사람을 생각하며 멈춘 발걸음 하나가 하루의 분위기를 바꾸었습니다. 눈에 띄지 않아도 질서를 선택한 순간들이 모여 오늘을 무너지지 않게 지켜 주었음을 기억하며 감사드립니다.

공동을 생각하게 하시는 하나님, 거리와 건물, 사무실과 화장실, 계단과 복도까지 수많은 사람이 함께 사용하는 공간이 얼마나 많은 배려 위에 유지되는지 보게 됩니다. 규칙을 지키는 일이 통제가 아니라 서로를 존중하는 방식임을 알게 하시고, 불편을 다음 사람에게 넘기지 않는 태도를 배우게 하셔서 감사합니다.

지속을 가르치시는 하나님, 오늘의 책임이 일회성 의식으로 끝나지 않게 하옵소서. 내가 쓰는 공간을 내 집처럼 아끼게 하시고, 공동의 자산을 소모하지 않고 보존하는 선택을 이어가게 하시며, 작은 질서가 사회의 신뢰를 키우는 힘이 되게 하옵소서. 이 하루의 삶을 예수님의 이름으로 기도드립니다. 아멘.

우편함 앞에서 책임을 점검한 감사

일상의 경계를 살피시는 하나님,

우편함에 쌓인 고지서와 안내문을 하나씩 확인하며 미뤄 둔 책임을 정리하게 하셔서 감사합니다. 봉투를 열어 내용을 분류하자 우선순위가 또렷해졌고, 기한을 적어 두는 작은 기록이 불안을 낮추는 변화를 느끼게 되었습니다. 숨기지 않고 마주하는 태도가 선택의 정확도를 높인다는 사실을 알게 하셔서 감사합니다.

판단을 차분히 세우시는 하나님, 귀찮음을 이유로 확인을 미루던 습관을 돌아봅니다. 넘겼을 때 부담이 커졌고, 제때 살폈을 때 조정의 여지가 생겼음을 보게 됩니다. 사실을 먼저 확인하고 계획을 세우는 과정이 안정의 토대라는 오늘의 묵상을 마음에 새깁니다.

생활의 질서를 바로 세우시는 하나님, 앞으로는 알림과 문서를 즉시 점검하겠습니다. 기한을 관리하고 필요한 문의를 미루지 않으며, 기록으로 책임을 분명히 하겠습니다. 작은 점검의 반복이 일과 관계의 신뢰로 이어지게 하시기를 바라며 예수님의 이름으로 기도드립니다. 아멘.

9월 6일

책상 위를 정리하며 집중을 되찾은 감사

집중의 질서를 세워 주시는 하나님,

업무를 시작하기 전 책상 위의 서류와 도구를 정리하며 생각의 산만함이 가라앉게 하셔서 감사합니다. 흩어진 메모를 묶고 필요한 것만 남기자 시선이 또렷해졌고, 찾느라 낭비되던 시간이 줄어들었습니다. 정돈된 환경이 판단의 정확도를 높인다는 사실을 몸으로 알게 하셔서 감사합니다.

시선을 바로잡아 주시는 하나님, 바쁘다는 이유로 정리를 미루며 혼란을 감수하던 태도를 돌아봅니다. 쌓아 두었을 때 실수가 늘었고, 순서를 세웠을 때 업무의 흐름이 매끄러워졌음을 보게 됩니다. 시작을 정돈하는 습관이 결과를 지킨다는 오늘의 묵상을 마음에 새깁니다.

일의 기준을 단단히 하시는 하나님, 앞으로는 하루의 시작에 정리를 배치하겠습니다. 필요한 자료를 먼저 준비하고 기록을 정돈하며, 불필요한 요소는 과감히 덜어내겠습니다. 정리에서 배운 태도가 일과 관계의 신뢰로 이어지게 하시기를 바라며 예수님의 이름으로 기도드립니다. 아멘.

복잡한 생각 속에서도 길을 보여주신 감사

길을 비추시는 하나님,

오늘은 마음속 생각이 서로 얽히며 방향을 잡기 어려운 시간이 많았습니다. 결정해야 할 일들이 겹쳐 마음이 무거웠고, 무엇이 옳은 선택인지 분별하기가 쉽지 않았습니다. 그러나 잠시 멈춰 기도하자 하나님께서 제 마음을 조용히 정돈해 주셨고, 해야 할 일과 내려놓아야 할 일이 자연스럽게 구별되었습니다. 혼란 속에서도 분명한 길을 보여주신 주님께 깊이 감사드립니다.

지혜를 주시는 하나님, 하루 중 만난 작은 상황들 속에서 주님의 인도하심을 다시 확인했습니다. 예상치 못한 조언을 듣게 하셨고, 준비하지 않았던 순간에 마음을 밝히는 통찰을 주셨습니다. 주님께서 제 생각의 중심을 부드럽게 바로잡아 주시니, 불안이 줄어들고 감사가 다시 힘을 얻었습니다. 오늘의 일들이 우연이 아니라 주님의 세밀한 인도하심이었음을 고백합니다.

믿음을 견고하게 하시는 하나님, 내일도 판단해야 할 순간마다 주님의 지혜를 의지하게 하시고, 감사의 마음으로 걸음을 옮기게 하소서. 예수님의 이름으로 기도드립니다. 아멘.

9월 8일

계획을 줄이며 여유를 회복한 감사

하루의 속도를 가라앉히시는 하나님,

아침에 일정표를 다시 보며 할 일을 과감히 덜어 낼 수 있게 하셔서 감사합니다. 욕심을 줄이고 꼭 필요한 일만 남기자 시간의 압박이 풀렸고, 한 가지씩 집중하는 흐름이 몸과 마음을 안정시켰습니다. 줄이는 결정이 포기가 아니라 삶을 지키는 선택임을 알게 하셔서 감사합니다.

판단을 차분히 다듬으시는 하나님, 많이 해야 성실하다고 믿던 태도를 돌아봅니다. 과하게 채웠을 때는 생각의 여지가 사라졌고, 줄였을 때는 선택이 또렷해졌음을 보게 됩니다. 계획을 바꾸는 유연함이 책임을 흐리는 것이 아니라 깊게 만든다는 오늘의 묵상을 마음에 새깁니다.

일상의 기준을 바로 세우시는 하나님, 앞으로는 일정에 여백을 남기겠습니다. 힘을 빼고 한 가지를 끝내며, 불필요한 약속은 조정하고, 회복의 시간을 계획 속에 넣겠습니다. 여유에서 배운 태도가 일과 관계의 신뢰로 이어지게 하시기를 바라며 예수님의 이름으로 기도드립니다. 아멘.

9월 9일

계획을 줄이며 여유를 회복한 감사

하루의 속도를 가라앉히시는 하나님,

아침에 일정표를 다시 보며 할 일을 과감히 덜어 낼 수 있게 하셔서 감사합니다. 욕심을 줄이고 꼭 필요한 일만 남기자 시간의 압박이 풀렸고, 한 가지씩 집중하는 흐름이 몸과 마음을 안정시켰습니다. 줄이는 결정이 포기가 아니라 삶을 지키는 선택임을 알게 하셔서 감사합니다.

판단을 차분히 다듬으시는 하나님, 많이 해야 성실하다고 믿던 태도를 돌아봅니다. 과하게 채웠을 때는 생각의 여지가 사라졌고, 줄였을 때는 선택이 또렷해졌음을 보게 됩니다. 계획을 바꾸는 유연함이 책임을 흐리는 것이 아니라 깊게 만든다는 오늘의 묵상을 마음에 새깁니다.

일상의 기준을 바로 세우시는 하나님, 앞으로는 일정에 여백을 남기겠습니다. 힘을 빼고 한 가지를 끝내며, 불필요한 약속은 조정하고, 회복의 시간을 계획 속에 넣겠습니다. 여유에서 배운 태도가 일과 관계의 신뢰로 이어지게 하시기를 바라며 예수님의 이름으로 기도드립니다. 아멘.

9월 10일

말이 오가며 길이 열리게 하신 감사

대화를 가능하게 하시는 하나님,

오늘 하루를 보내며 꼭 필요했던 연락이 닿고, 미뤄지던 이야기가 이어지는 순간들이 있었습니다. 답을 기다리던 메일에 회신이 오고, 일정이 조율되며 다음 걸음을 생각할 수 있었습니다. 말이 막히지 않고 흐르도록 환경을 열어 주시고, 관계의 단절이 이어지지 않게 하신 은혜를 감사드립니다.

상황을 헤아리시는 하나님, 말 한마디가 오해가 되지 않도록 표현을 고르고, 듣는 쪽의 처지를 먼저 생각하게 하셨습니다. 서두르지 않고 맥락을 살피는 태도가 불필요한 갈등을 줄였고, 일의 방향도 한결 분명해졌습니다. 정확한 소통이 시간을 아끼고 신뢰를 쌓는다는 사실을 몸으로 알게 하셔서 감사합니다.

앞길을 정리해 주시는 하나님, 오늘의 대화들이 단순한 정보 교환으로 끝나지 않게 하옵소서. 주고받은 말이 약속으로 이어지고, 책임 있는 행동으로 연결되게 하시며, 관계와 일 모두에서 다음 걸음을 안정적으로 내딛게 하옵소서. 이 하루의 소통을 예수님의 이름으로 기도드립니다. 아멘.

9월 11일

주님의 동행을 조용히 체험하게 하신 감사

동행하시는 하나님,

오늘은 특별히 더 혼자 있는 시간이 많았지만, 그 고요 속에서 오히려 주님이 가까이 계심을 깊이 느낄 수 있었습니다. 아무 말이 없어도 제 마음을 살피시는 주님을 생각하자, 홀로 있는 시간이 외롭지 않고 오히려 숨을 고르는 은혜의 시간이 되었습니다. 조용한 하루 속에서도 주님의 임재를 느끼게 하시니 감사드립니다.

마음을 비추시는 하나님, 걷는 중에 스쳐 지나간 바람, 문득 떠오른 말씀, 마음을 어루만지는 작은 기억 하나가 모두 주님이 제게 건네신 위로처럼 느껴졌습니다. 제가 바라보지 못한 순간에도 주님이 제 걸음을 지켜보고 계시며, 제 마음이 흐트러지지 않도록 세밀하게 인도하고 계심을 다시 깨달았습니다. 오늘의 잔잔한 동행이 제 안에 깊은 감사의 고백으로 남았습니다.

희망을 심어주시는 하나님, 내일도 제 길을 홀로 걷는 것처럼 느껴지지 않게 하시고, 순간마다 주님의 동행을 기억하며 감사하는 마음으로 하루를 살아가게 하소서. 예수님의 이름으로 기도드립니다. 아멘.

9월 12일

막막함 속에서도 길을 열어주신 감사

길을 여시는 하나님,

오늘은 아무리 생각해도 방법이 보이지 않는 순간들이 있었습니다. 마음으로는 해보려 했지만 현실의 여건이 쉽게 풀리지 않아 막막함이 찾아왔고, 제 힘만으로는 한 걸음도 나아가기 어렵다고 느꼈습니다. 그런데 기도하는 동안 조용히 마음에 스며든 주님의 위로가 제 시선을 다시 들어 올렸습니다. 상황은 그대로였지만, 주님이 함께하신다는 확신이 막막함을 조금씩 밝혀 주었습니다.

지혜를 주시는 하나님, 하루를 지나며 주님께서 작은 단서를 통해 길의 힌트를 주고 계심을 깨달았습니다. 우연히 들은 말, 문득 떠오른 생각, 마음에 눌리던 부담이 가벼워지는 순간 막혀 보이는 순간에도 주님의 인도하심이 이어지고 있었음을 다시 알게 되어 감사했습니다.

믿음을 새롭게 하시는 하나님, 내일도 제 앞의 길이 명확하지 않을 때 주님을 먼저 바라보게 하시고, 상황보다 더 큰 주님의 능력을 신뢰하며 감사로 하루를 열게 하소서. 예수님의 이름으로 기도드립니다. 아멘.

9월 13일

창가의 빛이 생각을 맑게 한 감사

아침의 결을 섬세히 여시는 하나님,

창가로 스며드는 부드러운 빛을 따라 자리에 앉아 하루를 시작하게 하셔서 감사합니다. 인공 조명을 줄이고 자연광에 맡기자 눈의 피로가 덜했고, 밝기와 방향을 조절하는 작은 선택이 집중을 오래 유지하게 했습니다. 환경을 먼저 정비하는 일이 마음의 준비가 된다는 사실을 경험하게 하셔서 감사합니다.

시선을 단정히 모으시는 하나님, 서두르다 보면 조건을 살피지 않던 태도를 돌아봅니다. 밝기와 소음을 무시했을 때 생각이 흩어졌고, 자리를 조정했을 때 판단이 또렷해졌음을 보게 됩니다. 빛과 위치를 고려하는 세심함이 효율이라는 오늘의 묵상을 마음에 새깁니다.

일상의 기준을 세워 주시는 하나님, 앞으로는 작업 환경을 먼저 점검하겠습니다. 빛과 소리, 자세를 조정해 몸의 부담을 줄이고, 집중이 필요한 시간에는 조건을 분명히 하겠습니다. 창가에서 배운 준비의 태도가 일과 관계의 신뢰로 이어지게 하시기를 바라며 예수님의 이름으로 기도드립니다. 아멘.

주님께서 제 마음을 잠잠히 안아주신 감사

마음을 어루만지시는 하나님,

오늘은 이유를 알기 어려운 불안이 마음 한편을 계속 두드렸습니다. 겉으로는 평온해 보였지만, 속에서는 작은 파도가 끊임없이 일어 마음이 쉽게 가라앉지 않았습니다. 그러나 잠시 멈춰 하나님께 제 마음을 솔직하게 올려드리자, 설명할 수 없는 평안이 마음 깊은 곳에 내려앉았습니다. 주님께서 제 영혼을 조용히 안아 주셨다는 확신이 들었고, 그 은혜에 감사가 흘러나왔습니다.

위로를 채우시는 하나님, 오늘 들은 말씀 속에서 제가 붙들어야 할 진리가 다시 선명해졌습니다. "내 마음에 근심이 많을 때에 주님의 위로가 나를 기쁘게 하셨나이다"라는 구절이 마음에 오래 머물며 제 영혼의 긴장을 풀어 주었습니다. 누가 대신 채워줄 수 없는 위로를 주님께서 친히 주셨고, 그 위로는 제 하루를 다시 밝히는 은혜가 되었습니다.

평안을 이루시는 하나님, 내일도 제 마음을 주님의 품 안에서 쉬게 하시고, 흔들리는 순간마다 주님께 돌아와 감사로 중심을 세우게 하소서. 예수님의 이름으로 기도드립니다. 아멘.

차분한 정리로 마음의 방향을 잡은 감사

세부를 놓치지 않게 이끄시는 하나님,

업무를 마친 뒤 일정과 메모를 다시 확인하며 빠뜨린 항목을 보완하게 하셔서 감사합니다. 체크리스트를 따라 하나씩 점검하자 누락의 불안이 줄었고, 마무리를 단단히 하는 태도가 다음 날의 부담을 덜어 주었습니다. 끝을 정돈하는 선택이 시작의 안정으로 이어진다는 사실을 깨닫게 하셔서 감사합니다.

판단을 성숙하게 다듬으시는 하나님, 급히 넘기며 충분한 검토를 생략하던 태도를 돌아봅니다. 속도를 앞세웠을 때 수정이 늘었고, 확인을 거쳤을 때 신뢰가 쌓였음을 보게 됩니다. 다시 읽고 고치는 시간이 낭비가 아니라 책임이라는 오늘의 묵상을 마음에 새깁니다.

일의 기준을 견고히 세우시는 하나님, 앞으로는 마무리 점검을 습관으로 삼겠습니다. 기록을 남기고 근거를 확인하며, 다음 사람의 수고를 줄이는 선택을 하겠습니다. 차분한 정리가 일과 관계의 신뢰로 이어지게 하시기를 바라며 예수님의 이름으로 기도드립니다. 아멘.

9월 16일

하나님의 배려를 일상에서 느끼게 하신 감사

배려하시는 하나님,

오늘은 하루를 지내며 예상치 못한 작은 도움들을 많이 경험했습니다. 제가 미처 챙기지 못한 부분을 누군가 대신해 주었고, 복잡한 상황에 놓였을 때 적절한 말 한마디가 길을 열어 주었습니다. 우연처럼 보였던 순간들 뒤에 하나님께서 제 필요를 살피며 배려하고 계셨음을 깨닫게 하시니 마음 깊은 곳에서 감사가 일어났습니다.

세밀하게 돌보시는 하나님, 돌아보니 오늘의 모든 흐름이 제 힘으로만 이루어진 것이 아니라 하나님께서 크고 작은 방법으로 저를 도우셨다는 사실이 선명했습니다. 마음이 답답할 때 들려온 찬양 한 소절, 해야 할 일을 막지 않도록 조용히 지켜주신 여유로운 시간, 그리고 제 마음을 부드럽게 감싸 준 따뜻한 생각. 그 세밀한 손길 속에서 주님의 사랑을 더욱 깊이 느꼈습니다.

감사를 더하게 하시는 하나님, 내일도 일상의 순간마다 주님의 배려를 알아보는 눈을 열어 주시고, 그 은혜를 잊지 않으며 감사의 고백으로 하루를 살아가게 하소서. 예수님의 이름으로 기도드립니다. 아멘.

9월 17일

주님께 마음의 방향을 다시 돌리게 하신 감사

마음을 바로잡아 주시는 하나님,

오늘은 여러 일들에 마음이 분산되어 중심을 잃기 쉬운 하루였습니다. 생각은 계속 옆길로 새고, 마음은 작은 일에도 요동쳤으며, 해야 할 일들이 눈앞에 있어도 집중하기가 어려웠습니다. 그러나 기도하는 순간 제 마음이 다시 제자리로 돌아왔고, 주님께 향하던 시선이 회복되었습니다. 혼란 속에서도 제 마음의 방향을 바르게 세워주신 하나님께 감사드립니다.

길을 인도하시는 하나님, 마음이 흔들릴 때마다 말씀 한 구절이 생각나며 제 안을 붙들어 주었습니다. 세상의 소리가 커지는 순간에도 주님의 음성은 조용히 제 마음을 이끌었고, 불필요한 생각과 감정들이 하나둘 정리되기 시작했습니다. 제 능력으로는 조절할 수 없던 마음의 움직임이 주님의 손 아래에서 다시 안정되는 것을 보며 감사가 깊어졌습니다.

걸음을 굳게 하시는 하나님, 내일도 마음의 방향이 흔들리지 않게 하시고, 어떤 상황 속에서도 주님을 바라보는 시선을 지켜주시며, 감사로 하루를 붙들게 하소서. 예수님의 이름으로 기도드립니다. 아멘.

9월 18일

선 그어진 운동장이 질서를 가르친 감사

기본의 의미를 분명히 하시는 하나님,

운동장에서 그어진 선을 따라 뛰며 방향과 범위를 확인하게 하셔서 감사합니다. 라인을 무시하지 않고 속도를 조절하자 움직임이 일정해졌고, 무리한 변칙 없이 하나씩 반복할 때 몸의 균형이 살아났습니다. 규칙을 존중하는 태도가 훈련의 성과를 지킨다는 사실을 체감하게 하셔서 감사합니다.

판단을 차분히 세워 주시는 하나님, 자유를 핑계로 기준을 건너뛰려 했던 태도를 돌아봅니다. 정해진 틀을 무시했을 때 피로가 쌓였고, 순서를 따랐을 때 집중이 유지되었음을 보게 됩니다. 질서는 억압이 아니라 능력을 지켜 주는 울타리라는 오늘의 묵상을 마음에 새깁니다.

생활의 기준을 단단히 하시는 하나님, 앞으로의 운동과 일상에서 기본을 우선하겠습니다. 준비와 정리를 생략하지 않고, 반복과 휴식의 균형을 지키며, 함께 사용하는 이들의 안전을 먼저 고려하겠습니다. 절제된 규칙이 관계와 일의 신뢰로 이어지게 하시기를 바라며 예수님의 이름으로 기도드립니다. 아멘.

정산이 마무리되어 마음이 놓인 감사

살림을 보살피시는 하나님,

오늘 하루를 지나며 급여와 비용 정산이 마무리되고, 밀려 있던 계산이 정리되는 안도를 누렸습니다. 숫자를 맞추고 영수증을 정리하며 현실을 피하지 않고 마주할 수 있었습니다. 크지 않은 금액의 오차에도 책임을 다하려는 과정이 마음을 가볍게 했고, 생활의 기반이 다시 제자리를 찾았음을 감사드립니다.

형편을 아시는 하나님, 수입과 지출 사이에서 우선순위를 다시 세우게 하셨습니다. 당장의 욕심을 줄이고 필요한 곳부터 채우는 판단이 불안을 낮췄습니다. 비교로 흔들리기보다 내 형편을 정확히 보는 태도를 지키게 하셔서 감사합니다.

앞날을 정돈해 주시는 하나님, 오늘의 정리가 다음 달의 무리로 이어지지 않게 하옵소서. 관리가 두려움이 아니라 자유가 되게 하시고, 남겨 둔 여유로 이웃을 돌아볼 마음도 함께 자라게 하옵소서. 이 생활의 안정을 예수님의 이름으로 기도드립니다. 아멘.

9월 20일

제 마음을 지켜주심을 깨닫게 하신 감사

마음을 지켜주시는 하나님,

오늘은 여러 상황이 한꺼번에 밀려오며 마음이 쉽게 흔들릴 수 있는 날이었습니다. 예상치 못한 일들이 생기고, 생각지 못한 말들이 마음을 스치면서 감정이 복잡하게 흔들렸습니다. 그러나 주님을 조용히 바라보는 순간, 마음이 다시 자리를 찾아가기 시작했고, 불편했던 감정들도 주님의 평안 안에서 하나둘 가라앉았습니다. 제 마음을 지켜주신 은혜에 깊이 감사드립니다.

평안을 더하시는 하나님, 오늘 하루를 지나며 제 마음이 완전히 무너지지 않도록 주님께서 여러 방식으로 보호해 주셨음을 깨달았습니다. 말씀을 떠올리게 하셨고, 갑작스러운 상황 속에서도 분노 대신 온유함을 선택할 수 있는 힘을 주셨습니다. 사람의 말보다 주님의 음성이 더 크게 들리게 하셨고, 그 은혜로 제 마음이 다시 안정되었습니다. 주님이 제 마음의 성벽이 되어 주셨음을 고백하며 감사드립니다.

소망을 주시는 하나님, 내일도 제 마음의 중심을 주님이 지켜주시고, 흔들림 속에서도 감사가 사라지지 않는 믿음을 허락하소서. 예수님의 이름으로 기도드립니다. 아멘.

9월 21일

멈춰 돌아볼 시간을 허락하신 감사

흐름을 멈추게 하시는 하나님,

오늘 하루를 지나며 계속 앞으로만 가야 할 것 같던 마음에 잠시 제동을 걸 수 있었습니다. 일정과 약속, 책임이 이어지는 중에도 속도를 늦추고 지금 서 있는 자리를 돌아보게 하셨습니다. 잘해온 것과 놓친 것, 애쓴 부분과 무리한 부분을 차분히 살필 수 있는 시간을 허락하셔서 감사합니다. 멈춤이 게으름이 아니라 방향을 바로잡는 과정임을 알게 하셨습니다.

마음을 비추시는 하나님, 지나온 날들을 돌아보며 감정이 쌓여 있었음을 솔직히 마주하게 하셨습니다. 말하지 못한 피로와 참고 넘긴 서운함, 애써 괜찮은 척했던 순간들이 하나씩 떠올랐습니다. 외면하지 않고 인정하게 하시고, 감정을 정리할 여지를 주셔서 감사합니다. 하나님, 오늘의 성찰이 자책으로 머물지 않게 하옵소서. 돌아봄이 내일을 가볍게 만드는 힘이 되게 하시고, 같은 실수를 반복하지 않되 자신을 미워하지 않게 하옵소서. 조급함 대신 분별로, 불안 대신 준비로 하루를 이어가게 하시며, 이 삶의 방향을 주님께 맡깁니다. 예수님의 이름으로 기도드립니다. 아멘.

도움을 주고받게 하신 감사

필요를 알아보시는 하나님,

오늘 하루를 살며 혼자 해결하려 애쓰기보다 도움을 요청하는 선택이 필요했음을 깨닫게 됩니다. 질문을 던지고 손을 내밀었을 때, 예상보다 빠르게 길이 열리기도 했습니다. 도움을 받는 일이 약함이 아니라 관계의 일부임을 알게 하시고, 체면보다 해결을 택하게 하신 은혜를 감사드립니다.

관계를 이어 주시는 하나님, 서로의 형편을 묻고 가능한 범위를 나누는 대화가 오갔습니다. 완벽한 해결은 아니어도 방향을 잡을 수 있었고, 부담이 한 사람에게만 쏠리지 않게 조정되었습니다. 주고받음 속에서 신뢰가 자라고, 일의 속도보다 정확이 지켜졌음을 보게 하셔서 감사합니다.

배려를 확장하시는 하나님, 오늘 받은 도움이 의존으로 굳어지지 않게 하옵소서. 스스로 감당할 몫은 책임 있게 지고, 여유가 생길 때는 기꺼이 손을 내밀게 하시며, 도움의 순환이 공동체의 힘이 되게 하옵소서. 이 관계의 감사를 예수님의 이름으로 기도드립니다. 아멘.

9월 23일

약국에서 기본을 점검한 감사

몸의 안전을 세심히 돌보시는 하나님,

약국에 들러 상비약과 소모품의 유통기한을 확인하며 기본을 챙기게 하셔서 감사합니다. 필요한 것과 중복된 것을 구분하자 수납이 단순해졌고, 미리 준비한 작은 확인이 갑작스러운 상황의 불안을 낮춘다는 사실을 경험했습니다. 설명을 차분히 듣고 복용 기준을 기록하며 책임 있는 관리가 일상의 안정으로 이어짐을 깨닫게 하셔서 감사합니다.

분별을 가르치시는 하나님, 증상을 가볍게 여기거나 정보만 믿고 넘기려 했던 태도를 돌아봅니다. 확인을 미뤘을 때 혼란이 커졌고, 질문을 남겼을 때 판단이 또렷해졌음을 보게 됩니다. 정확한 기준과 기록이 감정을 붙든다는 오늘의 묵상을 마음에 새깁니다.

생활의 기준을 세워 주시는 하나님, 앞으로는 건강 관리에서 기본을 우선하겠습니다. 복용법과 기한을 지키고 필요 시 전문가의 안내를 따르며, 가족과 정보를 공유하겠습니다. 작은 점검의 습관이 일과 관계의 신뢰로 이어지게 하시기를 바라며 예수님의 이름으로 기도드립니다. 아멘.

계획이 다시 맞물리게 하신 감사

일정을 정리해 주시는 하나님,

오늘 하루를 살며 어긋났던 약속과 밀려 있던 계획들이 다시 맞물리는 경험을 했습니다. 취소와 변경 속에서도 대안을 찾고, 필요한 순서를 다시 세워 한 가지씩 처리할 수 있었습니다. 완벽하지는 않아도 흐름을 회복하게 하시고, 혼란 속에서 방향을 잃지 않게 하신 은혜를 감사드립니다.

현실을 조율하시는 하나님, 일정의 공백과 겹침이 생길 때마다 감정부터 앞서지 않게 하셨습니다. 우선순위를 다시 적어 보고, 가능한 범위를 확인하며 무리하지 않는 선택을 하게 하셨습니다. 계획이 뜻대로 되지 않아도 삶이 멈추지 않는다는 사실을 몸으로 알게 하셔서 감사합니다.

다음을 준비시키시는 하나님, 오늘의 정리가 내일의 부담으로 되돌아오지 않게 하옵소서. 남은 일을 명확히 기록하게 하시고, 약속을 가볍게 여기지 않되 스스로를 과도하게 몰아붙이지 않게 하시며, 차분한 실행으로 하루하루를 이어가게 하옵소서. 이 삶의 조정을 예수님의 이름으로 기도드립니다. 아멘.

지연 속에서도 길을 찾게 하신 감사

상황을 살피시는 하나님,

오늘 하루를 보내며 이동과 일정이 예상보다 늦어지는 순간들을 겪었습니다. 교통의 혼잡과 갑작스러운 변경으로 마음이 조급해질 뻔했지만, 우회로를 찾고 순서를 바꾸며 하루를 이어갈 수 있었습니다. 멈춤 속에서도 포기하지 않고 대안을 찾게 하시고, 지연이 곧 실패는 아님을 알게 하신 그 은혜를 감사드립니다.

판단을 도우시는 하나님, 지체되는 시간 속에서 불평보다 조정을 택하게 하셨습니다. 연락을 미리 남기고 약속을 다시 맞추며, 서로의 상황을 이해하려는 태도가 관계를 지켜 주었습니다. 급함을 내려놓자 오히려 실수가 줄고, 필요한 일에 집중할 수 있었음을 깨닫게 하셔서 감사합니다.

앞길을 여시는 하나님, 오늘의 지연이 마음의 상처로 남지 않게 하옵소서. 예상과 다른 흐름 앞에서도 유연하게 대응하게 하시고, 계획이 어긋날 때에도 신뢰와 배려를 잃지 않게 하시며, 내일의 일정은 더 차분히 준비하게 하옵소서. 이 하루의 여정을 예수님의 이름으로 기도드립니다. 아멘.

9월 26일
생활의 기반이 한 걸음 단단해진 감사

현실을 돌보시는 하나님,

오늘 하루를 지나며 생활의 작은 안정이 얼마나 큰 힘이 되는지 느꼈습니다. 연락이 오고, 면담의 기회가 생기고, 조건을 다시 살필 수 있는 자리들이 이어졌습니다. 단번에 결론이 나지 않아도 다음 단계를 준비할 수 있게 하시고, 막연함 속에서도 방향을 잃지 않게 하신 은혜를 감사드립니다.

형편을 헤아리시는 하나님, 취업과 일의 문제 앞에서 기대와 불안이 함께 오갔지만 기준을 분명히 하게 하셨습니다. 급함에 끌려 조건을 놓치지 않게 하시고, 나의 역량과 한계를 정직하게 바라보게 하셨습니다. 비교로 마음이 흐트러질 때마다 지금의 현실을 차분히 정리하게 하셔서 감사합니다.

앞날을 준비시키시는 하나님, 오늘의 진전이 자만으로 흐르지 않게 하옵소서. 결과를 기다리는 시간에도 준비를 멈추지 않게 하시고, 열리는 자리에서 존엄과 책임을 함께 지키게 하시며, 생활의 기반이 서서히 단단해지게 하옵소서. 이 하루의 기대를 예수님의 이름으로 기도드립니다. 아멘.

9월 27일

생활의 자리를 지켜주신 감사

일할 수 있는 여건을 허락하신 하나님,

하루를 돌아보며 크지 않아 보여도 제게 맡겨진 일이 있다는 사실을 다시 생각하게 하시니 감사합니다. 출근할 자리, 해야 할 역할, 책임져야 할 몫이 있다는 것이 때로는 부담이 되기도 하지만, 그것이 곧 삶을 이어갈 수 있는 조건임을 깨닫습니다. 지금 설 수 있는 자리를 허락하신 은혜를 감사로 고백합니다.

생활을 이어가게 하시는 하나님, 하루 중 급여와 일정, 계약과 관련된 현실적인 생각들이 마음을 차지했던 순간들도 있었습니다. 미래가 또렷하지 않아 불안해질 때도 있었지만, 오늘 필요한 만큼의 일과 관계, 대화가 이어졌고 생활이 중단되지는 않았습니다. 당장 해결되지 않은 문제 속에서도 오늘을 살아갈 수 있게 하신 공급과 유지의 손길을 기억합니다.

앞길을 열어가시는 하나님, 지금의 자리와 상황을 가볍게 여기지 않게 하옵소서. 더 나은 기회를 기다리는 마음과 현재를 성실히 감당하는 태도 사이에서 균형을 잃지 않게 하시고, 오늘의 노동과 수고가 헛되지 않음을 믿게 하옵소서. 이 삶의 현실을 주님께 맡기며, 예수님의 이름으로 기도드립니다. 아멘.

일상의 흐름이 다시 이어진 감사

하루를 이어 주시는 하나님,

오늘 하루를 보내며 끊길 것 같던 일들이 다시 이어지는 경험을 했습니다. 미뤄 두었던 연락이 닿고, 정체되던 일이 조금씩 앞으로 나아갔습니다. 큰 변화는 아니었지만 흐름이 살아 있다는 감각이 마음을 놓이게 했습니다. 멈춘 듯 보이던 시간 속에서도 삶이 조용히 진행되고 있음을 알게 하시니 감사드립니다.

과정을 보듬으시는 하나님, 답답함이 올라올 때마다 결과만 바라보지 않게 하시고 과정에 머물게 하셨습니다. 하루의 진도가 느려 보여도 의미 없는 시간은 없었음을 깨닫게 하셨습니다. 당장 눈에 띄지 않아도 쌓이고 있다는 사실을 받아들이게 하셔서 감사합니다.

내일을 향해 이끄시는 하나님, 오늘의 흐름이 다시 끊어질까 두려워하지 않게 하옵소서. 속도보다 방향을 신뢰하게 하시고, 이어진 일상을 성실히 살아내는 힘을 주시며, 작은 진전에도 감사할 줄 아는 마음을 지키게 하옵소서. 이 하루의 삶을 예수님의 이름으로 기도드립니다. 아멘.

9월 29일

마무리를 향해 마음을 정돈하게 하신 감사

시간을 정리해 주시는 하나님,

오늘 하루를 보내며 끝나지 않을 것 같던 일들이 하나둘 정리되는 흐름을 경험했습니다. 미완의 과제와 남겨 둔 연락, 정리되지 않던 생각들을 차분히 묶어 둘 수 있었습니다. 모든 것을 완성하지는 못했지만, 멈춰 서서 정리할 수 있는 여지를 주시고 마음을 가볍게 하신 은혜를 감사드립니다.

우선순위를 밝혀 주시는 하나님, 무엇을 오늘로 남기고 무엇을 내일로 넘길지 분별하게 하셨습니다. 급한 것과 중요한 것을 구분하며 무리한 결정을 피할 수 있었습니다. 내려놓음이 포기가 아니라 준비임을 알게 하시고, 정돈된 선택이 하루를 안정시키는 힘이 됨을 깨닫게 하셔서 감사합니다.

다음을 열어 주시는 하나님, 오늘의 마무리가 후회로 남지 않게 하옵소서. 남은 일을 차분히 이어갈 용기를 주시고, 정리된 마음으로 새로운 하루를 맞이하게 하시며, 끝맺음 속에서도 희망을 발견하게 하옵소서. 이 하루의 정돈을 예수님의 이름으로 기도드립니다. 아멘.

9월 30일

한 달을 은혜로 채워주신 감사

은혜로 돌보시는 하나님,

9월의 마지막 날을 맞으며 한 달을 돌아보니 제 힘으로 버틴 날은 단 하나도 없었습니다. 흔들리던 마음을 부드럽게 붙들어 주셨고, 지치던 순간마다 쉬어갈 자리를 마련해 주셨으며, 예상 치 못한 어려움 속에서도 넘어지지 않도록 이끌어 주셨습니다. 보이지 않는 곳에서 제 삶을 지켜 주신 주님의 은혜에 깊이 감 사드립니다.

신실하신 하나님, 한 달 동안의 기쁨과 슬픔, 평안과 흔들림이 모두 주님의 손 안에서 선하게 엮여 있었음을 깨닫습니다. 이해 되지 않던 순간들에도 주님은 일하고 계셨고, 조용한 위로와 세 밀한 인도하심으로 제 마음을 하루하루 새롭게 세워주셨습니 다. 제 삶의 모든 흐름이 우연이 아니라 하나님께서 계획하신 은혜였음을 고백하며 깊은 감사를 올려드립니다.

앞날을 밝히시는 하나님, 새롭게 열릴 다음 달에도 주님의 은 혜를 더 깊이 경험하게 하시고, 어떤 상황 속에서도 감사의 마음 을 잃지 않게 하소서. 예수님의 이름으로 기도드립니다. 아멘.

또 너희가 기도할 때에,
이루어질 것을 믿으면서 구하는 것은,
무엇이든지 다 받을 것이다
(새번역, 마태복음 21:22)

10월
가을빛 속에서
깊어지는 은혜의 길

10월 1일
가을의 첫날을 열어주신 감사

은총으로 감싸주시는 하나님,

10월의 첫 아침을 허락하셔서 감사합니다. 맑은 바람 속에서 지난 날의 무게가 조금씩 내려놓아지는 은혜를 느끼며, 숨과 걸음이 주님의 선물임을 다시 고백합니다. 새로운 달을 감사의 마음으로 맞이하게 하시니 참으로 감사합니다.

지혜로 이끄시는 하나님, 가을빛이 깊어질수록 제 마음도 고요해지고 삶의 본질을 돌아보게 됩니다. 때로는 분주함 속에서 주님의 뜻을 흐릿하게 만들었던 날이 있었으나 주님은 변함없이 제 곁에 평안을 주셨습니다. 예기치 못한 무게가 찾아온 순간에도 주님은 제 마음을 지켜 주셨음을 기억합니다.

소망을 새롭게 하시는 하나님, 이 한 달의 모든 걸음이 주님과 동행하는 은혜의 시간이 되게 하소서. 작은 일에서도 감사의 이유를 발견하는 넉넉함을 주시고, 흔들리는 순간에도 주님이 여시는 길을 신뢰하게 하옵소서. 예수님의 이름으로 기도드립니다. 아멘.

10월 2일

평안으로 하루를 여시는 하나님

평안을 머물게 하시는 하나님,

10월의 두 번째 날을 허락하시고 새로운 숨을 쉬게 하시니 감사합니다. 어제의 피로가 남아 있었지만 주님이 주시는 잔잔한 위로 속에서 마음이 다시 일어섭니다. 작은 일에도 감사할 수 있는 눈을 열어 주시고, 오늘의 시간을 은총으로 채워 주시는 주님의 손길을 느끼며 하루를 시작합니다. 지난 날의 흔들림을 감싸 안아 주신 사랑을 기억하며 감사를 올려드립니다.

지혜를 더하시는 하나님, 복잡한 생각과 감정이 얽혀 있을 때에도 주님은 제 중심을 잃지 않도록 붙들어 주셨고, 조용한 음성으로 제 길을 인도하셨습니다. 이유를 알기 어려운 불안이 스며들던 순간에도 주님은 평안의 빛을 비추어 제 마음이 무너지지 않게 하셨습니다. 오늘도 그 사랑을 의지하며 믿음의 자리를 지키고자 합니다.

소망을 일깨우시는 하나님, 이 하루가 주님과 동행하는 깊은 기쁨으로 채워지게 하시고, 제 판단보다 주님의 인도하심을 더 신뢰하게 하옵소서. 감사와 믿음의 걸음으로 오늘을 살아가게 하소서. 예수님의 이름으로 기도드립니다. 아멘.

10월 3일

쉼과 의미를 함께 돌아보게 하신 감사

삶의 호흡을 멈추게 하시는 하나님,

오늘 하루를 지나며 분주한 일정에서 한 발 물러나 쉬어도 괜찮다는 허락을 받았습니다. 해야 할 일의 목록에서 잠시 벗어나, 왜 이 길을 걷고 있는지 돌아볼 수 있는 여백이 생겼습니다. 쉼이 게으름이 아니라 삶의 방향을 다시 세우는 시간임을 알게 하시고, 의미를 회복하게 하신 은혜를 감사드립니다.

역사를 기억하게 하시는 하나님, 오늘의 시간이 개인의 휴식에 머물지 않고 우리가 지나온 길을 생각하게 했습니다. 지금의 일상과 자유가 누군가의 선택과 희생 위에 놓여 있음을 떠올리며, 당연하게 여겼던 조건들을 다시 바라보게 되었습니다. 기억을 통해 오늘을 더 책임 있게 살게 하셔서 감사합니다.

내일을 새롭게 하시는 하나님, 오늘의 쉼과 성찰이 일상으로 돌아와 힘이 되게 하옵소서. 감사가 말로만 남지 않게 하시고, 배운 만큼 삶에서 실천하게 하시며, 다시 시작하는 하루를 성실히 맞이하게 하옵소서. 이 하루의 의미를 예수님의 이름으로 기도드립니다. 아멘.

10월 4일
세대가 이어지는 자리에 서게 하신 감사

자리를 맡기시는 하나님,

오늘 하루를 살며 내가 어느새 누군가의 기준이 되는 위치에 서 있음을 느끼게 됩니다. 말과 태도, 선택 하나가 다음 세대의 판단에 영향을 줄 수 있다는 사실이 마음에 와 닿았습니다. 앞선 세대에게서 받은 것과 아직 다 주지 못한 책임을 함께 떠올리며, 지금 이 자리에 서 있게 하신 은혜를 감사드립니다.

변화를 허락하시는 하나님, 사회의 속도와 가치가 달라지는 과정에서 익숙함만 붙들지 않게 하셨습니다. 이해되지 않는 방식 앞에서도 단정하지 않고 이유를 묻는 태도를 배우게 하셨습니다. 다름을 위협으로 보지 않고 대화의 출발점으로 삼게 하시며, 세대 간의 간극을 줄이는 선택을 가능하게 하셔서 감사합니다.

내일을 맡기시는 하나님, 오늘의 책임이 권위로 굳어지지 않게 하옵소서. 경험을 강요하지 않되 지혜를 나누게 하시고, 배운 것을 독점하지 않으며 길을 비켜 줄 줄 아는 어른으로 살게 하옵소서. 이 세대의 자리를 주님께 맡기며, 예수님의 이름으로 기도드립니다. 아멘.

집중할 시간을 허락하신 감사

생각을 모아 주시는 하나님,

오늘 하루를 지나며 흩어지던 마음을 한곳에 모을 수 있는 시간이 주어졌습니다. 자잘한 방해를 줄이고 해야 할 일의 핵심을 붙들며 한 가지씩 처리할 수 있었습니다. 완벽한 결과는 아니었지만, 집중의 시간이 주는 밀도와 만족을 경험하게 하셨습니다. 분주함 속에서도 몰입의 자리를 허락하신 은혜를 감사드립니다.

우선순위를 세워 주시는 하나님, 무엇을 지금 해야 하고 무엇을 내려놓아도 되는지 분별하게 하셨습니다. 모든 요구에 즉각 반응하지 않고, 중요한 일에 에너지를 남기는 선택이 하루의 피로를 줄였습니다. 집중이 속도가 아니라 방향의 문제임을 깨닫게 하셔서 감사합니다.

지속을 가능하게 하시는 하나님, 오늘의 몰입이 무리로 바뀌지 않게 하옵소서. 쉼과 집중의 균형을 지키게 하시고, 쌓인 성취가 내일의 책임으로 자연스럽게 이어지게 하시며, 성실한 리듬을 오래 유지하게 하옵소서. 이 하루의 집중을 예수님의 이름으로 기도드립니다. 아멘.

10월 6일

몸이 회복될 여지를 남겨주신 감사

몸의 상태를 살피게 하시는 하나님,

오늘 하루를 보내며 몸이 보내는 신호를 무시하지 않고 받아들이게 하셨습니다. 피로가 쌓였음을 인정하고, 무리한 일정을 줄이며 잠시 멈출 수 있었습니다. 늘 같은 속도로 살아야 한다는 생각에서 벗어나, 오늘의 컨디션에 맞게 하루를 조정할 수 있게 하신 은혜를 감사드립니다. 몸이 따라주지 않을 때도 삶이 실패는 아니라는 사실을 알게 하셨습니다.

회복의 시간을 허락하시는 하나님, 충분한 잠과 휴식이 마음까지 안정시키는 경험을 하게 하셨습니다. 억지로 버티기보다 쉬어야 할 때 쉬는 선택이 다음 날을 살리는 길임을 깨닫게 하셨습니다. 생산성보다 지속을 택하게 하시고, 몸을 돌보는 일이 책임 회피가 아님을 알게 하셔서 감사합니다.

내일을 준비시키시는 하나님, 오늘의 휴식이 자기 합리화로 흐르지 않게 하옵소서. 쉬어야 할 때 쉬고, 움직일 때는 다시 성실히 걸어가게 하시며, 몸과 마음이 함께 회복된 상태로 일상을 이어가게 하옵소서. 이 삶의 리듬을 예수님의 이름으로 기도드립니다. 아멘.

10월 7일
오늘의 걸음을 부드럽게 인도하시는 주님

은총을 흘려보내시는 하나님,

새로운 하루를 선물처럼 받아들며 감사의 마음을 올립니다. 아침 공기 속에서 주님의 온기를 느끼고, 눈을 뜨는 순간부터 주님이 제 곁에 계심을 깨닫습니다. 어제 채 끝나지 못한 걱정들이 마음 한편에 남아 있었지만, 주님께서 잔잔한 평안을 보내주셔서 다시 숨을 고르고 하루를 시작할 수 있게 되었습니다. 제 삶에 스며든 주님의 은혜를 기억하며 감사드립니다.

하나님, 가을의 색이 한층 깊어지며 제 마음도 더 투명해지고 주님을 바라보는 시선이 선명해집니다. 여러 일들이 한꺼번에 밀려와 마음이 복잡했던 날에도, 흔들리는 제 마음을 부드럽게 붙들어 주셨습니다. 설명하기 어려운 불안과 막막함이 스며들던 자리에서도 주님의 손길이 일하고 있었음을 뒤늦게 깨닫습니다. 그 신실한 사랑을 의지하며 믿음의 걸음을 내딛고자 합니다.

소망을 품게 하시는 하나님, 제 하루가 주님이 주시는 평안 속에서 흐르게 하시고, 주님의 선한 인도하심을 신뢰하는 믿음으로 모든 순간을 채우게 하옵소서. 예수님의 이름으로 기도드립니다. 아멘.

고단한 마음을 어루만지시는 주님

사랑으로 감싸주시는 하나님,

오늘의 아침을 허락하시니 감사드립니다. 깊어진 가을의 공기 속에서 잠시 호흡을 고르게 하며, 주님이 주시는 평안을 다시 떠올립니다. 어제 마음에 남아 있던 무거움과 복잡한 생각들이 여전히 완전히 가시지 않았지만, 그 모든 것을 품으시고 새 힘을 주시는 주님의 손길을 느끼며 감사드립니다. 제게 주어진 일상을 감당할 수 있는 은혜를 허락하심에 깊이 고백합니다.

길을 붙들어주시는 하나님, 예기치 못한 일들이 겹쳐 마음이 흔들렸던 순간에도 주님의 신실한 인도하심은 변함이 없었고, 제가 알지 못했던 부분까지 섬세하게 채워 주셨습니다. 때로는 한 걸음 내딛는 것도 어렵게 느껴졌으나, 주님은 조용한 위로와 평안으로 제 마음을 다시 일으켜 세우셨습니다. 오늘도 그 사랑을 바라보며 믿음의 자리를 지키고자 합니다.

소망을 일으키시는 하나님, 이 하루가 주님의 은혜를 더 깊이 경험하는 시간이 되게 하시고, 흔들리는 순간에도 주님의 선한 계획을 신뢰하는 믿음을 주옵소서. 예수님의 이름으로 기도드립니다. 아멘.

말과 글이 삶을 세우게 하신 감사

언어를 맡기시는 하나님,

오늘 하루를 지나며 말 한마디와 문장 하나가 관계와 일을 얼마나 크게 좌우하는지 느꼈습니다. 급히 내뱉지 않고 고른 표현이 오해를 줄였고, 정확한 기록이 다음 선택을 분명히 했습니다. 쉽게 소비되는 말의 시대에, 신중함을 택할 수 있게 하시고 언어가 상처보다 다리를 놓게 하신 은혜를 감사드립니다.

의미를 분별하게 하시는 하나님, 공적인 자리와 사적인 대화에서 같은 단어라도 맥락이 다름을 배우게 하셨습니다. 사실과 의견을 구분하고, 감정의 온도를 낮추는 표현을 선택하니 갈등의 파도가 잦아들었습니다. 말이 힘이 될 때도 짐이 될 때도 있음을 기억하게 하셔서 감사합니다.

책임을 지게 하시는 하나님, 오늘의 언어가 순간의 승부로 끝나지 않게 하옵소서. 기록은 정확으로, 대화는 존중으로 이어지게 하시고, 말과 글이 공동의 신뢰를 세우는 주님의 도구가 되게 하옵소서. 이 하루의 언어를 예수님의 이름으로 기도드립니다. 아멘.

10월 10일
흐트러진 하루를 다시 묶어주신 감사

중심을 붙들어 주신 하나님,

오늘을 보내며 생각과 일정이 제각각 흩어졌던 순간들을 돌아봅니다. 계획한 대로 흘러가지 않아 마음이 들떠 있거나 가라앉기도 했지만, 완전히 방향을 잃지는 않았습니다. 중간에 멈춰 숨을 고르고, 다시 해야 할 일로 돌아올 수 있었던 그 회복의 지점이 오늘 제게 주어진 은혜였음을 감사드립니다.

상황을 정돈해 주신 하나님, 일의 순서가 바뀌고 예기치 않은 요청이 더해지며 마음이 분주해졌을 때, 모든 것을 한 번에 해결하려 하지 않게 하셨습니다. 급하지 않은 것은 미루고, 지금 할 수 있는 것부터 붙잡는 선택을 하게 하셔서 하루가 더 어지러워지지 않았습니다. 그 판단의 여유 속에서 주님의 돌보심을 느낍니다.

마침을 허락하신 하나님, 이제 하루를 정리하며 남은 생각과 아쉬움을 내려놓게 하옵소서. 완벽하지 않았던 과정보다 다시 묶어 세운 흐름을 귀하게 여기게 하시고, 이 하루가 헛되이 지나가지 않았음을 마음으로 받아들이게 하옵소서. 이 시간을 주님께 맡기며, 예수님의 이름으로 기도드립니다. 아멘.

10월 11일

하루의 균형을 다시 찾게 하신 감사

마음을 다잡아 주신 하나님,

오늘을 보내며 마음이 한쪽으로 기울어졌던 순간들을 돌아봅니다. 일에 쫓기며 여유를 잃기도 했고, 사소한 일에 감정이 흔들리기도 했지만, 그 상태를 그대로 끌고 가지 않게 하셨습니다. 잠시 멈춰 제 마음을 살피고, 다시 균형을 잡을 수 있었던 그 틈이 오늘 제게 주어진 은혜였음을 감사드립니다.

현실을 감당하게 하시는 하나님, 하루 중 계획이 어긋나고 생각보다 시간이 더 걸리는 일 앞에서 조급함이 올라왔지만, 무리하게 밀어붙이지 않을 선택을 하게 하셨습니다. 다 끝내지 못해도 괜찮다는 판단 속에서 오늘 할 수 있는 만큼을 감당할 수 있었고, 그 덕분에 하루가 완전히 무너지지 않았습니다.

앞을 인도하시는 하나님, 오늘의 균형이 내일의 방향으로 이어지게 하옵소서. 완벽하지 않아도 스스로를 인정하며 한 걸음씩 나아가게 하시고, 이렇게 조율된 하루들이 쌓여 삶을 단단히 지탱하게 하옵소서. 이 하루의 감사를 주님께 맡기며, 예수님의 이름으로 기도드립니다. 아멘.

10월 12일
주님의 숨결로 마음을 적시는 아침

새벽을 밝히시는 하나님,

오늘도 눈을 뜨게 하시고 하루를 시작할 힘을 주시니 감사드립니다. 고요한 아침 공기 속에서 주님의 숨결 같은 은혜를 느끼며, 어제 미처 정리되지 못한 마음의 짐을 천천히 내려놓습니다. 제게 주어진 삶의 자리마다 주님이 동행하고 계셨음을 돌아보면 감사가 새롭게 피어오릅니다. 기대와 염려가 함께 있는 오늘의 시간도 주님의 손안에 있음을 믿으며 감사드립니다.

평안을 주시는 하나님, 마음이 흔들리고 판단이 흐려졌던 순간에도 주님은 부드러운 음성으로 제 중심을 붙들어 주셨습니다. 이유를 알 수 없는 막막함이 찾아왔을 때에도 주님의 손길은 멀어지지 않았고, 오히려 더 가까운 자리에서 제 마음을 어루만지며 길을 준비하고 계셨습니다. 그 신실한 사랑을 기억하며 주님을 더욱 신뢰하고자 합니다.

소망을 일깨우시는 하나님, 이 하루의 모든 걸음 속에서 주님의 은혜를 더 깊이 경험하게 하시고, 어떠한 상황에서도 주님의 선하신 뜻을 믿고 따르게 하옵소서. 예수님의 이름으로 기도드립니다. 아멘.

10월 13일

웃음이 하루의 긴장을 풀어준 감사

미소의 여지를 남겨주시는 하나님,

오늘 하루를 지나며 뜻밖의 농담과 가벼운 웃음이 마음의 무게를 덜어 주었습니다. 일이 완벽히 풀리지 않아도 함께 웃을 수 있는 순간이 있었고, 그 짧은 웃음이 다시 숨을 고르게 했습니다. 심각함에만 매이지 않게 하시고, 삶에 유연함을 허락하신 은혜를 감사드립니다.

관계를 따뜻하게 하시는 하나님, 웃음 뒤에 숨은 배려와 공감이 대화를 부드럽게 만들었습니다. 말의 칼날을 내려놓고 분위기를 누그러뜨리는 선택이 갈등을 키우지 않게 했습니다. 가벼움이 가벼운 책임으로 흐르지 않도록 선을 지키게 하시고, 웃음이 관계를 잇는 다리가 되게 하셔서 감사합니다.

하루를 밝히시는 하나님, 오늘의 웃음이 현실을 외면하는 도피가 되지 않게 하옵소서. 기쁨을 나누되 책임을 놓치지 않게 하시고, 웃을 줄 아는 여유가 주변을 살피는 힘으로 이어지게 하옵소서. 이 하루의 온기를 예수님의 이름으로 기도드립니다. 아멘.

실수 뒤에도 다시 걸을 길을 주신 감사

다시 세워 주시는 하나님,

오늘 하루를 지나며 말과 행동에서 아쉬운 순간들을 마주했습니다. 돌이킬 수 없을 것처럼 느껴졌던 실수 앞에서도 멈춰 숨을 고르고, 상황을 수습할 여지가 남아 있음을 알게 하셨습니다. 완벽하지 않아도 끝이 아니라는 사실을 기억하게 하시고, 다시 시작할 수 있는 시간을 주신 은혜를 감사드립니다.

상처를 보듬으시는 하나님, 실수 이후의 부끄러움과 자책이 마음을 무겁게 했지만, 숨지 않고 책임을 인정하게 하셨습니다. 필요한 사과를 건네고 설명을 더하며 관계를 회복할 기회를 놓치지 않게 하셨습니다. 실패를 숨기는 대신 배움으로 남기게 하셔서 감사합니다.

앞으로 이끄시는 하나님, 오늘의 경험이 두려움으로 굳어지지 않게 하옵소서. 같은 실수를 반복하지 않도록 분별을 더하시고, 넘어졌던 자리에서 다시 걸어갈 용기를 주시며, 성숙한 선택으로 하루하루를 이어가게 하옵소서. 이 회복의 길을 예수님의 이름으로 기도드립니다. 아멘.

10월 15일
기다림이 헛되지 않음을 알게 하신 감사

때를 살피시는 하나님,

오늘 하루를 보내며 결과를 바로 보지 못한 채 기다려야 하는 순간들이 있었습니다. 연락을 기다리고, 답을 보류한 채 다음을 준비하며 마음이 조급해질 때도 있었습니다. 그럼에도 성급히 결론을 내리지 않고 현재의 몫을 감당하게 하시고, 기다림 속에서도 하루를 성실히 채우게 하신 은혜를 감사드립니다.

인내를 가르치시는 하나님, 지연되는 상황 앞에서 불안이 판단을 앞서지 않도록 마음을 붙들어 주셨습니다. 할 수 있는 준비를 차분히 이어가고, 통제할 수 없는 영역을 내려놓는 선택이 생각보다 큰 평안을 주었습니다. 기다림이 멈춤이 아니라 신뢰의 다른 이름임을 알게 하셔서 감사합니다.

앞날을 여시는 하나님, 오늘의 기다림이 체념으로 굳어지지 않게 하옵소서. 때가 이를 때 준비된 모습으로 서게 하시고, 보이지 않는 시간에도 성장하고 있음을 믿게 하시며, 흔들리지 않는 중심으로 하루를 이어가게 하옵소서. 이 신뢰의 시간을 예수님의 이름으로 기도드립니다. 아멘.

10월 16일
주님의 평안으로 고요하게 하시는 은혜

위로를 덧입히시는 하나님,

오늘도 제게 새로운 하루를 허락하시니 감사드립니다. 눈을 뜨는 순간 느껴지는 고요 속에서 주님의 평안이 마음 깊은 곳에 스며들어, 어제의 긴장과 걱정이 천천히 풀어지는 것을 경험합니다. 스스로 감당하기 어려웠던 많은 일들이 있었지만, 그 모든 과정 속에서 주님께서 제 삶을 지켜주셨음을 돌아보며 감사의 고백을 올립니다.

길을 붙들어주시는 하나님, 마음이 어지럽고 판단이 흔들리던 날에도 주님은 제 중심을 지켜주셨습니다. 불안이 조용히 마음을 잠식하려 할 때 주님은 잔잔한 위로로 다가오셔서 다시 일어설 힘을 주셨습니다. 이해할 수 없는 상황들 앞에서 방황하던 순간에도 결국 지나고 보니 주님의 손길이 제 걸음을 이끌고 계셨음을 깨닫습니다. 오늘도 그 신실하심을 의지하며 주님을 더욱 깊이 붙들고자 합니다.

하나님, 이 하루가 흔들림 속에서도 주님을 신뢰하는 시간이 되게 하시고, 제 마음의 작은 움직임까지도 주님께 맡기며 걸어가는 믿음을 주옵소서. 예수님의 이름으로 기도드립니다. 아멘.

10월 17일
잠시 멈추어 숨을 고르게 하신 감사

분주한 리듬 속에 쉼을 끼워 주시는 하나님,

오후의 짧은 틈에 따뜻한 차 한 잔을 마시며 숨을 고를 수 있게 하셔서 감사합니다. 멈추지 않으면 뒤처질 것 같은 마음으로 하루를 몰아가던 중에, 손에 쥔 찻잔 하나가 속도를 늦추게 했습니다. 바쁘다는 이유로 몸의 신호를 무시하지 않게 하시고, 잠깐의 여유가 마음의 균형을 회복시킨다는 사실을 몸으로 알게 하셔서 감사합니다.

마음을 가볍게 내려놓게 하시는 하나님, 쉼을 사치처럼 여겨왔던 태도를 돌아봅니다. 아무것도 하지 않는 시간이 헛되다고 생각하며 스스로를 몰아붙였고, 그 결과 집중력과 친절이 함께 닳아 있었음을 깨닫습니다. 이 시간이 게으름이 아니라 삶을 정돈하는 과정임을 오늘에서야 분명히 보게 됩니다.

하나님, 앞으로는 쉼을 미루지 않고 삶의 일부로 받아들이겠습니다. 몸과 마음이 지쳤을 때 신호를 외면하지 않고, 잠깐의 멈춤을 통해 다시 사람을 향해 열리는 상태로 돌아가겠습니다. 바쁨 속에서도 균형을 잃지 않는 신앙의 태도를 살아내게 하시기를 바라며 예수님의 이름으로 기도드립니다. 아멘.

10월 18일

기다림 속에서 마음을 돌보게 하신 감사

몸의 신호를 놓치지 않게 하시는 하나님,

병원 대기실의 조용한 시간 속에서 서두름을 내려놓게 하셔서 감사합니다. 번호표를 쥔 손이 차분해지며 그동안 미뤄 두었던 몸의 상태를 정직하게 바라보게 되었고, 빠르게 지나가던 일상에서 멈춰야 할 이유를 알게 되었습니다. 바쁨을 핑계로 돌보지 못했던 컨디션을 점검하게 하시고, 작은 이상에도 귀 기울이는 태도가 결국 삶을 지키는 길임을 깨닫게 하셔서 감사합니다.

하나님, 기다림이 불안으로 바뀌던 순간들을 돌아봅니다. 결과를 앞당겨 알고 싶어 마음이 조급해질 때 생각이 한쪽으로 쏠렸고, 최악을 먼저 상상하며 스스로를 지치게 했음을 봅니다. 그러나 차분히 앉아 생각의 속도가 느려지고, 정확한 진단과 차분한 설명이 불안을 낮춘다는 사실을 경험합니다.

삶하나님, 앞으로는 몸이 보내는 신호를 미루지 않고 제때 응답하겠습니다. 정기적인 점검과 절제된 생활을 통해 일상을 관리하고, 건강을 개인의 문제가 아니라 공동의 책임으로 여기겠습니다. 기다림 속에서도 마음을 돌보는 선택을 이어 가게 하시기를 바라며 예수님의 이름으로 기도드립니다. 아멘.

멈춤과 선택 사이를 지켜주신 감사

속도를 조절해 주신 하나님,

오늘을 지나며 서둘러야 할 것과 멈춰도 될 것을 가르는 일이 쉽지 않았음을 돌아봅니다. 빨리 끝내고 싶은 마음이 앞설 때도 있었지만, 한 번 더 살피고 지나갈 수 있었습니다. 그 잠깐의 멈춤 덕분에 놓칠 뻔한 것을 지켰고, 불필요한 소모를 줄일 수 있었습니다. 그 선택의 여지를 허락하신 은혜를 감사드립니다.

판단을 맑게 해주신 하나님, 하루 중 여러 선택이 겹쳐 무엇을 먼저 할지 고민하던 순간에도 무리한 결정을 피할 수 있었습니다. 다 해내지 않아도 괜찮다는 기준을 세우게 하시고, 지금 할 수 있는 일에 집중하게 하셔서 흐름이 크게 흔들리지 않았습니다. 성급함을 누르고 균형을 택하게 하신 보호를 기억합니다.

하루를 정리하게 하신 하나님, 이제 남은 생각과 피로를 내려놓고 오늘을 마무리하게 하옵소서. 완벽하지 않았던 결과보다 지켜낸 선택들을 귀하게 여기게 하시고, 이 하루가 차분함으로 남게 하옵소서. 이 시간을 주님께 맡기며, 예수님의 이름으로 기도드립니다. 아멘.

10월 20일
주님께서 마음 깊은 곳을 만져주시는 아침

자비로 다가오시는 하나님,

오늘도 숨을 쉬고 걸음을 내딛을 수 있는 하루를 허락하시니 감사드립니다. 아침을 맞이하는 순간, 주님이 제 곁에 계심을 느끼며 마음이 조금씩 가벼워집니다. 어제 마음속에 쌓였던 걱정과 피로가 아직 남아 있지만, 주님께서 모든 순간을 지켜 주셨음을 기억할 때 감사의 마음이 다시 살아납니다. 오늘도 주님의 은혜로 하루를 시작하게 하시니 감사합니다.

지혜를 일깨우시는 하나님, 삶의 여러 일들이 한꺼번에 밀려와 제 마음을 무겁게 했던 순간에도 주님은 제 중심을 잃지 않도록 붙들어 주셨습니다. 갈피를 잡기 어려웠던 문제들 앞에서 흔들리던 제 마음에 주님은 조용한 위로를 더하시며 다시 나아갈 힘을 주셨습니다. 이해되지 않던 일들의 의미가 시간이 지나며 드러나는 것을 볼 때, 주님이 세밀하게 제 삶을 인도하고 계셨음을 깨닫습니다. 오늘도 그 신실함을 의지합니다.

평안을 주시는 하나님, 제 마음이 주님의 뜻 안에서 바로 서게 하시고, 어떤 상황 속에서도 주님을 신뢰하는 믿음으로 살아가도록 인도하옵소서. 예수님의 이름으로 기도드립니다. 아멘.

10월 21일

책장 앞에서 마음을 정돈하게 하신 감사

조용한 집중을 허락하시는 하나님,

책장을 넘기는 느린 호흡 속에서 생각의 소음이 가라앉게 하셔서 감사합니다. 짧은 문장 하나가 하루의 질문을 붙잡아 주었고, 급하게 결론을 내려 하던 습관이 잠시 멈추었습니다. 읽는 동안 메모를 남기며 이해를 확인하게 하시고, 남의 생각을 경청하는 태도가 결국 나의 언어를 단단하게 만든다는 사실을 깨닫게 하셔서 감사합니다.

분별의 기준을 세워 주시는 하나님, 읽은 내용을 곧바로 판단의 근거로 삼지 않고 맥락을 살피게 하소서. 마음에 드는 문장만 골라 자기 합리화에 쓰지 않게 하시고, 불편한 대목 앞에서도 질문을 남길 용기를 갖게 하소서. 독서가 지식의 축적이 아니라 태도의 훈련이 되도록 오늘의 묵상을 깊게 새깁니다.

하나님, 내일의 대화와 업무에서 읽은 내용을 과시하지 않고 성실로 드러내겠습니다. 서두르기보다 정확히 이해하려는 자세로 사람의 말을 듣고, 근거를 확인하는 습관을 이어 가겠습니다. 배운 것을 조용히 삶에 옮기는 하루를 살게 하시기를 바라며 예수님의 이름으로 기도드립니다. 아멘.

10월 22일

몸의 움직임이 마음을 바로 세운 감사

규칙적인 움직임을 허락하시는 하나님,

운동을 시작하기 전의 망설임을 넘게 하시고 몸을 깨우는 시간을 주셔서 감사합니다. 호흡이 가빠질수록 생각이 단순해지고, 땀이 흐르며 하루의 긴장이 풀리는 변화를 느끼게 하셨습니다. 기록에 집착하기보다 자세를 바로잡게 하시고, 무리하지 않는 선택이 내일의 컨디션을 지킨다는 사실을 몸으로 알게 하셔서 감사합니다.

절제의 기준을 가르치시는 하나님, 성과를 앞당기려는 마음이 부상을 부른다는 교훈을 되새깁니다. 남과 비교하며 속도를 높이려 했던 순간들을 내려놓고, 회복의 시간을 존중하는 태도가 지속을 만든다는 것을 배웁니다. 반복과 휴식이 함께 갈 때 몸과 마음이 균형을 찾는다는 오늘의 묵상을 마음에 새깁니다.

일상의 습관을 다듬어 주시는 하나님, 앞으로는 정해진 시간에 꾸준히 움직이며 몸의 신호에 귀 기울이겠습니다. 과도함을 피하고 기본을 지키는 선택으로 일과 신앙의 리듬을 안정시키겠습니다. 작은 땀방울이 삶의 질서를 세우는 길이 되게 하시기를 바라며 예수님의 이름으로 기도드립니다. 아멘.

10월 23일

이웃과 세상의 소식에 마음을 열게 하신 감사

세상을 바라보게 하신 하나님,

오늘 하루를 살며 제 삶만으로는 설명되지 않는 이야기들이 주변에 가득하다는 사실을 다시 느끼게 하시니 감사합니다. 누군가는 겪고 있을 어려움과 누군가는 맞이했을 기쁨이 동시에 존재하는 세상 한가운데에 제가 서 있음을 깨닫습니다. 제 하루가 홀로 분리된 시간이 아니라, 수많은 삶과 연결된 시간임을 알게 하신 은혜를 감사드립니다.

하나님, 오늘 만난 사람들의 얼굴과 듣게 된 이야기들이 마음에 남아 있습니다. 말없이 지나친 이의 표정, 잠시 나눈 대화 속에 담긴 삶의 무게와 기대를 가볍게 흘려보내지 않게 하셨습니다. 이웃의 삶이 제 삶과 멀지 않다는 사실을 기억하게 하시고, 무관심 대신 관심을 선택할 수 있는 마음을 주셔서 감사합니다.

역사를 붙드시는 하나님, 오늘도 세계 곳곳에서는 전쟁과 재난, 갈등과 회복이 동시에 일어나고 있습니다. 제가 모든 것을 바꿀 수는 없지만, 외면하지 않는 마음으로 오늘을 살게 하옵소서. 이웃과 세상 앞에서 무력해지기보다 이 복잡한 세상을 향한 책임을 잊지 않게 하옵소서. 예수님의 이름으로 드립니다. 아멘.

이웃과 세상을 외면하지 않게 하신 감사

세상을 향해 눈을 열어주신 하나님,

오늘 하루를 살며 제 일상 바깥에서 흘러가는 수많은 이야기들을 접하게 하시니 감사합니다. 가까운 이웃의 소식, 거리에서 스쳐 지나간 사람들의 표정, 뉴스로 전해진 사회의 움직임 속에서 각자의 삶이 저마다의 무게를 지니고 있음을 느꼈습니다. 제 하루가 혼자만의 시간이 아니라, 이웃과 사회 속에 놓인 시간임을 깨닫게 하신 은혜를 감사드립니다.

이웃을 사랑하게 하시는 하나님, 오늘 만난 사람들의 말과 침묵 속에서 삶의 흔적들을 보게 하셨습니다. 도움을 청하지 못한 채 버티는 모습도 있었고, 작은 친절 하나에 안도하는 얼굴도 있었습니다. 그 장면들을 흘려보내지 않게 하시고, 이웃을 한 번 더 떠올리게 하신 마음의 움직임을 감사합니다.

하나님, 지금 이 순간에도 세계 곳곳에서는 갈등과 회복, 아픔과 희망이 동시에 일어나고 있음을 기억합니다. 무관심으로 등을 돌리지 않게 하시고, 제가 설 수 있는 자리에서 책임 있는 선택을 하게 하옵소서. 이웃과 세상을 향한 이 깨어 있는 마음을 지켜주시기를 바라며, 예수님의 이름으로 기도드립니다. 아멘.

10월 25일

불안정한 시대를 건너가게 하신 감사

저희의 삶을 외면하지 않으시는 하나님,

오늘 하루를 살며 많은 사람이 각자의 자리에서 생계를 붙들고 있음을 다시 생각하게 됩니다. 성실함만으로는 충분하지 않은 현실 속에서, 일자리가 불안정해지고 노동의 가치가 쉽게 흔들리는 시대를 우리가 살고 있음을 느낍니다. 그럼에도 오늘 하루를 살아낼 수 있는 조건을 허락받았고, 완전히 밀려나지 않도록 버티고 서 있을 수 있었음을 감사로 고백합니다.

하나님, 하루에도 수없이 바뀌는 기술과 정보, 경쟁의 규칙 앞에서 뒤처질까 두려워하며 살아가는 사람들의 마음을 주님은 알고 계십니다. 노력해도 성과가 보이지 않는 시간, 성실해도 불안이 사라지지 않는 현실 속에서 마음이 쉽게 마르지 않도록 붙들어 주시고, 비교에 잠식되지 않게 지켜주셔서 감사합니다.

내일의 불확실성 속에서도 함께 계시는 하나님, 안정이 보장되지 않는 시대를 사는 우리가 절망에만 머물지 않게 하옵소서. 당장 답이 없어도 오늘을 살아낸 사람들의 존엄이 사라지지 않게 하시고, 각자의 자리에서 서로를 밟지 않고 건너갈 수 있는 용기를 주옵소서. 예수님의 이름으로 기도드립니다. 아멘.

10월 26일
이동의 시간에 마음을 정리하게 하신 감사

길 위의 안전을 지키시는 하나님,

낯선 방향으로 이동하는 과정에서 주변을 살피는 여유를 주셔서 감사합니다. 신호에 멈추고 흐름에 맞춰 움직이며, 서두르지 않는 선택이 몸과 마음을 편안하게 한다는 사실을 경험했습니다. 창밖의 풍경이 바뀔 때마다 생각도 정돈되었고, 계획대로 되지 않는 상황에서도 차분함을 유지하게 하셔서 감사드립니다.

생각의 방향을 바로잡으시는 하나님, 이동 중에 떠오른 질문들이 내 태도를 점검하게 합니다. 목적지에만 시선을 고정할수록 현재를 놓쳤고, 경로를 확인하며 속도를 조정했을 때 실수가 줄어들었습니다. 흐름을 읽고 판단을 미루는 태도가 불안을 낮춘다는 오늘의 묵상을 마음에 새깁니다.

일상의 균형을 세우시는 하나님, 앞으로의 이동과 일정에서 안전과 배려를 기준으로 선택하겠습니다. 빠름보다 정확함을 택하고, 주변의 리듬을 존중하며 움직이겠습니다. 길 위의 배움이 관계와 일터에도 이어지게 하시기를 바라며 예수님의 이름으로 기도드립니다. 아멘.

10월 27일

함께 웃을 수 있는 시간을 허락하신 감사

기쁨을 불러오시는 하나님,

오늘 하루를 지나며 혼자서만 웃지 않아도 되는 순간이 있었음을 떠올립니다. 길지 않은 만남이었고 특별한 계획도 아니었지만, 얼굴을 마주하고 웃음을 나눌 수 있었습니다. 마음을 무겁게 붙들고 있지 않아도 괜찮다는 느낌이 들었고, 그 시간 덕분에 하루의 색이 한결 밝아졌습니다. 이런 평범한 기쁨을 누리게 하신 은혜를 감사드립니다.

관계를 살찌우시는 하나님, 친구와 나눈 이야기 속에서 대단한 결론은 없었지만 서로의 근황을 나누고 안부를 묻는 것만으로도 마음이 채워졌습니다. 말이 많지 않아도 함께 있다는 사실이 힘이 되었고, 웃음이 오가며 경계가 사라졌습니다. 관계가 부담이 아니라 쉼이 되게 하신 이 시간을 귀하게 여기게 하옵소서.

일상에 여유를 섞어주시는 하나님, 오늘의 이런 즐거움을 사소하게 흘려보내지 않게 하옵소서. 웃고 이야기했던 기억이 내일의 책임을 감당하는 힘이 되게 하시고, 바쁜 날들 속에서도 이런 시간을 지킬 줄 아는 지혜를 허락해 주옵소서. 이 감사의 마음을 예수님의 이름으로 기도드립니다. 아멘.

주님께서 마음을 차분히 이끄시는 하루

은혜로 불러주시는 하나님,

오늘의 첫 숨을 들이마시는 순간, 제 마음 깊은 곳에 잔잔한 평안이 번져오니 감사드립니다. 밤새 풀리지 않았던 생각들이 조금씩 자리를 찾아가고, 제 안에 남아 있던 두려움과 걱정도 주님의 은혜 앞에서 서서히 누그러집니다. 스스로 버틴 것 같은 날들이 많았지만, 실상은 주님께서 한순간도 제 삶에서 손을 떼지 않으셨음을 떠올리며 감사를 올려드립니다.

지혜를 일으켜주시는 하나님, 여러 일이 겹쳐 나아갈 방향을 쉽게 정하지 못했던 날에도 주님은 제 마음을 단단히 붙들어 주셨습니다. 불안이 마음을 잠식하려는 순간에도, 주님은 보이지 않는 손길로 제 영혼을 다시 세우셨습니다. 이해되지 않던 과정들이 시간이 흐르며 조금씩 제 자리를 찾아가는 모습을 볼 때, 주님께서 모든 것을 세밀하게 인도하고 계심을 깨닫습니다.

평안을 더해주시는 하나님, 오늘의 일정과 마음의 움직임을 주님께 맡기게 하시고, 어떠한 순간에도 주님의 뜻을 신뢰하며 담대히 살아가는 힘을 허락하옵소서. 예수님의 이름으로 기도드립니다. 아멘.

10월 29일
공동의 자리에서 배운 감사

예배의 자리를 지켜 주시는 하나님,

교회에 모여 함께 찬송하고 기도하는 시간 속에서 혼자가 아니라는 사실을 다시 확인하게 하셔서 감사합니다. 각자의 형편과 속도가 다름에도 같은 방향을 바라보며 자리를 지키는 모습에서 신앙이 개인의 위안에 머물지 않는다는 것을 느끼게 하셨습니다. 익숙한 순서와 반복되는 말씀 속에서도 오늘을 향한 경고와 격려를 발견하게 하셔서 감사합니다.

하나님, 말씀 앞에서 선택적으로 받아들이려 했던 태도를 돌아봅니다. 편한 부분만 붙잡고 불편한 대목은 흘려보내려 했던 습관이 공동체를 피상적으로 만들었음을 깨닫습니다. 서로 다른 목소리를 경청할 때 이해가 깊어지고, 기다림이 쌓일 때 신뢰가 자란다는 오늘의 묵상을 마음에 새깁니다.

삶으로 믿음을 드러내게 하시는 하나님, 예배의 감정을 일상으로 옮기겠습니다. 말보다 행동으로, 판단보다 섬김으로 관계를 이어 가며 공동의 책임을 외면하지 않겠습니다. 함께 배운 기준을 일터와 가정에서도 실천하게 하시기를 바라며 예수님의 이름으로 기도드립니다. 아멘.

10월 30일

공공의 책임을 외면하지 않게 하신 감사

공동의 삶을 보게 하신 하나님,

오늘 하루를 지나며 개인의 선택이 모여 사회의 방향을 만든다는 사실을 다시 생각하게 됩니다. 투표와 정책, 말의 영향력과 침묵의 무게가 누군가의 삶에 실제로 닿는 세상을 우리가 살고 있음을 느낍니다. 제 편의만을 앞세우기보다, 함께 살아가는 질서 안에서 무엇이 옳은지 질문하게 하신 은혜를 감사드립니다.

권력의 그림자를 살피게 하시는 하나님, 뉴스와 현장의 소식 속에서 책임을 져야 할 자리가 책임을 회피하는 장면도 보게 됩니다. 분노와 냉소 사이에서 쉽게 단정하지 않게 하시고, 사실을 확인하고 목소리를 가다듬는 시민의 태도를 잃지 않게 붙들어 주셔서 감사합니다. 말의 크기보다 정직함을 택하게 하시고, 편 가르기보다 공공선을 먼저 떠올리게 하옵소서.

연대의 용기를 주시는 하나님, 오늘의 관심이 내일의 행동으로 이어지게 하옵소서. 불편한 진실 앞에서도 등을 돌리지 않게 하시고, 제 자리에서 가능한 책임을 선택하게 하시며, 약한 이들의 몫이 지워지지 않는 사회를 향해 한 걸음 보태게 하옵소서. 이 기도를 예수님의 이름으로 올려드립니다. 아멘.

10월 31일

한 달을 여기까지 이끌어 주신 감사

시간을 마무리하게 하신 하나님,

10월의 마지막 날에 서서 한 달을 돌아봅니다. 잘 풀린 날도 있었고 뜻대로 되지 않아 마음이 무거웠던 날도 있었습니다. 계획한 것을 다 이루지는 못했지만, 그 과정 속에서 멈추지 않고 여기까지 온 시간을 허락하신 것을 감사드립니다. 성과보다 지속을, 결과보다 견딤을 남기게 하신 이 한 달의 흐름을 주님의 은혜로 고백합니다.

삶의 자리를 지켜주신 하나님, 이 달을 지나며 일과 관계, 책임과 쉼이 뒤섞인 현실을 살아왔습니다. 때로는 버거웠고 때로는 예상 밖의 웃음도 있었으며, 혼자 감당한다고 느낀 순간도 있었습니다. 그럼에도 생활이 이어졌고 관계가 완전히 끊어지지 않았으며, 일상이 무너지지 않도록 붙들어 주신 손길이 있었습니다. 평범해 보여서 지나칠 뻔한 이 은혜를 감사드립니다.

하나님, 이제 지나간 한 달을 과하게 붙들지 않게 하옵소서. 잘한 것은 감사로 남기고, 아쉬운 것은 교훈으로 내려놓게 하시며, 다가올 시간 앞에서 조급해지지 않게 하옵소서. 예수님의 이름으로 기도드립니다. 아멘.

11월

고요 속에서
주님의 음성을 배우는 시

11월 1일

주님께서 마음을 새롭게 정돈하시는 아침

은혜로 불러주시는 하나님,

오늘도 새로운 달의 첫 하루를 열어주시니 감사합니다. 이 시간, 제 마음 깊은 곳에 주님께서 내려주시는 평안이 자리하며 어제의 흔들림이 조금씩 가라앉습니다. 지난 달의 많은 순간을 되돌아보면, 제 힘으로 지나온 것이 아니라 매 걸음마다 주님께서 붙들어 주셨음을 깨닫고 감사의 마음이 일어납니다.

지혜를 더하시는 하나님, 제 마음이 여러 생각으로 어수선해지고 방향을 잡지 못하던 순간에도 주님은 제 중심이 무너지지 않도록 은밀하게 지켜주셨습니다. 뜻하지 않은 일들이 마음을 무겁게 했던 날에도 주님은 보이지 않는 위로로 제 내면을 다독이며, 다시 일어설 힘을 허락하셨습니다. 시간이 지나며 흐릿했던 의미들이 제 자리를 찾아가는 모습을 보며, 주님께서 모든 과정을 세밀하게 인도하고 계심을 깨닫습니다.

평안을 흐르게 하시는 하나님, 새로운 달의 모든 날마다 주님의 뜻을 신뢰하는 믿음을 주시고, 크고 작은 순간 속에서도 주님과 동행하는 기쁨을 잃지 않게 하옵소서. 예수님의 이름으로 기도드립니다. 아멘.

11월 2일

세대의 삶을 이어가게 하신 감사

삶을 물려주시는 하나님,

오늘 하루를 보내며 지금의 내가 홀로 만들어진 존재가 아니라는 사실을 다시 생각하게 됩니다. 부모의 수고와 인내, 보이지 않는 희생 위에 지금의 일상이 놓여 있음을 깨닫습니다. 당연하게 누려온 생활의 기반과 익숙한 환경이 누군가의 긴 시간의 노동과 선택 위에 세워졌다는 사실을 기억하게 하시니 감사합니다.

가정을 붙드시는 하나님, 하루 중 가족의 안부를 떠올리고, 짧은 연락 하나에 마음이 놓이는 순간이 있었습니다. 말이 많지 않아도 서로의 존재가 힘이 되고, 각자의 자리에서 버티고 있다는 사실만으로도 위로가 되었습니다. 완벽하지 않은 관계 속에서도 끊어지지 않고 이어지고 있다는 사실이 얼마나 큰 은혜인지 알게 하셔서 감사합니다.

하나님, 오늘의 감사가 과거에 머무르지 않게 하소서. 이어받은 삶을 가볍게 쓰지 않게 하시고, 다음 세대에게 부끄럽지 않은 하루를 살게 하옵소서. 예수님의 이름으로 기도드립니다. 아멘.

11월 3일

회의가 끝난 자리에서 균형을 되찾은 감사

말의 무게를 가르치시는 하나님,

회사 회의가 마무리된 뒤 남은 메모를 정리하며 흐트러진 생각이 차분해지게 하셔서 감사합니다. 의견이 오가던 순간마다 감정이 앞서지 않도록 붙들어 주셨고, 기록을 통해 쟁점과 책임이 분명해지는 경험을 하게 하셨습니다. 즉각적인 결론보다 확인과 합의가 일을 지탱한다는 사실을 몸으로 알게 하셔서 감사합니다.

판단의 기준을 세우시는 하나님, 회의 중에 드러난 나의 말버릇과 태도를 돌아봅니다. 설득을 이유로 단정적으로 말했던 순간들이 긴장을 키웠고, 질문을 남겼을 때 오히려 이해가 깊어졌음을 깨닫습니다. 상대의 맥락을 끝까지 듣는 인내가 결과의 질을 높인다는 오늘의 묵상을 마음에 새깁니다.

일의 방향을 정돈해 주시는 하나님, 앞으로의 업무에서 기록과 합의를 우선에 두겠습니다. 속도보다 정확을 택하고, 공을 나누는 태도로 책임을 분명히 하겠습니다. 회의의 배움이 실무와 관계에 이어지게 하시기를 바라며 예수님의 이름으로 기도드립니다. 아멘.

11월 4일

손으로 만드는 시간이 마음을 가볍게 한 감사

집중의 시간을 열어 주시는 하나님,

취미로 손을 움직이며 반복에 몰입하는 동안 생각이 단순해지게 하셔서 감사합니다. 결과를 서두르지 않고 과정을 따라가자 긴장이 풀렸고, 완성보다 안정된 호흡이 마음을 편안하게 한다는 사실을 경험했습니다. 작은 실패를 고쳐 가며 기준을 세우게 하시고, 천천히 쌓는 태도가 하루의 균형을 지켜 준다는 것을 알게 하셔서 감사합니다.

관점을 바로잡아 주시는 하나님, 취미를 생산성으로만 재단하던 시선을 돌아봅니다. 성과가 보이지 않으면 시간을 낭비했다고 여겼고, 비교가 앞설수록 즐거움이 줄어들었습니다. 손의 감각에 집중하며 기준을 낮추자 만족이 커졌고, 판단을 늦추는 연습이 일상의 긴장을 낮춘다는 오늘의 묵상을 마음에 새깁니다.

삶의 리듬을 다듬어 주시는 하나님, 앞으로는 취미의 시간을 책임 있게 지키겠습니다. 과도한 기대를 내려놓고 꾸준함을 선택하며, 배운 집중을 일과 관계에도 옮기겠습니다. 쉼과 몰입이 균형을 이루는 생활을 이어 가게 하시기를 바라며 예수님의 이름으로 기도드립니다. 아멘.

11월 5일
떠남을 준비하며 질서를 회복한 감사

여정을 차분히 정돈하게 하시는 하나님,

여행을 앞두고 가방을 싸며 필요한 것과 불필요한 것을 구분하게 하셔서 감사합니다. 챙길 목록을 하나씩 확인하는 동안 마음의 짐도 함께 줄어들었고, 욕심을 덜어낼수록 이동이 가벼워진다는 사실을 깨닫게 되었습니다. 일정과 동선을 점검하며 안전을 우선에 두게 하시고, 준비의 성실함이 불안을 낮춘다는 경험을 하게 하셔서 감사합니다.

시선을 바르게 세우시는 하나님, 떠남을 기대만으로 채우려 했던 태도를 돌아봅니다. 사진과 계획에 마음이 쏠릴수록 동행과 배려를 놓칠 수 있음을 보게 됩니다. 필요한 정보를 확인하고 규칙을 숙지하는 과정이 자유를 제한하는 것이 아니라 서로를 보호하는 장치임을 오늘의 묵상으로 남깁니다.

일상의 기준을 이어 주시는 하나님, 이동 중에도 질서를 지키고 약속을 존중하겠습니다. 환경과 지역의 규범을 따르며, 동행의 속도에 맞춰 움직이겠습니다. 준비에서 배운 절제가 여정 전반에 스며들게 하시기를 바라며 예수님의 이름으로 기도드립니다. 아멘.

11월 6일

정리의 손길이 마음을 가볍게 한 감사

공간의 질서를 회복하게 하시는 하나님,

집안을 정리하며 쌓여 있던 물건과 생각을 함께 내려놓게 하서서 감사합니다. 필요 없는 것을 비우자 동선이 단순해졌고, 눈에 보이는 정돈이 마음의 산만함을 낮추는 변화를 느끼게 되었습니다. 미뤄 두었던 서류와 물건을 제자리에 두는 동안 책임의 경계가 또렷해졌고, 작은 수고가 하루의 안정으로 이어진다는 사실을 알게 하서서 감사합니다.

시선을 맑게 하시는 하나님, 정리를 번거로움으로만 여겨 왔던 태도를 돌아봅니다. 급하다는 이유로 쌓아 두었을 때 오히려 시간이 더 들었고, 찾지 못해 생긴 짜증이 관계에까지 번졌음을 깨닫습니다. 하나씩 확인하고 분류하는 과정이 낭비가 아니라 예방이라는 오늘의 묵상을 마음에 새깁니다.

생활의 기준을 세워 주시는 하나님, 앞으로는 쌓기보다 비우는 선택을 이어 가겠습니다. 제자리를 지키는 습관으로 시간과 감정을 아끼고, 정돈된 환경에서 말과 행동도 절제하겠습니다. 정리의 배움이 일과 신앙의 태도로 이어지게 하시기를 바라며 예수님의 이름으로 기도드립니다. 아멘.

11월 7일

대화의 온도를 배우게 하신 감사

말을 절제하게 하시는 하나님,

회사에서 동료와 나눈 짧은 대화 속에서 분위기의 미묘한 변화를 느끼게 하셔서 감사합니다. 같은 내용이라도 표현에 따라 받아들여지는 무게가 달라진다는 사실을 체감했고, 설명을 보태자 오해가 풀리는 경험을 하게 되었습니다. 바쁜 일정 속에서도 서로의 맥락을 확인하는 시간이 협업을 안정시킨다는 것을 알게 하셔서 감사합니다.

관계를 성찰하게 하시는 하나님, 말이 많을수록 설득력이 커진다고 믿었던 태도를 돌아봅니다. 결론을 서둘러 던졌을 때 긴장이 높아졌고, 질문으로 대화를 열었을 때 신뢰가 쌓였음을 보게 됩니다. 상대의 말을 끝까지 듣는 인내가 효율을 낮추지 않는다는 오늘의 묵상을 마음에 새깁니다.

일의 방식에 기준을 더해 주시는 하나님, 앞으로의 회의와 협의에서 정확한 표현과 경청을 우선하겠습니다. 감정을 앞세우지 않고 근거를 분명히 하며, 합의된 내용을 기록으로 남기겠습니다. 차분한 대화가 성과와 관계를 함께 지키게 하시기를 바라며 예수님의 이름으로 기도드립니다. 아멘.

11월 8일

주님 앞에서 마음의 태도를 다시 세우는 아침

진실을 비추어주시는 하나님,

오늘 하루를 맞이하며 제 마음의 깊은 곳을 조용히 들여다보게 하시니 감사드립니다. 어제의 말과 행동을 떠올려 보니, 주님 앞에서 조금 더 정직하고 겸손했어야 했던 순간들이 생각납니다. 저를 고치고 다듬을 기회를 주시는 주님의 은혜가 오늘도 제 마음을 일으키고 있습니다.

가르쳐주시는 하나님, 제 안에 남아 있는 고집과 판단의 잣대를 내려놓지 못해 스스로 마음을 어렵게 만들었던 순간들이 있었음을 고백합니다. 다른 사람의 상황을 헤아리기보다 제 생각을 앞세웠던 태도도 떠오릅니다. 그런 저를 포기하지 않으시고, 올바른 길로 돌이키도록 부드럽게 이끄시는 주님의 인내에 깊이 감사드립니다.

새로움을 주시는 하나님, 오늘은 제 마음이 더 넓어지고, 말과 행동이 더욱 성숙해지는 하루가 되게 하옵소서. 제가 만나는 모든 순간 속에서 주님을 드러내는 선택을 하게 하시고, 작은 일이라도 하나님 앞에 정직하게 행하게 하옵소서. 예수님의 이름으로 기도드립니다. 아멘.

11월 9일
주님 앞에서 결정을 분별하는 하루

분별을 가르치시는 하나님,

오늘 제 앞에 놓인 여러 선택들을 조용히 바라보게 하시니 감사드립니다. 어느 길이 더 편한지보다, 어떤 선택이 주님께 기쁨이 되는지 먼저 묻게 하시는 은혜가 제 마음을 깨우고 있습니다. 제가 보지 못하는 부분까지 주님은 이미 알고 계심을 생각할 때, 제 작은 생각을 내려놓고 주님의 지혜를 구하게 됩니다.

길을 비추어주시는 하나님, 때로는 제 욕심이 결정을 흐리게 하고, 편안함이 올바른 판단을 방해할 때도 있습니다. 다른 사람의 시선이나 눈앞의 유익이 마음을 흔드는 순간들도 있었습니다. 그러나 주님은 그런 마음까지도 드러내 주시며, 무엇이 본질인지, 무엇을 붙들어야 하는지 다시 알려주십니다. 제 선택이 제 기준이 아니라 주님의 뜻에서 흘러나오게 하시려는 그 깊은 사랑을 오늘 다시 깨닫습니다.

하나님, 오늘 제가 내리는 모든 결정 속에 주님께서 함께 하시고, 작은 선택 하나도 주님의 뜻에 합하게 하옵소서. 흔들리는 마음에 평안을 심어주시고, 제가 걷는 길이 주님께서 예비하신 길이 되게 하옵소서. 예수님의 이름으로 기도드립니다. 아멘.

11월 10일
읽다 멈춘 문장이 길을 비춘 감사

집중을 허락하시는 하나님,

잠자리에 들기 전 책을 펼치며 산만했던 생각이 한곳으로 모이게 하셔서 감사합니다. 빠르게 넘기려다 문장 하나에서 멈추며 의미를 되새기게 하셨고, 이해되지 않는 대목을 표시하며 다시 읽는 과정에서 조급함이 가라앉았습니다. 많이 읽는 것보다 정확히 읽는 태도가 마음을 단단하게 만든다는 사실을 깨닫게 하셔서 감사합니다.

분별을 가르치시는 하나님, 읽은 내용을 곧바로 평가하거나 인용하려 했던 습관을 돌아봅니다. 공감되는 부분만 취하려 할수록 맥락이 흐려졌고, 불편한 질문을 남겼을 때 이해가 깊어졌음을 보게 됩니다. 속도를 늦추어 근거를 확인하는 독서가 판단의 균형을 지킨다는 오늘의 묵상을 마음에 새깁니다.

삶에 옮길 길을 여시는 하나님, 앞으로의 대화와 업무에서 읽은 내용을 과시하지 않고 태도로 드러내겠습니다. 요약하기 전에 맥락을 존중하고, 결론보다 질문을 남기는 연습을 이어 가겠습니다. 읽기의 배움이 말과 행동의 기준으로 이어지게 하시기를 바라며 예수님의 이름으로 기도드립니다. 아멘.

11월 11일

눈을 쉬게 하며 집중을 회복한 감사

시선을 세심히 돌보시는 하나님,

화면에서 잠시 눈을 떼고 먼 곳을 바라보며 피로가 풀리는 시간을 허락해 주셔서 감사합니다. 깜빡임을 의식하고 밝기를 낮추자 두통이 잦아들었고, 짧은 휴식이 업무의 정확도를 지켜 주었습니다. 과도한 몰입을 멈추는 선택이 효율을 낮추지 않는다는 사실을 몸으로 알게 하셔서 감사합니다.

판단을 차분히 다듬으시는 하나님, 끝까지 버티면 된다고 스스로를 밀어붙이던 태도를 돌아봅니다. 쉬지 않았을 때 실수가 늘었고, 눈을 쉬게 했을 때 집중이 오래 유지되었음을 보게 됩니다. 감각의 신호를 존중하는 것이 책임이라는 오늘의 묵상을 마음에 새깁니다.

일상의 기준을 바로 세우시는 하나님, 앞으로는 작업 중간에 휴식을 계획하겠습니다. 밝기와 거리, 시간 관리를 점검하며 몸의 부담을 줄이겠습니다. 작은 조정의 반복이 일과 관계의 신뢰로 이어지게 하시기를 바라며 예수님의 이름으로 기도드립니다. 아멘.

11월 12일

예방의 선택이 일상을 지켜 준 감사

몸의 안전을 미리 살피시는 하나님,

예방접종 일정을 확인하고 시간을 내어 방문하게 하셔서 감사합니다. 대기 순서를 지키며 안내를 듣는 동안 불필요한 걱정을 내려놓게 하셨고, 기록을 남기자 관리의 기준이 또렷해졌습니다. 당장의 번거로움보다 이후의 안정을 택하는 선택이 일상의 부담을 줄인다는 사실을 경험하게 하셔서 감사합니다.

판단을 차분히 세워 주시는 하나님, 미루는 습관으로 대비를 가볍게 여기던 태도를 돌아봅니다. 필요성을 알면서도 다음으로 넘겼을 때 불안이 커졌고, 확인과 실행을 마쳤을 때 마음이 안정되었음을 보게 됩니다. 정확한 정보와 절차를 따르는 일이 책임이라는 오늘의 묵상을 마음에 새깁니다.

생활의 기준을 단단히 하시는 하나님, 앞으로는 예방과 점검을 계획에 포함하겠습니다. 일정과 기록을 관리하고, 몸의 변화에 즉시 응답하며, 주변의 안전도 함께 고려하겠습니다. 준비에서 배운 성실함이 일과 관계의 신뢰로 이어지게 하시기를 바라며 예수님의 이름으로 기도드립니다. 아멘.

11월 13일

주님 앞에서 말의 태도를 새로 배우는 하루

말을 살피게 하시는 하나님,

오늘 제가 어제 내뱉었던 말들을 떠올리게 하시니 감사드립니다. 순간적인 감정에 이끌려 불필요한 말을 했던 기억, 혹은 침묵했어야 할 자리에서 넘치게 말했던 순간들이 생각납니다. 말이 얼마나 쉽게 사람의 마음을 흔들 수 있는지 다시 깨닫게 하시니, 그 마음을 바로잡을 수 있는 기회를 주심에 감사드립니다.

절제를 일러주시는 하나님, 때로는 옳은 말도 그때와 상황을 고려하지 못해 누군가에게 부담이 되기도 했음을 고백합니다. 주님의 마음을 닮고자 하면서도, 내 생각을 앞세워 상대를 충분히 배려하지 못한 자리들이 있었습니다. 말은 곧 마음의 열매임을 가르쳐 주시며, 그 열매가 누군가를 세우는 도구가 되기를 바라시는 주님의 뜻을 되새기게 됩니다.

새로운 마음을 주시는 하나님, 오늘은 제 입술에서 나오는 모든 말이 더 신중하고 선한 방향으로 흘러가게 하옵소서. 필요 없는 말은 멈추고, 누군가에게 힘이 되는 말은 아끼지 않는 하루가 되게 하시며, 말이 제 신앙의 깊이를 드러내는 통로가 되게 하옵소서. 예수님의 이름으로 기도드립니다. 아멘.

11월 14일

오늘의 우선순위를 다시 세우는 아침

방향을 일깨우시는 하나님,

오늘 제 앞에 놓인 여러 계획들 가운데 무엇을 먼저 붙들어야 하는지 생각하게 하시니 감사드립니다. 그 안에서 주님께서 제게 진짜 중요하게 여기길 바라시는 일이 무엇인지 묻도록 마음을 열어주십니다. 분주함이 아니라 의미를 따라 걷는 하루가 되기를 바라는 마음으로 주님 앞에 서 있습니다.

하나님, 때로는 급한 일을 먼저 처리하느라 중요한 일을 뒤로 미룬 적이 많았습니다. 사람들의 기대와 여러 요구에 휘둘려 중심을 잃은 순간도 있었습니다. 그러나 주님은 제 마음의 질서를 다시 세우게 하시며, 무엇이 제 영혼에 유익한지, 어떤 선택이 주님을 더 기쁘시게 하는지를 판단할 수 있는 힘을 주십니다. 우선순위가 믿음의 길과 같도록 도우시는 은혜 감사를 드립니다.

새 길을 여시는 하나님, 오늘 제 발걸음이 필요 없는 일에 소모되지 않도록 지켜주시고, 먼저 행해야 할 것들을 분명히 보게 하옵소서. 주님께서 맡기신 일들을 충실히 감당하게 하시고, 흔들리는 순간에도 중심을 잃지 않는 단단한 하루가 되게 하옵소서. 예수님의 이름으로 기도드립니다. 아멘.

11월 15일

검진 결과를 받아들인 차분한 감사

몸의 상태를 정직하게 보게 하시는 하나님,

병원에서 검진 결과를 확인하며 안도와 긴장이 함께 지나가게 하셔서 감사합니다. 수치와 설명을 차분히 듣는 동안 과장된 걱정을 내려놓게 하셨고, 관리가 필요한 지점을 분명히 알게 하셔서 일상의 방향을 다시 세우게 하셨습니다. 미루지 않고 확인하는 선택이 불필요한 불안을 줄인다는 사실을 경험하게 하셔서 감사합니다.

마음을 안정으로 이끄시는 하나님, 결과를 기다리는 동안 상상으로 앞서 달리던 태도를 돌아봅니다. 정확한 설명을 듣기 전까지 마음이 흔들렸고, 확인되지 않은 정보에 기대거나 두려워했음을 보게 됩니다. 질문을 정리해 묻고 기록을 남겼을 때 이해가 또렷해졌다는 오늘의 묵상을 마음에 새깁니다.

생활의 균형을 세우시는 하나님, 앞으로는 정해진 관리 계획을 성실히 지키겠습니다. 식사와 휴식을 조절하고, 무리한 일정은 조정하며, 몸의 신호에 즉시 응답하겠습니다. 점검에서 배운 절제가 일상의 습관으로 이어지게 하시기를 바라며 예수님의 이름으로 기도드립니다. 아멘.

11월 16일

비워 낸 자리에서 숨이 트인 감사

마음을 가볍게 하시는 하나님,

주말을 맞아 휴대전화 알림을 줄이고 조용한 시간을 확보하게 하셔서 감사합니다. 끊임없이 울리던 소식에서 한 걸음 물러서자 생각이 정돈되었고, 비교와 반응에 쓰이던 에너지가 회복되는 변화를 느끼게 되었습니다. 아무 일도 하지 않는 시간이 낭비가 아니라 마음의 호흡을 되살리는 통로임을 알게 하셔서 감사합니다.

시선을 안쪽으로 돌리시는 하나님, 바쁘다는 이유로 침묵을 피하던 태도를 돌아봅니다. 소식에 즉각 반응할수록 판단이 거칠어졌고, 멈추어 정리했을 때 말과 행동이 차분해졌음을 보게 됩니다. 비워 낸 자리에서 집중이 살아난다는 오늘의 묵상을 마음에 새깁니다.

생활의 균형을 세워 주시는 하나님, 앞으로는 연결을 줄이는 시간을 의도적으로 지키겠습니다. 필요하지 않은 소음에서 물러나 생각과 감정을 정리하고, 회복된 상태로 사람과 일을 대하겠습니다. 비움에서 배운 절제가 일상의 태도로 이어지게 하시기를 바라며 예수님의 이름으로 기도드립니다. 아멘.

11월 17일

주님 앞에서 겸손을 다시 배우는 하루

마음을 낮추게 하시는 하나님,

오늘 아침 제 마음에 스스로를 돌아볼 용기를 주시니 감사합니다. 어제의 말과 행동을 떠올릴 때, 겸손보다는 제 의견과 생각을 앞세우려 했던 순간들이 있었다는 것을 인정합니다. 주님은 제가 높아지기를 원하지 않으시고, 오히려 낮아진 자리에서 사람을 이해하고 품기를 원하시는 분이심을 다시 깨닫습니다.

태도를 가르치시는 하나님, 저는 때로 제가 가진 경험이나 판단을 기준으로 다른 사람을 바라보며, 그들의 어려움이나 고민을 충분히 헤아리지 못한 적이 많았습니다. 주님은 그런 제 마음을 흔들어 깨우시고, 먼저 들으라고, 먼저 이해하라고, 먼저 손을 내밀라고 말씀하십니다. 겸손은 단순한 성품이 아니라 주님을 인정하는 태도임을 오늘 다시 배우게 하십니다.

온화를 주시는 하나님, 오늘 하루 제 마음이 부드럽게 낮아지게 하시고, 제가 만나는 모든 사람과 상황 앞에서 겸손한 태도를 잃지 않게 하옵소서. 말과 행동이 다른 이를 세우는 방식으로 흘러가게 하시고, 주님께서 기뻐하시는 성품이 제 안에서 자라나게 하옵소서. 예수님의 이름으로 기도드립니다. 아멘.

11월 18일
주님께서 용서의 마음을 가르치시는 하루

마음을 밝히게 하시는 하나님,

오늘 하루를 시작하며 제 안에 남아 있는 서운함과 상처를 조용히 바라보게 하시니 감사합니다. 누군가의 말 한마디, 행동한 번이 마음 깊은 곳에 생각보다 오래 남아 있음을 깨닫습니다. 그런 감정들을 외면하지 않고 주님 앞에 가져올 수 있도록용기를 주신 은혜에 감사드립니다.

부드러움을 일러주시는 하나님, 때때로 상처받은 마음 때문에 스스로 마음의 문을 닫아버린 적이 있습니다. 이해하려는 대신 멀어지고, 품으려는 대신 거리 두기를 선택했던 순간들이 떠오릅니다. 그러나 주님은 용서가 상대를 위한 것이 아니라, 먼저제 안을 치유하는 은혜임을 깨닫게 하십니다. 주님께서 저를 용서하셨듯이, 저 또한 그 빛을 나누어야 함을 마음에 새깁니다.

화해의 하나님, 오늘은 제 마음의 굳은 부분이 조금씩 풀어지는 하루가 되게 하옵소서. 완전히 이해되지 않아도 용서를 선택하게 하시고, 화해의 첫 걸음을 내딛을 수 있는 담대함을 허락하옵소서. 제 마음에서 흐른 온유함이 누군가를 가볍게 하도록인도하옵소서. 예수님의 이름으로 기도드립니다. 아멘.

11월 19일
찻잔 앞에서 속도를 조절한 감사

일상의 긴장을 풀어 주시는 하나님,

업무 사이에 따뜻한 차를 마시며 손의 온기가 마음까지 전해지는 시간을 허락해 주셔서 감사합니다. 급한 답장을 미루고 호흡을 고르자 생각의 결이 정돈되었고, 짧은 멈춤이 판단의 정확도를 높인다는 변화를 느끼게 되었습니다. 카페인의 각성이 아니라 안정된 리듬이 오후의 집중을 지킨다는 사실을 알게 하셔서 감사합니다.

판단을 차분히 다듬어 주시는 하나님, 바쁨을 이유로 속도를 올리던 습관을 돌아봅니다. 서두를수록 실수가 늘었고, 잠깐의 여유를 허락했을 때 문서와 대화의 정확성이 높아졌음을 보게 됩니다. 찻잔 앞에서 시간을 재조정하는 선택이 낭비가 아니라 예방이라는 오늘의 묵상을 마음에 새깁니다.

업무의 질서를 세워 주시는 하나님, 앞으로는 긴장 신호가 올 때 멈춤을 먼저 선택하겠습니다. 일정 사이에 짧은 회복을 배치하고, 차분한 상태에서 결정을 내리겠습니다. 작은 습관의 전환이 일의 신뢰를 지키게 하시기를 바라며 예수님의 이름으로 기도드립니다. 아멘.

11월 20일

봉사의 손길에서 방향을 바로잡은 감사

섬김의 자리를 마련하시는 하나님,

교회에서 맡은 일을 조용히 처리하며 눈에 띄지 않는 수고의 의미를 배우게 하셔서 감사합니다. 일정표를 확인하고 준비물을 정리하는 반복 속에서 공동의 시간이 안정되는 변화를 보았고, 누군가의 편의를 먼저 생각할 때 흐름이 부드러워진다는 사실을 경험했습니다. 박수보다 정확한 준비가 자리를 살린다는 깨달음을 주셔서 감사합니다.

마음을 낮추어 살피시는 하나님, 드러남을 기대하던 태도를 돌아봅니다. 알아주지 않으면 힘이 빠졌고, 인정이 늦어질수록 불만이 생겼음을 보게 됩니다. 그러나 맡은 역할을 끝까지 지켰을 때 신뢰가 쌓였고, 약속을 지키는 반복이 공동체를 단단하게 만든다는 오늘의 묵상을 마음에 새깁니다.

일상의 기준을 세워 주시는 하나님, 앞으로의 봉사와 업무에서 보이지 않는 부분을 책임 있게 감당하겠습니다. 준비와 마무리를 소홀히 하지 않고, 다음 사람의 수고를 덜어 주는 선택을 이어 가겠습니다. 섬김에서 배운 태도가 삶 전반의 방향이 되게 하시기를 바라며 예수님의 이름으로 기도드립니다. 아멘.

11월 21일
기다림의 시간을 견디게 하신 감사

차분함을 지켜 주시는 하나님,

업무 중 답변을 기다리는 시간에 마음이 앞서 나가지 않게 붙들어 주셔서 감사합니다. 즉시 반응하지 않아도 되는 상황에서 확인과 숙성을 선택하게 하셨고, 기다림이 오히려 판단을 정확하게 만든다는 경험을 하게 되었습니다. 조급함을 내려놓자 문서의 오류가 줄고 대화의 톤이 부드러워지는 변화를 알게 하셔서 감사합니다.

생각을 정돈하게 하시는 하나님, 지연을 실패로 단정하던 시선을 돌아봅니다. 즉각적인 결과만을 성과로 여겼을 때 불안이 커졌고, 충분한 검토를 거쳤을 때 책임이 분명해졌음을 보게 됩니다. 시간을 들여 확인하는 과정이 신뢰를 쌓는 토대라는 오늘의 묵상을 마음에 새깁니다.

일의 흐름을 바로 세우시는 하나님, 앞으로는 기다림을 관리의 일부로 받아들이겠습니다. 필요한 확인을 마친 뒤 응답하고, 불필요한 재촉을 줄이며, 결정의 근거를 기록으로 남기겠습니다. 차분한 속도가 관계와 결과를 함께 지키게 하시기를 바라며 예수님의 이름으로 기도드립니다. 아멘.

11월 22일

주님 앞에서 정직함을 지켜내는 하루

정직을 깨우시는 하나님,

오늘 제 마음의 깊은 곳을 비추어 보게 하시니 감사합니다. 사람들은 보지 못하는 자리에서도 주님은 제 생각과 마음을 알고 계심을 떠올릴 때, 제 행동 하나하나가 더 조심스러워집니다. 작은 일에도 바른 태도를 잃지 않는 삶의 무게를 다시 느끼게 하시니 감사드립니다.

양심을 바로 세우시는 하나님, 때로는 내 편을 들기 위해 사실을 축소하거나, 스스로에게 유리한 쪽으로 판단을 흐리려 했던 순간들이 있었습니다. 누가 보지 않는 자리에서는 느슨해지고 싶은 마음이 고개를 들 때도 있었습니다. 그러나 주님은 정직함은 외적인 평가가 아니라 내면의 진실함에서 시작된다는 것을 가르쳐 주시며, 말과 행동의 일치를 향해 저를 이끄십니다.

바름을 지키게 하시는 하나님, 오늘 제 안의 작은 선택 하나라도 주님 앞에서 정직하게 이루어지게 하옵소서. 유혹 앞에서 흔들리지 않게 하시고, 눈에 띄지 않는 자리에서도 바름을 선택할 용기를 주시며, 저의 삶 전체가 주님을 향한 진실한 고백이 되게 하옵소서. 예수님의 이름으로 기도드립니다. 아멘.

11월 23일
주님께서 이웃을 향한 마음을 넓히시는 하루

마음을 움직이게 하시는 하나님,

오늘 제 주변에 있는 사람들의 얼굴을 떠올리게 하시니 감사합니다. 가까이에 있으면서도 그들의 어려움이나 피로를 충분히 살피지 못했던 순간들이 생각납니다. 주님께서 제 삶에 보내주신 이웃이 우연이 아니라는 사실을 다시 기억하며, 제 마음이 조금 더 따뜻해지기를 소망합니다.

섬김을 일러주시는 하나님, 저는 종종 제 일과 감정에만 시선을 두고 다른 사람의 필요를 지나친 적이 많았습니다. 바쁘다는 이유로 누군가의 부탁을 가볍게 넘기고, 작은 위로의 말 한마디조차 건네지 못했던 날들이 떠오릅니다. 그러나 주님은 사랑은 멀리 있는 거창한 일이 아니라, 가까운 사람의 마음을 살피는 작은 배려에서 시작된다는 것을 가르쳐 주십니다.

따뜻함을 나누게 하시는 하나님, 오늘 제가 만나는 사람들에게 짧은 말, 작은 행동 하나라도 힘이 될 수 있게 하옵소서. 누군가의 무거운 하루를 가볍게 만드는 사람이 되게 하시고, 주님께서 제 마음속에 넣어주신 사랑이 일상의 자리에서 자연스럽게 흘러가게 하옵소서. 예수님의 이름으로 기도드립니다. 아멘.

11월 24일

주님께서 미루는 마음을 다루게 하시는 하루

결단을 일깨우시는 하나님,

오늘 해야 할 일들을 바라보며 왜 자꾸 뒤로 미루게 되는지 조용히 생각하게 하시니 감사합니다. 마음은 있지만 실행으로 옮기지 못한 일들이 마음 한쪽에 쌓여 부담이 되곤 했습니다. 그럼에도 오늘 다시 시작할 기회를 주시니, 주님께서 제게 새로운 의지를 불어넣고 계심을 느낍니다.

용기를 일으키시는 하나님, 저는 종종 실패할까 두려워 시작을 미루기도 했고, 완벽히 준비되지 않았다는 이유로 행동을 미뤘습니다. 때로는 하기 싫다는 감정 때문에 오늘 해야 할 일을 내일로 넘기며 스스로를 더 어렵게 만들었습니다. 그러나 주님은 미루는 마음을 직면하라고 하시며, 작은 한 걸음이 생각보다 큰 변화를 만들어낸다는 사실을 가르쳐 주십니다.

실천을 돕는 하나님, 오늘은 해야 할 일을 후순위로 밀어두지 않게 하시고, 마음에 눌렸던 일들을 하나씩 해낼 수 있는 힘을 주옵소서. 미루던 습관이 자리에서 떠나가게 하시고, 오늘의 충실함이 내일의 자유로 이어지게 하옵소서. 예수님의 이름으로 기도드립니다. 아멘.

11월 25일
주님 앞에서 참을성을 배우는 하루

마음을 다듬게 하시는 하나님,

하루를 시작하며 제 안에서 너무 빨리 결론을 내리고 너무 쉽게 감정을 드러내려 했던 순간들을 돌아보게 하시니 감사합니다. 기다림이 익숙하지 않아 서둘러 말하고 행동한 일들이 떠오릅니다. 이런 저를 성급함 속에 내버려두지 않으시고 참을성을 다시 배우게 하시는 주님의 인내에 감사드립니다.

멈춤을 가르치시는 하나님, 종종 이해가 되지 않는 상황을 견디지 못하고 불편한 마음을 즉시 해소하려 했습니다. 누군가의 행동이 걸릴 때에도 먼저 판단하고, 빠르게 결론을 내리며 스스로를 더 어렵게 만들었습니다. 그러나 주님은 기다리는 마음이 지혜보다 필요한 태도임을 일깨워 주십니다. 참음 속에서 보이는 것들이 있고, 그 과정에서 자라는 성숙이 있음을 깨닫습니다.

하나님, 오늘 제가 마주하는 일들 앞에서 성급한 반응 대신 넉넉함을 선택하게 하옵소서. 시간이 필요한 자리에서는 재촉하지 않게 하시고, 사람을 대할 때에는 너그러움을 잃지 않게 하시며, 참는 동안 제 마음 깊은 곳에서 주님이 이루시는 변화를 경험하게 하옵소서. 예수님의 이름으로 기도드립니다. 아멘.

11월 26일
포스트잇 한 장으로 혼란을 줄인 감사

작은 정리를 통해 방향을 세워 주시는 하나님,

책상 위에 포스트잇 한 장을 붙여 오늘의 핵심 두 가지를 적으며 흩어지던 집중을 모으게 하셔서 감사합니다. 목록을 길게 늘어놓지 않고 필요한 것만 남기자 마음이 단순해졌고, 완료할 때마다 표시하는 확인이 스스로의 호흡을 안정시켰습니다. 적게 쓰고 분명히 남기는 방식이 하루의 효율을 높인다는 사실을 깨닫게 하셔서 감사합니다.

판단을 차분히 조정하시는 하나님, 모든 일을 동시에 처리하려 머릿속에만 담아 두었던 태도를 돌아봅니다. 생각만으로 관리했을 때는 감정이 앞섰고, 눈앞에 적어 두었을 때는 순서가 분명해졌음을 보게 됩니다. 기록은 불신이 아니라 정직한 점검이라는 오늘의 묵상을 마음에 새깁니다.

일상의 기준을 단단히 하시는 하나님, 앞으로는 하루에 꼭 필요한 목표를 간결히 적겠습니다. 눈에 보이는 곳에 두고 흐름에 따라 수정하며, 지나친 욕심보다 책임의 질서를 선택하겠습니다. 작은 기록이 일과 관계의 신뢰로 이어지게 하시기를 바라며 예수님의 이름으로 기도드립니다. 아멘.

11월 27일

주님 앞에서 작은 친절을 실천하는 하루

마음을 움직이시는 하나님,

오늘 하루를 시작하며 제가 누군가에게 건넬 수 있는 작은 친절이 무엇인지 떠올리게 하시니 감사합니다. 거창한 말이나 큰 행동이 아니어도, 짧은 안부와 작은 배려 한 번이 누군가의 마음을 환하게 할 수 있다는 사실을 생각합니다. 주님께서 제 마음에 부드러운 움직임을 일으켜 주시니 감사드립니다.

섬김을 일러주시는 하나님, 종종 해야 할 일에만 급해 주변의 사람들을 대할 여유를 잃을 때가 있었습니다. 가까이 있는 사람의 피로를 눈치채지 못하고, 도울 수 있는 기회를 지나친 순간들도 떠오릅니다. 그러나 주님은 작은 친절이 어떤 말보다 오래 남는다는 사실을 가르쳐 주시며, 그 시작을 두려워하지 않게 하십니다. 친절은 감정이 아니라 선택임을 다시 마음에 새깁니다.

따뜻함을 나누게 하시는 하나님, 오늘 제가 만나는 이들에게 잠시 멈추어 마음을 건네게 하옵소서. 작은 행동이라도 누군가에게 힘이 되고, 제가 심은 친절의 씨앗이 관계와 하루의 분위기를 부드럽게 바꾸는 은혜로 이어지게 하옵소서. 예수님의 이름으로 기도드립니다. 아멘.

주님께서 잃었던 용기를 다시 세우시는 하루

용기를 일으키시는 하나님,

오늘 아침 제 마음 한구석에 자리한 망설임과 두려움을 조용히 바라보게 하시니 감사합니다. 시간이 갈수록 쉽게 자신감을 잃고, 새로운 일을 시작하기보다 머뭇거리려는 제 모습을 발견합니다. 그러나 주님은 제가 멈추어 있는 자리에서 다시 일어설 수 있도록 마음 깊은 곳에 작은 힘을 불어넣고 계심을 느낍니다.

두려움을 다루게 하시는 하나님, 저는 실패할까 두려워 시도조차 하지 않았던 순간들이 있었음을 고백합니다. 예상하지 못한 결과가 올까 염려하며 뒤로 뺐던 날들도 있었습니다. 그러나 주님은 용기는 큰 소리를 내는 것이 아니라, 넘어져도 다시 일어서는 작은 결단이라고 말씀하십니다. 부족함 속에서도 주님을 의지할 때, 그 자체가 이미 용기임을 오늘 다시 배웁니다.

새 힘을 주시는 하나님, 제 안에 남아 있는 두려움을 잠시 내려놓고, 할 수 있는 한 걸음을 내딛게 하옵소서. 완벽하지 않아도 괜찮다는 여유를 주시고, 한 번의 시도가 새로운 길을 열 수 있다는 믿음을 심어주소서. 주님께서 주신 담대함으로 오늘을 살아가게 하옵소서. 예수님의 이름으로 기도드립니다. 아멘.

11월 29일

주님 앞에서 정서의 균형을 되찾는 하루

마음을 바로 보게 하시는 하나님,

오늘 아침 제 안에서 오락가락하는 감정들을 차분히 바라보게 하시니 감사합니다. 기쁨과 피로, 기대와 실망이 섞여 하루의 무게가 한쪽으로 기울어질 때가 있었습니다. 그러나 주님은 감정의 출렁임 여부와 상관없이 제 마음을 다시 중심으로 이끄실 수 있는 분이심을 기억하게 하십니다.

균형을 배우게 하시는 하나님, 저는 종종 기분에 따라 행동하고, 감정이 앞서 판단을 흐리게 만들 때가 있었습니다. 작은 일에도 쉽게 기뻐하다가도, 사소한 일에 크게 낙심하며 스스로를 지치게 만들었습니다. 그러나 주님은 기쁨과 슬픔 모두가 제 삶의 일부일 뿐, 어느 한 감정이 제 삶을 지배하도록 내버려두지 말라고 가르치십니다. 주님께서 중심을 잡아주실 때 감정은 흩어지지 않고 제 자리를 찾아감을 깨닫습니다.

안정을 주시는 하나님, 오늘 제 마음에 지나치게 쏠리는 감정이 있다면 가라앉게 하시고, 필요한 담대함과 차분함을 더해주시며, 제 하루가 감정이 아니라 믿음 위에서 세워지게 하옵소서. 예수님의 이름으로 기도드립니다. 아멘.

11월 30일
주님 앞에서 한 달을 감사로 정리하는 하루

돌아보게 하시는 하나님,

오늘 한 달의 마지막 날을 맞아, 이 시간까지 저를 이끌어 오신 주님의 손길을 떠올리게 하시니 감사드립니다. 크고 작은 사건들 속에서 제 마음이 요동치기도 했고, 예상치 못한 기쁨과 배움도 있었습니다. 그 모든 순간 속에 주님께서 조용히 머물고 계셨음을 알아갈 때, 제 마음이 차분히 가라앉습니다.

하나님, 지나온 날들 가운데 제가 잘한 일도 있었지만, 부족하고 어설펐던 순간들도 적지 않았음을 고백합니다. 그러나 주님은 실수마저도 배움의 자리가 되게 하시고, 멈춰 서 있던 마음을 다시 움직이게 하셨습니다. 어느 날은 위로가 필요했고, 또 어느 날은 누군가에게 힘이 되어야 했습니다. 그렇게 주님 안에서 보내온 이 한 달이 헛되지 않았음을 마음 깊이 느낍니다.

새로운 걸음을 허락하시는 하나님, 내일 시작될 새로운 달을 조급함이 아니라 감사와 기대의 마음으로 맞이하게 하옵소서. 오늘의 고백이 내일의 방향을 밝히는 등불이 되게 하시고, 한 달 동안 배우고 느낀 것들이 다음 걸음의 힘이 되게 하옵소서. 예수님의 이름으로 기도드립니다. 아멘.

아무것도 염려하지 말고,

모든 일을 오직 기도와 간구로 하고,

여러분이 바라는 것을 감사하는 마음으로 하나님께 아뢰십시오

(새번역, 빌립보서 4:6)

12월

마음을 새롭게 세우는
마지막 한 달

12월 1일

주님 앞에서 새 마음으로 시작하는 하루

새롭게 하시는 하나님,

12월의 첫 아침을 맞으며 한 해 동안 쌓였던 여러 생각들을 돌아보게 하시니 감사합니다. 아직 정리되지 않은 일들도 있고, 마무리해야 할 일도 남아 있지만, 오늘을 새로운 출발점으로 주셨다는 사실만으로 다르게 느껴집니다. 지나온 시간을 붙들기보다 지금 이 순간을 새롭게 받아들이게 하시니 감사드립니다.

방향을 잡게 하시는 하나님, 때때로 해야 할 일보다 마음의 무게에 이끌려 우선순위를 잃었던 날들이 있었습니다. 중요한 것들을 뒤로 미루며 마음만 복잡해졌던 일들도 떠오릅니다. 그러나 주님은 마지막 한 달을 단순한 마무리의 시간이 아니라, 앞으로의 걸음을 준비하는 기간으로 보게 하십니다. 무엇을 채우고, 내려놓아야 하는지 마음을 정돈할 지혜를 배우게 하십니다.

새 출발을 주시는 하나님, 오늘 제 마음이 조급함 대신 차분함으로 채워지게 하시고, 남은 시간을 의미 있게 보내도록 힘을 주옵소서. 한 해를 마무리하는 모든 과정이 주님께 영광이 되게 하시고, 새로운 걸음을 내딛을 준비가 제 안에서 자라게 하옵소서. 예수님의 이름으로 기도드립니다. 아멘.

12월 2일
하루를 책임 있게 살아가게 하시는 은혜

하루를 맡기시는 하나님,

제 앞에 놓인 이 하루가 단순히 흘려보낼 시간이 아니라, 주님께서 제게 맡기신 한 부분임을 다시 생각하게 하시니 감사합니다. 특별한 일이 없어 보이는 날이라도, 그 안에는 반드시 감당해야 할 몫이 있음을 깨닫습니다. 오늘을 성실히 살아갈 기회를 주셨다는 사실만으로도 감사의 이유가 충분함을 고백합니다.

태도를 바로 세우시는 하나님, 저는 때로 의미를 느끼지 못하면 힘을 빼고, 눈에 띄지 않는 일에는 마음을 덜 쏟았던 적이 있습니다. 그러나 주님은 결과보다 태도를 보신다는 사실을 다시 떠올리게 하시며, 작은 책임을 소홀히 여기지 않는 삶이 믿음의 뿌리를 깊게 만든다는 것을 가르쳐 주십니다. 오늘의 성실함이 내일의 저를 만든다는 사실을 마음에 새깁니다.

꾸준함을 더하시는 하나님, 오늘 제 손에 맡겨진 일들을 끝까지 감당하게 하시고, 중간에 포기하지 않는 마음을 허락하옵소서. 남과 비교하지 않고, 제 자리에서 묵묵히 걸어가게 하시며, 이 하루가 주님 앞에서 떳떳한 하루로 남게 하옵소서. 예수님의 이름으로 기도드립니다. 아멘.

12월 3일

관계의 자리를 바르게 배우는 하루

경계를 가르치시는 하나님,

오늘 제 삶에 맺힌 여러 관계를 바라보게 하시니 감사합니다. 가까움이 필요했던 자리도 있었고, 한 걸음 물러섬이 지혜였던 순간도 있었습니다. 모든 관계를 같은 방식으로 대하려 했던 마음을 돌아보며, 주님께서 각기 다른 자리를 허락하셨음을 깨닫습니다. 관계를 통해 배우게 하시는 주님의 뜻에 감사드립니다.

분별을 주시는 하나님, 저는 때로는 지나치게 마음을 내어주어 스스로 지치기도 했고, 또 때로는 벽을 높이 세워 관계를 어렵게 만들기도 했음을 고백합니다. 상대를 돕고 싶다는 마음이 오히려 부담이 되었던 적도 있었고, 거리 두기가 필요했는데도 미안함 때문에 말하지 못한 순간도 있었습니다. 주님은 사랑이란 무조건적인 밀착이 아니라, 서로를 살리는 적절한 거리에서 자란다는 것을 가르쳐 주십니다.

하나님, 오늘은 제 관계들이 주님 안에서 건강하게 자리 잡게 하소서. 감당할 수 없는 짐을 억지로 않게 하시고, 필요한 책임은 회피하지 않게 하시며, 서로의 경계를 존중하는 성숙한 태도로 대하게 하옵소서. 예수님의 이름으로 기도드립니다. 아멘.

12월 4일

듣는 마음을 새롭게 배우는 하루

귀를 열어주시는 하나님,

오늘 하루를 시작하며 말하기보다 먼저 듣는 마음을 갖게 하시니 감사합니다. 바쁘다는 이유로, 혹은 이미 안다고 여겨 다른 이의 이야기를 끝까지 듣지 못했던 순간들이 떠오릅니다. 제 말보다 상대의 마음을 먼저 헤아리게 하시는 주님의 부르심 앞에 서게 하시니 감사드립니다.

가르침을 베푸시는 하나님, 저는 종종 대답을 준비하느라 정작 중요한 말을 놓치곤 했습니다. 이해하려 하기보다 판단하려 했고, 공감하기보다 설명하려 했던 제 태도를 돌아봅니다. 주님은 듣는 일이 단순한 예의가 아니라, 사람을 존중하는 깊은 행위임을 가르쳐 주십니다. 귀 기울이는 시간 속에서 관계가 회복되고 마음이 이어진다는 사실을 다시 배우게 하십니다.

온유함을 더하시는 하나님, 오늘은 제 말이 줄어들고 귀가 더 열리게 하옵소서. 상대의 말 뒤에 담긴 마음을 헤아리게 하시고, 서둘러 결론을 내리지 않게 하시며, 경청을 통해 주님의 사랑이 전해지는 하루가 되게 하옵소서. 예수님의 이름으로 기도드립니다. 아멘.

나에게 걸었던 기대를 내려놓는 하루

기준을 다시 묻게 하시는 하나님,

하루를 맞으며 저에게 씌워 두었던 많은 기대를 돌아보게 하시니 감사합니다. 잘해야 한다는 압박, 남들보다 앞서야 한다는 조급함, 실수하면 안 된다는 두려움이 마음을 무겁게 했음을 인정합니다. 그 기대들이 저를 성장시키기보다 지치게 만들었음을 깨닫게 하시니, 내려놓을 용기를 주신 은혜에 감사드립니다.

자유를 가르치시는 하나님, 저는 만들어 놓은 제 모습에 맞추어 살려 했던 적이 많았습니다. 만족스럽지 않은 결과 앞에서 스스로를 몰아붙이고, 충분히 애쓴 날에도 칭찬하지 못했습니다. 그러나 주님은 제 삶이 성과로 증명되는 것이 아니라, 주님과 함께 가는 과정임을 다시 알려주십니다. 제 한계를 인정하는 것이 실패가 아니라 정직한 신앙의 시작임을 배우게 하십니다.

쉼을 허락하시는 하나님, 오늘은 제 자신에게 조금 너그러워지게 하시고, 해야 할 몫은 성실히 감당하되 지나친 기대는 내려놓게 하옵소서. 비교와 평가에서 벗어나 주님이 보시는 자리에서 자유롭게 살아가게 하시고, 제 하루가 부담이 아니라 은혜로 채워지게 하옵소서. 예수님의 이름으로 기도드립니다. 아멘.

12월 6일
오늘의 한 가지에 마음을 모으는 하루

집중을 부르시는 하나님,

오늘 하루를 앞두고 해야 할 일들이 한꺼번에 떠오를 때, 그중에서 가장 먼저 감당해야 할 한 가지를 보게 하시니 감사합니다. 여러 일을 동시에 붙들려다 마음만 흩어졌던 지난날을 돌아보며, 오 한 걸음씩 차분히 나아가게 하시는 주님의 배려를 느낍니다. 복잡함 속에서도 길을 단순하게 보게 하시니 감사드립니다.

선택을 가르치시는 하나님, 저는 때로 중요한 일보다 급한 일에 끌려 다니며 정작 해야 할 몫을 놓친 적이 있었습니다. 해야 할 일을 미루고 사소한 일로 마음을 분산시키며 스스로를 바쁘게 만들기도 했습니다. 그러나 주님은 모든 것을 다 하려는 마음보다, 지금 이 순간에 충실한 태도가 삶을 단단하게 만든다는 것을 깨닫게 하십니다. 오늘의 한 가지를 성실히 붙드는 법을 배우게 하시니 감사합니다.

끝까지 이끄시는 하나님, 오늘 제 앞에 놓인 한 가지를 회피하지 않고 끝까지 감당하게 하옵소서. 마음이 다른 곳으로 흩어질 때마다 다시 돌아오게 하시고, 작은 완수가 하루의 기쁨으로 이어지게 하옵소서. 예수님의 이름으로 기도드리옵니다. 아멘.

12월 7일
내 자리를 받아들이며 살아가는 하루

자리를 허락하시는 하나님,

오늘 제가 서 있는 자리를 다시 바라보게 하시니 감사합니다. 다른 사람의 속도와 결과를 의식하며 제 삶을 재단했던 순간들이 떠오릅니다. 비교 속에서 마음이 좁아지고, 이미 받은 은혜를 놓쳤던 날들도 있었습니다. 지금 이 자리가 주님께서 허락하신 자리임을 깨닫게 하시니, 마음이 한결 가벼워집니다.

시선을 바로잡으시는 하나님, 저는 종종 남의 삶을 기준 삼아 제 삶을 평가하고, 부족함만 확대해 보았음을 고백합니다. 그러나 주님은 각 사람에게 다른 길과 다른 시간을 주셨고, 그 차이가 실패나 우열을 의미하지 않는다는 사실을 가르쳐 주십니다. 제 삶에도 고유한 리듬과 의미가 있음을 받아들이게 하시고, 조급함 대신 신뢰를 배우게 하십니다.

담담함을 주시는 하나님, 오늘은 비교에서 한 걸음 물러나 제 자리에서 해야 할 몫에 충실하게 하옵소서. 남의 길을 부러워하기보다 제 길을 성실히 걷게 하시고, 주님께서 맡기신 이 삶을 감사함으로 살아가게 하옵소서. 예수님의 이름으로 기도드립니다. 아멘.

12월 8일

말이 아닌 삶으로 증명하는 하루

행동을 돌아보게 하시는 하나님,

오늘 하루를 앞에 두고 제가 무엇을 말해왔는지보다 어떻게 살아왔는지를 먼저 보게 하시니 감사합니다. 옳은 말을 쉽게 하면서도 정작 그 말에 걸맞은 행동을 미루었던 순간들이 떠오릅니다. 주님 앞에서는 설명보다 실천이 먼저임을 다시 깨닫게 하시니, 제 마음이 조용히 다잡아집니다.

일치를 요구하시는 하나님, 때로는 좋은 의도를 말로 표현하는 데서 만족하고, 실제 삶에서는 한 걸음 물러섰던 적이 있었습니다. 해야 할 일을 알면서도 불편함을 피하려고 행동을 늦춘 적도 있었습니다. 그러나 주님은 믿음이 말에 머물지 않고 삶의 선택으로 드러나기를 바라신다는 것을 가르쳐 주십니다. 작은 행동 하나가 말보다 더 큰 고백이 될 수 있음을 다시 배웁니다.

실행을 이끄시는 하나님, 오늘은 제 말이 아니라 제 삶이 주님을 드러내게 하옵소서. 아는 것을 넘어서 행하는 용기를 주시고, 눈에 띄지 않는 자리에서도 바른 선택을 하게 하시며, 하루의 끝에서 부끄럽지 않은 걸음을 남기게 하옵소서. 예수님의 이름으로 기도드립니다. 아멘.

12월 9일
마음을 흩트리는 것들을 내려놓는 하루

마음을 돌아보게 하시는 하나님,

오늘 제 마음이 어디에 머물러 있는지 살펴보게 하시니 감사합니다. 해야 할 일보다 사소한 생각에 붙잡히고, 중요한 것보다 자꾸 다른 것에 시선을 빼앗겼던 제 모습을 떠올립니다. 마음이 흩어질수록 삶도 흐트러진다는 사실을 깨닫게 하시니, 다시 중심으로 돌아올 기회를 주신 은혜에 감사드립니다.

정리를 가르치시는 하나님, 저는 종종 필요 없는 정보와 걱정, 비교와 상상까지 마음에 가득 쌓아 두고 스스로를 피곤하게 만들었습니다. 내려놓아도 될 생각을 붙들고, 지금 하지 않아도 될 고민을 끌어안으며 마음의 여백을 잃었던 순간들도 있었습니다. 그러나 주님은 비워야 할 것과 붙들어야 할 것을 구분하도록 이끄시며, 단순해진 마음이 삶을 더 또렷하게 만든다는 것을 가르쳐 주십니다.

집중을 허락하시는 하나님, 제 마음을 불필요한 것들에서 떼어내어 꼭 필요한 자리로 이끌어 주옵소서. 흩어진 생각들이 제자리를 찾게 하시고, 한 가지 일에 마음을 담아 살아가는 하루가 되게 하옵소서. 예수님의 이름으로 기도드립니다. 아멘.

12월 10일

선택의 무게를 기꺼이 받아들이는 하루

선택 앞에 서게 하시는 하나님,

오늘 크고 작은 선택들이 제 삶의 방향을 만든다는 사실을 다시 생각하게 하시니 감사드립니다. 아무 생각 없이 넘겼던 결정들조차 이후의 흐름에 영향을 주었음을 돌아보며, 오늘은 더 가볍게 선택하지 않겠다는 마음을 갖게 됩니다. 선택의 자리에 저를 세우신 주님의 뜻을 헤아리게 하시니 감사합니다.

책임을 묻게 하시는 하나님, 저는 때로 결과를 두려워한 나머지 결정을 미루거나, 다른 이의 판단에 기대어 선택의 몫을 넘긴 적이 있었습니다. 실패의 부담을 피하려다 오히려 삶의 주도권을 놓친 순간들도 있었습니다. 그러나 주님은 선택을 피하지 않고 감당하는 태도 속에서 사람이 자란다는 것을 가르쳐 주십니다. 옳고 그름을 분별하는 것만큼, 선택 이후를 책임지는 자세가 중요함을 오늘 다시 배웁니다.

하나님, 오늘 제 앞에 놓인 선택들을 회피하지 않게 하시고, 결과를 주님께 맡기며 정직하게 결정하게 하소서. 완벽하지 않아도 책임 있게 선택하며, 그 선택이 제 삶을 더 성숙하게 이끄는 길이 되게 하소서. 예수님의 이름으로 기도드립니다. 아멘.

12월 11일

마음을 절제하며 하루를 살아가는 시간

한계를 알게 하시는 하나님,

오늘 하루를 시작하며 제 마음이 무엇을 더 가지려 애쓰고 있었는지 돌아보게 하시니 감사합니다. 필요 이상으로 붙들고 있던 기대와 욕심이 오히려 마음을 조급하게 만들고 있었음을 인정합니다. 충분함을 잊고 더 많아야 안심하려 했던 제 태도를 보게 하시며, 내려놓을 기회를 주신 은혜에 감사드립니다.

절제를 가르치시는 하나님, 저는 때로 능력보다 앞서는 욕심으로 스스로를 지치게 만들었고, 감당할 수 없는 것까지 품으려다 중요한 것을 놓치기도 했습니다. 더 빨리, 더 많이, 더 잘하려는 마음이 제 삶의 균형을 흐트러뜨렸음을 고백합니다. 주님은 멈출 줄 아는 태도가 포기가 아니라 성숙임을 가르쳐 주시며, 절제된 삶이 오히려 자유로워진다는 사실을 깨닫게 하십니다.

만족을 배우게 하시는 하나님, 제 분량을 알고 그 안에서 충실히 살아가게 하옵소서. 불필요한 욕심을 내려놓고, 이미 주어진 것에 집중하며 감사할 줄 아는 마음을 허락하옵소서. 절제 속에서 삶의 깊이를 배우게 하시고, 주님 앞에서 담담한 하루를 살아가게 하옵소서. 예수님의 이름으로 기도드립니다. 아멘.

12월 12일
말의 무게를 다시 배우는 하루

말을 맡기시는 하나님,

오늘 하루를 시작하며 제가 얼마나 쉽게 말을 내뱉어 왔는지 돌아보게 하시니 감사합니다. 깊이 생각하지 않은 한마디가 누군가의 마음에 오래 남을 수 있다는 사실을 자주 잊고 살았음을 인정합니다. 말이 습관처럼 흘러나오기보다, 책임으로 다가오게 하시는 주님의 깨우침에 감사드립니다.

입술을 살피게 하시는 하나님, 저는 때로는 솔직함이라는 이름으로 말의 경계를 넘었고, 편안함이라는 이유로 말의 무게를 가볍게 여겼습니다. 필요 없는 말로 분위기를 흐리거나, 침묵이 더 나았을 순간에도 말을 앞세운 적이 있었습니다. 그러나 주님은 말이 곧 마음의 방향을 드러낸다고 가르치시며, 신중한 말이 관계를 지키는 울타리가 된다는 사실을 일깨워 주십니다.

절제를 허락하시는 하나님, 오늘은 제 입술이 서두르지 않게 하시고, 말해야 할 때와 멈추어야 할 때를 분별하게 하옵소서. 불필요한 말은 줄어들고, 꼭 필요한 말은 따뜻함을 담게 하시며, 제 말이 누군가를 세우는 도구로 쓰이게 하옵소서. 예수님의 이름으로 기도드립니다. 아멘.

12월 13일
기다림 속에서 마음을 단련하는 하루

시간을 주관하시는 하나님,

오늘 하루를 시작하며 모든 일이 제 속도대로 흘러가지 않음을 받아들이게 하시니 감사합니다. 빨리 결론을 보고 싶은 마음이 앞설 때도 있지만, 주님께서 허락하신 시간에는 이유와 의미가 있음을 다시 생각하게 됩니다. 서두르지 않아도 되는 자리에 저를 세워 주신 은혜에 감사드립니다.

기다림을 가르치시는 하나님, 저는 답이 늦어질수록 마음이 조급해지고, 상황이 정리되지 않으면 쉽게 낙심하곤 했습니다. 기다리는 동안 아무 일도 일어나지 않는 것처럼 느껴졌지만, 주님은 그 시간 속에서도 제 내면을 다듬고 계셨음을 깨닫게 하십니다. 결과만을 바라보던 시선을 내려놓고, 과정 속에서 배우는 법을 익히게 하시니 감사합니다.

인내를 더하시는 하나님, 오늘은 서둘러 판단하지 않게 하시고, 주어진 시간을 신뢰하며 지나가게 하옵소서. 기다림이 공허함이 아니라 준비의 시간이 되게 하시고, 조급함 대신 단단함이 자라나는 하루가 되게 하옵소서. 예수님의 이름으로 기도드립니다. 아멘.

단순한 정리가 마음을 환기한 감사

생각의 틈을 열어 주시는 하나님,

점심 이후 책상 위에 남겨 둔 컵과 용기를 싱크대로 옮기는 짧은 동작만으로도 마음의 압박이 풀리게 하셔서 감사합니다. 몸을 일으켜 한 바퀴 움직였을 뿐인데 시선이 달라졌고, 책상은 더 넓어졌습니다. 사소한 정리가 집중이 다시 붙을 공간을 마련한다는 사실을 체감하게 하셔서 감사합니다.

판단을 균형으로 이끄시는 하나님, 일을 멈추면 흐름이 끊어진다고 믿으며 작은 정돈을 건너뛰던 태도를 돌아봅니다. 책상이 지저분할수록 산만함이 늘었고, 잠깐 비우니 우선이 보였음을 확인합니다. 멈춤과 정리가 게으름이 아니라 흐름을 회복하는 단계라는 오늘의 묵상을 마음에 새깁니다.

일상의 기준을 단단히 하시는 하나님, 앞으로는 작은 정리를 두려워하지 않겠습니다. 한 번 움직여 깨끗한 자리를 만들고, 다시 집중할 수 있는 틈을 마련하며, 그 여유를 주변에도 나누겠습니다. 단순한 환기가 일과 관계의 신뢰로 이어지게 하시기를 바라며 예수님의 이름으로 기도드립니다. 아멘.

12월 15일

마음을 닫지 않고 살아가는 하루

마음을 열게 하시는 하나님,

오늘 하루를 시작하며 제 마음이 얼마나 쉽게 닫히는지 돌아보게 하시니 감사합니다. 상처받지 않으려는 이유로, 번거롭지 않기 위해 마음의 문을 스스로 걸어 잠갔던 순간들이 떠오릅니다. 그럼에도 주님은 제 삶을 홀로 견디는 자리로 두지 않으시고, 마음을 나누며 살아가도록 부르셨음을 다시 기억하게 하십니다.

관계를 맡기시는 하나님, 저는 때로 제 감정을 설명하는 일을 피했고, 이해받기보다는 스스로 버티는 길을 선택해 왔음을 고백합니다. 그러나 주님은 마음을 나누는 일이 약함의 표시가 아니라, 서로를 살리는 책임임을 가르쳐 주십니다. 말하지 않아 쌓였던 오해와 거리들이 있었음을 인정하며, 마음을 숨기지 않고 드러내는 용기를 배우게 하십니다.

담대함을 주시는 하나님, 오늘은 제 마음을 필요한 자리에서 정직하게 나누게 하옵소서. 침묵이 아니라 진실로 관계를 지키게 하시고, 제 마음의 나눔이 누군가에게 짐이 아니라 연결이 되게 하옵소서. 예수님의 이름으로 기도드립니다. 아멘.

12월 16일

감정보다 선택을 붙드는 하루

마음을 살피시는 하나님,

오늘 하루를 시작하며 제 안에서 먼저 움직이는 감정들을 바라보게 하시니 감사합니다. 기분이 좋을 때와 그렇지 않을 때의 태도가 얼마나 달라졌는지 떠올리며, 감정이 제 삶의 방향을 좌우하게 두었던 순간들을 인정합니다. 그럼에도 다시 선택할 수 있는 자리에 저를 세워 주시니 감사드립니다.

기준을 붙들게 하시는 하나님, 저는 때로 감정이 앞설 때 약속을 가볍게 여기고, 해야 할 일을 뒤로 미룬 적이 있었습니다. 마음이 내키지 않는다는 이유로 책임을 흐리게 했던 순간들도 떠오릅니다. 그러나 주님은 감정은 지나가지만 선택은 남는다는 사실을 가르쳐 주시며, 그 선택 위에 삶이 세워진다는 것을 깨닫게 하십니다. 흔들리는 마음 속에서도 지켜야 할 기준이 있음을 다시 배우게 하십니다.

단단함을 주시는 하나님, 오늘은 기분이 아니라 믿음으로 선택하게 하소서. 마음이 흔들릴 때에도 정해 둔 길에서 벗어나지 않게 하시고, 제 하루가 순간의 감정이 아니라 책임 있는 선택으로 채워지게 하소서. 예수님의 이름으로 기도드립니다. 아멘.

12월 17일

지나온 수고를 주님 앞에 올려드리는 하루

숨은 수고를 아시는 하나님,

오늘 하루를 시작하며 그동안 말없이 감당해 온 일들을 떠올리게 하시니 감사합니다. 알아주지 않아도 해야 했던 일들, 누군가를 위해 묵묵히 지나온 시간들이 제 삶 곳곳에 남아 있음을 깨닫습니다. 스스로도 대수롭지 않게 여겼던 수고들을 주님께서 기억하고 계심을 알게 하시니 마음이 가벼워집니다.

공평하게 바라보시는 하나님, 저는 때로 인정받지 못하는 수고 앞에서 마음이 서운해졌고, 왜 나만 애쓰는 것 같다는 생각에 지치기도 했습니다. 그러나 주님은 드러난 결과보다 그 과정을 성실히 지나온 태도를 귀하게 여기신다는 사실을 다시 배우게 하십니다. 보이지 않는 자리에서의 수고가 헛되지 않다는 약속을 마음에 새깁니다.

위로를 대신하시는 하나님, 오늘은 스스로를 다그치기보다 지나온 수고를 주님 앞에 내려놓게 하옵소서. 더 잘하지 못했다는 아쉬움보다 여기까지 걸어온 걸음을 담담히 받아들이게 하시고, 남은 시간도 같은 마음으로 성실히 감당할 힘을 주옵소서. 예수님의 이름으로 기도드립니다. 아멘.

미안함을 외면하지 않고 마주하는 하루

마음을 드러내시는 하나님,

오늘 하루를 시작하며 제 마음에 남아 있는 미안함을 외면하지 않게 하시니 감사합니다. 그때는 지나쳤다고 여겼지만 시간이 흐르며 마음에 남아 있던 장면들이 떠오릅니다. 말하지 못한 사과와 행동으로 풀지 못한 마음들이 있었음을 인정하게 하시고, 그것을 주님 앞에 가져올 수 있게 하시니 감사드립니다.

진실을 가르치시는 하나님, 저는 때로 변명으로 미안함을 덮으려 했고, 시간이 지나면 괜찮아질 것이라며 책임을 미뤄왔음을 고백합니다. 그러나 주님은 미안함을 회피할수록 관계는 멀어지고, 정직하게 마주할 때 비로소 회복의 길이 열린다는 사실을 일깨워 주십니다. 사과는 약해지는 것이 아니라 관계를 지키는 용기임을 다시 배우게 하십니다.

담대함을 허락하시는 하나님, 오늘은 제 마음에 남아 있는 미안함을 바른 방식으로 풀어가게 하옵소서. 말이 필요할 때는 정직하게 말하게 하시고, 행동이 먼저여야 할 때는 조용히 실천하게 하시며, 제 태도가 관계를 가볍게 만드는 방향으로 흘러가게 하옵소서. 예수님의 이름으로 기도드립니다. 아멘.

하루의 속도를 가다듬는 시간

걸음을 살피시는 하나님,

오늘 하루를 시작하며 제 삶의 속도가 너무 앞서가고 있지는 않은지 돌아보게 하시니 감사합니다. 빨리 해내야 한다는 생각에 숨이 가빠지고, 여유 없이 하루를 밀어붙였던 날들이 떠오릅니다. 멈추어 제 속도를 바라볼 수 있는 자리에 저를 세워 주신 은혜에 감사드립니다.

리듬을 가르치시는 하나님, 종종 남들이 정해 놓은 속도에 맞추느라 제 삶의 호흡을 잃어버렸음을 고백합니다. 충분히 생각하지 않고 결정하고, 쉬어야 할 때에도 계속 달리며 스스로를 소모했던 순간들도 있었습니다. 그러나 주님은 빠름이 능력이 아니라, 제 삶에 맞는 리듬을 지키는 것이 성숙임을 가르쳐 주십니다. 그 때 비로소 보이는 것들이 있음을 다시 깨닫습니다.

질서를 세워주시는 하나님, 오늘은 제 하루가 무리하지 않는 속도로 흘러가게 하옵소서. 서둘러야 할 일과 기다려야 할 일을 구분하게 하시고, 제 삶의 박자가 주님 안에서 안정되게 맞추어지게 하옵소서. 이 하루가 지침이 아니라 회복으로 남게 하옵소서. 예수님의 이름으로 기도드립니다. 아멘.

12월 20일
넉넉한 마음으로 하루를 건네는 시간

넉넉함을 부르시는 하나님,

오늘 하루를 맞으며 제 마음이 얼마나 쉽게 계산에 머무는지 돌아보게 하시니 감사합니다. 손해 보지 않으려는 마음, 먼저 주기보다 지키려는 태도가 제 시야를 좁혀 왔음을 인정합니다. 그럼에도 베풀 기회를 다시 허락하시는 주님의 자비를 떠올리며 감사의 고백을 드립니다.

마음을 넓히시는 하나님, 저는 때로 여유가 충분할 때만 나누려 했고, 상황이 괜찮을 때만 손을 내밀었습니다. 그러나 주님은 관대함이 남는 것에서 나오는 행동이 아니라, 마음의 방향에서 비롯된 선택임을 가르쳐 주십니다. 계산을 내려놓을 때 관계가 살아나고, 마음을 열 때 삶의 결이 달라진다는 사실을 오늘 다시 배웁니다.

나눔을 이끄시는 하나님, 오늘은 제 말과 행동이 조금 더 넉넉해지게 하옵소서. 시간을 나누고 마음을 나누는 데 인색하지 않게 하시며, 제 작은 관대함이 누군가의 하루를 가볍게 하는 통로가 되게 하옵소서. 예수님의 이름으로 기도드립니다. 아멘.

12월 21일
주어진 역할을 성실히 살아내는 하루

역할을 맡기시는 하나님,

오늘 하루를 시작하며 제게 주어진 자리와 역할을 다시 바라보게 하시니 감사합니다. 크든 작든, 눈에 띄든 그렇지 않든, 오늘 제가 서 있는 위치에는 분명히 감당해야 할 몫이 있음을 깨닫습니다. 다른 자리를 부러워하기보다 지금의 자리를 맡겨 주신 주님의 뜻을 헤아리게 하시니 감사드립니다.

책임을 분명히 하시는 하나님, 저는 때로 역할이 마음에 들지 않거나 기대와 다를 때 힘을 빼고 싶었던 적이 있었습니다. 남이 알아주지 않는다는 이유로 성실함을 내려놓고 싶었던 순간들도 떠오릅니다. 그러나 주님은 역할의 크기가 아니라 그 자리를 대하는 태도를 보신다는 사실을 가르쳐 주십니다. 맡겨진 일을 통해 제 성품과 믿음이 드러난다는 것을 오늘 다시 배웁니다.

충실함을 더하시는 하나님, 오늘 제게 주어진 역할을 회피하지 않고 끝까지 감당하게 하옵소서. 인정 여부와 상관없이 성실함을 선택하게 하시고, 제 하루가 주님 앞에서 책임 있게 살아낸 기록으로 남게 하옵소서. 예수님의 이름으로 기도드립니다. 아멘.

마음의 온도를 살피는 하루

마음을 비추어 보게 하시는 하나님,

오늘 하루를 시작하며 제 마음이 너무 식어 있지는 않은지, 혹은 불필요하게 날카로워지지는 않았는지 돌아보게 하시니 감사합니다. 익숙해졌다는 이유로 무심해진 태도와, 피곤하다는 이유로 거칠어졌던 순간들이 떠오릅니다. 제 마음의 상태를 숨기지 않고 바라볼 수 있게 하시니 감사드립니다.

감각을 일깨우시는 하나님, 때로 감정을 눌러두는 것이 성숙이라고 여기며 마음을 닫아두었습니다. 기뻐할 자리에서도 무덤덤했고, 아파하는 이 앞에서도 충분히 반응하지 못했었습니다. 그러나 주님은 무뎌짐이 아니라 바른 온도가 필요하다고 가르치시며, 따뜻해야 할 때는 따뜻하고, 멈추어야 할 때는 가라앉을 줄 아는 마음을 원하신다는 것을 깨닫게 하십니다.

균형을 허락하시는 하나님, 오늘은 제 마음이 너무 식지도 뜨겁지도 않게 하시고, 만나는 사람과 상황에 맞게 바르게 반응하게 하옵소서. 무심함 대신 배려를 선택하게 하시고, 과한 감정 대신 절제된 태도로 하루를 살아가게 하옵소서. 예수님의 이름으로 기도드립니다. 아멘.

하루를 숨김없이 살아내는 시간

숨김을 보시는 하나님,

오늘 하루를 시작하며 사람 앞에서가 아니라 주님 앞에서 정직하게 살아가고 있는지 돌아보게 하시니 감사합니다. 겉으로는 괜찮은 척했지만 마음속으로는 외면하고 지나쳤던 생각들과 태도들이 있었음을 인정합니다. 있는 모습 그대로 주님 앞에 설 수 있도록 부르시는 은혜에 감사드립니다.

진실을 요구하시는 하나님, 저는 때로 실수와 부족함을 감추려 했고, 연약함을 드러내는 일을 피하며 스스로를 단단한 사람처럼 보이려 했습니다. 그러나 주님은 완벽함보다 진실함을 기뻐하신다는 사실을 다시 깨닫게 하십니다. 숨기지 않고 인정할 때 마음이 가벼워지고, 회피하지 않을 때 삶이 곧아진다는 것을 오늘 다시 배웁니다.

담백함을 주시는 하나님, 오늘 하루를 지나며 제 말과 행동이 주님 앞에서 숨김없이 드러나게 하옵소서. 잘한 것은 감사로 올려드리고, 부족한 것은 변명 없이 맡기게 하시며, 정직함이 제 삶의 기본 태도로 자리 잡게 하옵소서. 예수님의 이름으로 기도드립니다. 아멘.

12월 24일

기다림의 자리를 성실히 지키는 하루

시간을 허락하시는 하나님,

오늘 하루를 맞으며 아직 이루어지지 않은 일들과 완성되지 않은 마음을 함께 바라보게 하시니 감사합니다. 서둘러 결론을 보고 싶었던 일들, 답이 오지 않아 마음이 조급해졌던 순간들이 떠오릅니다. 그럼에도 지금 이 시간을 지나가게 하신 주님의 뜻이 있음을 받아들이게 하시니 감사드립니다.

과정을 맡기시는 하나님, 저는 기다림을 빈 시간처럼 여기며 불안해했던 적이 많았습니다. 아무 일도 일어나지 않는 것처럼 느껴질 때, 제 마음이 먼저 무너졌던 날들도 있었습니다. 그러나 주님은 기다림이 멈춤이 아니라 준비의 다른 이름임을 가르쳐 주십니다. 보이지 않는 자리에서도 마음이 다듬어지고, 삶의 방향이 정리되고 있음을 오늘 다시 배우게 하십니다.

인내를 세워주시는 하나님, 오늘은 결과를 앞당기려 애쓰지 않게 하시고, 주어진 시간 안에서 해야 할 몫을 성실히 감당하게 하옵소서. 기다림이 불안이 아니라 신뢰로 채워지게 하시고, 이 하루가 다음 걸음을 위한 단단한 바탕이 되게 하옵소서. 예수님의 이름으로 기도드립니다. 아멘.

12월 25일

성탄의 빛이 오늘을 비춘 감사

어둠 속에 빛으로 오신 하나님,

성탄의 아침을 맞아 분주함보다 경외로 하루를 시작하게 하셔서 감사합니다. 소식과 장식이 넘치는 계절 속에서도 말씀이 육신이 되어 우리 가운데 거하셨다는 고백이 중심을 잡아 주었습니다. 화려함이 아니라 낮아짐으로 오신 길이 오늘의 기준을 세운다는 사실을 다시 배우게 하셔서 감사합니다.

은혜의 깊이를 헤아리게 하시는 하나님, 익숙해진 기념일로 성탄을 가볍게 지나치려 했던 태도를 돌아봅니다. 선물과 일정에 마음이 쏠렸을 때 의미는 흐려졌고, 말씀을 천천히 되새겼을 때 감사의 방향이 분명해졌음을 보게 됩니다. 우리를 향한 하나님의 가까이 오심이 삶의 자리에서 어떻게 살아야 하는지를 묻는다는 오늘의 묵상을 마음에 새깁니다.

삶으로 응답하게 하시는 하나님, 성탄의 기쁨을 하루의 선택으로 이어 가겠습니다. 겸손과 배려를 우선하고, 소외된 이를 향해 한 걸음 다가가며, 평화를 만드는 말과 행동을 택하겠습니다. 오심의 은혜를 살아내는 삶이 되게 하시기를 바라며 예수님의 이름으로 기도드립니다. 아멘.

12월 26일

지나온 날을 내려놓고 앞으로 걷는 하루

앞을 보게 하시는 하나님,

하루를 시작하며 이미 지나가 버린 일들에 제 마음이 오래 머물러 있었음을 돌아보게 하시니 감사합니다. 되돌릴 수 없는 말과 선택을 곱씹으며 스스로를 붙잡아 두었던 순간들이 떠오릅니다. 그러나 주님은 어제를 붙들라고 부르시지 않으시고, 오늘을 살아내라고 부르신다는 사실을 다시 마음에 새기게 하십니다.

발걸음을 이끄시는 하나님, 때로 후회와 아쉬움 때문에 다음 걸음을 내딛지 못하고 멈춰 선 적이 있었습니다. 잘못한 일은 지나치게 크게 여기고, 잘 견뎌낸 시간은 너무 쉽게 잊어버렸습니다. 그러나 주님은 지나간 날을 교훈으로 남기되, 그 자리에 머물러 있지는 말라고 가르쳐 주십니다. 삶은 계속 움직이고 있고, 오늘도 선택할 수 있는 시간이 제게 주어졌음을 깨닫습니다.

새 길을 허락하시는 하나님, 오늘은 지나온 날을 변명 없이 내려놓고, 주어진 하루를 성실히 살아가게 하옵소서. 어제보다 조금 더 단단한 마음으로 앞으로 걸어가게 하시고, 제 걸음이 멈춤이 아니라 이어짐이 되게 하옵소서. 예수님의 이름으로 기도드립니다. 아멘.

오늘의 태도를 허투루 넘기지 않는 하루

행동을 바라보시는 하나님,

오늘 하루를 시작하며 제 말과 행동이 얼마나 쉽게 지나가 버렸는지 돌아보게 하시니 감사합니다. 대수롭지 않게 던진 말, 깊이 생각하지 않고 선택한 행동들이 하루의 분위기와 관계의 방향을 만들었음을 떠올립니다. 오늘을 아무 의미 없이 흘려보내지 않도록 깨우쳐 주시니 감사드립니다.

삶을 물으시는 하나님, 저는 종종 큰 결정만 중요하다고 여기며 사소한 태도는 가볍게 여겼음을 고백합니다. 그러나 주님은 작은 선택들이 쌓여 삶의 방향을 만든다고 가르쳐 주십니다. 하루의 말투와 표정, 반응 하나까지도 제 신앙을 드러내는 자리임을 다시 배우게 하십니다. 오늘을 성실히 사는 것이 결국 삶 전체를 바르게 세우는 길임을 깨닫습니다.

바르게 살게 하시는 하나님, 오늘 제 말과 행동이 가볍지 않게 하시고, 순간의 편의보다 올바름을 선택하게 하옵소서. 사소해 보이는 태도 속에서도 책임을 잃지 않게 하시며, 이 하루가 주님 앞에서 의미 있게 남는 하루가 되게 하옵소서. 예수님의 이름으로 기도드립니다. 아멘.

12월 28일

서랍을 정리하며 기준을 가다듬은 감사

생활의 틈을 세심히 보살피시는 하나님,

연말을 앞두고 서랍을 열어 오래된 물건과 서류를 분류하며 필요와 불필요를 가려 보게 하셔서 감사합니다. 남겨야 할 것과 내려놓을 것을 구분하자 공간이 가벼워졌고, 찾지 못해 생기던 번거로움이 줄어들었습니다. 작은 정리가 마음의 부담까지 덜어 준다는 사실을 몸으로 알게 하셔서 감사합니다.

생각의 기준을 또렷이 세우시는 하나님, 쌓아 두는 것이 안전하다고 여겼던 태도를 돌아봅니다. 버리지 못한 것들이 오히려 선택을 흐리게 했고, 정리했을 때 판단이 빨라졌음을 보게 됩니다. 보관의 이유를 묻고 사용의 빈도를 확인하는 과정이 삶의 우선을 가르친다는 오늘의 묵상을 마음에 새깁니다.

다음 걸음을 준비하게 하시는 하나님, 앞으로는 정리를 미루지 않겠습니다. 필요한 것은 제자리에 두고, 역할을 다한 것은 감사로 보내며, 기록을 간결히 유지하겠습니다. 정돈된 공간에서 시작하는 새 날들이 책임 있는 선택으로 이어지게 하시기를 바라며 예수님의 이름으로 기도드립니다. 아멘.

12월 29일

달력을 넘기며 균형을 점검한 감사

시간의 결을 살피시는 하나님,

연말 달력을 정리하며 지나온 일정과 남은 약속을 차분히 대조하게 하셔서 감사합니다. 완료한 일과 미뤄진 일을 구분하는 과정에서 과도한 계획보다 실행 가능한 범위가 필요하다는 사실을 깨닫게 하셨습니다. 지워진 날짜만큼 배운 기준이 남아 있음을 보게 하시고, 기록을 통해 다음을 준비하는 태도가 마음을 안정시키는 경험을 주셔서 감사합니다.

생각을 맑게 하시는 하나님, 한 해를 성과로만 재단하려 했던 시선을 돌아봅니다. 숫자와 결과에 매달릴수록 놓친 관계와 회복의 순간이 있었음을 인정합니다. 반대로 일정 사이의 여백을 존중했을 때 집중이 살아났고, 계획을 줄였을 때 책임이 또렷해졌다는 오늘의 묵상을 마음에 새깁니다.

내일의 방향을 정돈해 주시는 하나님, 남은 날들에는 확인과 정리를 우선하겠습니다. 무리한 추가보다 마무리를 선택하고, 약속의 현실성을 점검하며, 필요한 준비만 남기겠습니다. 정돈된 시간 관리가 일과 신앙의 균형으로 이어지게 하시기를 바라며 예수님의 이름으로 기도드립니다. 아멘.

12월 30일
마무리와 준비를 함께 품는 하루

정돈을 이끄시는 하나님,

오늘 하루를 시작하며 끝과 시작이 맞닿아 있음을 생각하게 하시니 감사합니다. 아직 다 마치지 못한 일들과 곧 다가올 내일이 동시에 마음에 떠오르지만, 주님께서 이 하루를 정리의 시간으로 허락하셨음을 받아들입니다. 서두르지 않고 필요한 것만 남기도록 이끄시는 은혜에 감사드립니다.

분별을 가르치시는 하나님, 저는 마무리에만 집착하다 준비를 놓치거나, 준비에 마음을 빼앗겨 오늘을 소홀히 한 적이 있었습니다. 그러나 주님은 끝을 책임 있게 정리하는 태도와 다음을 성실히 준비하는 마음이 함께 가야 함을 가르쳐 주십니다. 지나온 시간에서 배울 것은 배우고, 미련은 내려놓으며, 앞으로를 향한 마음을 단단히 세우게 하십니다.

새 걸음을 허락하시는 하나님, 오늘은 남은 일들을 회피하지 않고 차분히 마무리하게 하시고, 내일을 향한 준비를 조급함 없이 시작하게 하옵소서. 끝과 시작 사이에서 균형을 잃지 않게 하시며, 이 하루가 다음 걸음을 위한 든든한 징검다리가 되게 하옵소서. 예수님의 이름으로 기도드립니다. 아멘.

12월 31일

한 해를 주님께 맡기며 마무리하는 시간

시간을 건네받게 하시는 하나님,

오늘 이 하루가 한 해의 끝이라는 사실을 마주하며, 지나온 시간들을 주님 앞에 올려드립니다. 기쁨과 아쉬움이 뒤섞인 날들이 있었고, 분명히 기억나는 순간도, 흐릿하게 지나간 날들도 있었습니다. 그 모든 시간이 헛되지 않도록 품어 주신 주님의 손길을 떠올리며 감사를 드립니다.

삶을 돌아보게 하시는 하나님, 잘해낸 일보다 부족했던 장면을 더 오래 붙들며 스스로를 평가해 왔음을 고백합니다. 반대로 애써 견뎌낸 시간은 너무 쉽게 지나쳐 버리기도 했습니다. 그러나 주님은 성과보다 태도를, 결과보다 마음을 보신다는 사실을 다시 깨닫게 하십니다. 넘어졌던 자리에서도 배움을 남기게 하시고, 멈췄던 시간에도 의미를 심어 주신 은혜를 기억합니다.

하나님, 오늘은 한 해를 정리하며 제 삶을 주님께 맡깁니다. 붙들고 있던 후회는 내려놓고, 남겨진 교훈만 품게 하시며, 다가올 시간은 두려움이 아니라 책임 있는 마음으로 맞이하게 하소서. 지나온 날도, 아직 오지 않은 날도 모두 주님의 손에 맡기며 살아가게 하옵소서. 예수님의 이름으로 기도드립니다. 아멘.

하나님과 함께 걷는 감사의 삶
365일 감사기도문

초판 1쇄 발행 2025년 12월 28일
지은이 민상기
펴낸이 민상기
편집장 이숙희
펴낸곳 도서출판 드림북
인쇄소 예림인쇄 **제책** 예림바운딩
총판 하늘유통

·**등록번호** 제 65 호 **등록일자** 2002. 11. 25.
·경기도 양주시 광적면 부흥로 847 경기벤처센터 220호
·Tel (031)829-7722, Fax(031)829-7723